Haftungsausschluss:

Die Ratschläge im Buch sind sorgfältig erwogen und geprüft. Alle Angaben in diesem Buch erfolgen ohne jegliche Gewährleistung oder Garantie seitens des Autors und des Verlags. Die Umsetzung erfolgt ausdrücklich auf eigenes Risiko. Eine Haftung des Autors bzw. des Verlags und seiner Beauftragten für Personen-, Sach- und Vermögensschäden oder sonstige Schäden, die durch die Nutzung oder Nichtnutzung der Informationen bzw. durch die Nutzung fehlerhafter und/oder unvollständiger Informationen verursacht wurden, ist ausgeschlossen. Verlag und Autor übernehmen keine Haftung für die Aktualität, Richtigkeit und Vollständigkeit der Inhalte und ebenso nicht für Druckfehler. Es kann keine juristische Verantwortung und keine Haftung in irgendeiner Form für fehlerhafte Angaben und daraus entstehende Folgen vom Verlag bzw. Autor übernommen werden.

Sollte diese Publikation Links auf Webseiten Dritter enthalten, so übernehmen wir für deren Inhalte keine Haftung, da wir uns diese nicht zu eigen machen, sondern lediglich auf deren Stand zum Zeitpunkt der Erstveröffentlichung verweisen.

Bibliografische Informationen der Deutschen Nationalbibliothek

Die Deutsche Nationalbibliothek verzeichnet diese Publikation in der Deutschen Nationalbibliografie; detaillierte bibliografische Daten sind im Internet über http://dnb.dnb.de abrufbar.

1. Auflage 2024

Projektmanagement: Remote Verlag
Lektorat und Korrektorat: Remote Verlag
Umschlaggestaltung: Verena Klöpper
Satz und Layout: Verena Klöpper
Grafiken Cover: alexkich auf depositphotos.com
Abbildungen im Innenteil: © Melanie Kowaleski

ISBN Print: 978-1-960004-25-3
ISBN E-Book: 978-1-960004-26-0

www.remote-verlag.de

MELANIE KOWALEWSKI

An der TRENNUNG wachsen

Meistere den Trennungsschmerz deutlich schneller und nutze das Potenzial der Trennungsphasen zur persönlichen Entwicklung

Remote Verlag

www.remote-verlag.de

Inhalt

Vorwort

Eine Trennung erschüttert dein tiefstes Inneres.
Nichts ist mehr so, wie es war.

Das Buch »An der Trennung wachsen« ist dein Wegweiser auf dem Pfad der Verarbeitung!
Mit diesem Buch möchte ich dich mit einer ganzheitlichen Betrachtungsweise begleiten, um nicht unnötig viel Zeit in überflutenden Gedanken- und Gefühlszuständen zu verbringen.
Die aus der Trennung resultierenden Ängste, Gefühle der Ohnmacht, der Hilflosigkeit, der Überforderung, innerer Unruhezustände, schlaflosen Nächte, zunehmenden Sorgen, depressiven Gefühlen oder auch eine völlige Antriebslosigkeit und Erschöpfung nehmen deutlich mehr Raum ein als notwendig.
Das beeinträchtigt in relativ kurzer Zeit das körperliche und seelische Wohlbefinden.
Gleichzeitig ist die Trennung eine so wunderbare Gelegenheit, aus alten Mustern zu wachsen und neue Aspekte der Persönlichkeit zu entdecken.
Diese Potenziale bleiben in den Trennungsphasen zur persönlichen Weiterentwicklung häufig ungenutzt.
Die Zeit des Leidens nach einer Trennung beansprucht so viel Platz, dass die kostbaren Erkenntnisse, die sie birgt, oft unbeachtet bleiben und ungenutzt verstreichen.
Das ist so schade, wenn wir tolle Chancen zur persönlichen Entfaltung, zu einem stärkeren Selbstbewusstsein und viel mehr Selbstliebe und damit die Basis für einen wirklich glücklichen und erfüllenden Neubeginn verstreichen lassen.
Nutze gezielte Übungen, um deine innere Reise zu unterstützen.

Trennungen zählen zu den einschneidendsten Erfahrungen, die wir durchleben können. Den Prozess, um diese zu verarbeiten, können wir jedoch bewusst gestalten. Wir sind den Trennungsphasen und den dabei auftretenden Herausforderungen sowie Belastungen nicht hilflos ausgeliefert.

Damit es gelingt, zukünftig Schmerz zu vermeiden und aus den Erfahrungen zu lernen, nutzen wir ganz gezielt deine Trennung als Lernmöglichkeit, um persönlich zu wachsen und zu reflektieren, was du daraus transformieren kannst, um in Zukunft seelischen Schmerz zu vermeiden.

Dies ist deine Einladung zur Selbstreflexion; zu verstehen, welche Muster und Dynamiken zu seelischem Schmerz geführt haben.

Auch um zu lernen, welche Muster und Dynamiken in Beziehungen entstehen und welche traumatischen Erfahrungen aus vergangenen Beziehungen noch heute nachwirken und sich in deinen Glaubenssätzen, deinem Bindungsstil, deinen Emotionen, Ängsten und deinem Selbstwert widerspiegeln.

Ich zeige dir auf, wie wir uns von den Verletzungen aus vergangenen Beziehungen befreien können, um nicht den gleichen Mustern zu folgen. Denn nur so können wir den seelischen Ballast abwerfen und Platz schaffen für einen erfüllten, befreiten Neubeginn.

Unbewusst verarbeiten wir eine Trennung, indem wir Schutzstrategien suchen, um zukünftig Schmerz in Beziehungen zu vermeiden oder zu mindern.
Mithilfe dieser Vorgehensweise wird jedoch nicht in der Tiefe verarbeitet, sondern die Erfahrung nur ins Unterbewusstsein verschoben.
Das alleinige Sprechen über die Erfahrung und die allgemeingültige Aussage »Die Zeit wird die Wunden schon heilen«, ist nicht ausreichend, um eine Trennungserfahrung in der Tiefe zu transformieren. Wir lassen wertvolle Chancen für die persönliche Entwicklung vorbeiziehen.

Trennungsphasen bieten ein starkes Potenzial für persönliches Wachstum – das Potenzial eine neue Dimension an Bewusstsein über dich, deine Beziehungen und die Liebe zu erreichen sowie die Möglichkeit, dich wirklich neu auszurichten, jenseits deiner Trigger, Muster, Reaktionen, bisherigen Erfahrungen und deiner bisherigen Konzepte der Liebe.

Dieses Buch möchte dich begleiten, schnellere Wege aus dem Schmerz zu finden und die Chancen zu ergreifen.

Durch meine Praxis, in der ich nur Frauen nach einer Trennung in ihren neuen Lebensabschnitt begleite, schreibe ich das Buch aus der Sicht einer Frau. Männer bitte dann einmal umdenken, die geschilderten Folgen und Beispiele sind genauso andersherum erlebbar und sollen in keiner Form Diskriminierung der männlichen Personen darstellen.

In der Praxis bin ich nach einer Trennung mit den Ängsten, überflutenden Gefühlszuständen und dem Wunsch nach Veränderung konfrontiert.

Bevor wir jetzt gemeinsam in die Trennungsphasen einsteigen, habe ich noch eine Bitte. Ich möchte ja, dass du an der Trennung wächst und dich weiterentwickelst. Dazu werde ich dir einige Reflektionsfragen anbieten, um dich selbst deutlich besser kennenzulernen und zu verstehen. Dieses bessere Verständnis beinhaltet natürlich auch, dir selbst viel mehr Liebe entgegenzubringen. Also möchte ich dich bitten, die Kapitel mit einer neugierigen, offenen inneren Haltung zu lesen und dabei den Fokus auf das zu legen, was du hier über dich erfahren kannst, und bewusst darauf zu achten, wenn sich vielleicht eine andere Stimme in dir ausbreiten möchte, die dich eventuell abwerten oder gar verurteilen möchte. Versuche, sie leise zu stellen und die Perspektive beizubehalten, dich neugierig zu erforschen. Einverstanden?

Was passiert bei einer Trennung?

Eine Trennung kann eine der herausforderndsten Erfahrungen im Leben sein und wird oftmals unterschätzt.

Laut Psychologen ist sie die zweitbelastendste Erfahrung, die man durchleben kann – direkt gefolgt vom Tod eines geliebten Menschen.

Eine Trennung ist wie ein kleiner Tod: Eine geliebte Person »stirbt« für uns und damit auch häufig das Gefühl von Stabilität und Sicherheit.

Der Verlust eines Partners ist oftmals gleichbedeutend mit dem Verlust der eigenen Identität, des eigenen Lebensentwurfes, der Vision einer gemeinsamen Zukunft. Damit wird uns das bestehende Fundament unter den Füßen »weggezogen« und wir wackeln, fallen aus unserer Mitte und erleben mitunter ein völlig inneres Chaos, intensive Gefühlsausbrüche, einen absoluten Gehirnnebel und die Möglichkeiten, einen klaren Gedanken zu fassen und gute Entscheidungen zu treffen, sind komplett ausgebremst. Dazu ungefiltert immer wieder der Gang in die Vergangenheit: Was hätte ich/er anders machen können, an welcher Stelle fing die Trennung an, was ist wirklich passiert, weshalb konnten wir nicht mehr zueinander finden …

Dann geht es weiter: Selbstabwertung, Ängste, Trauer … – eine Abwärtsspirale und kein Licht am Ende des Tunnels.

Dabei ist es völlig irrelevant, wie lange die Beziehung bereits bestanden hat. Trennungsschmerz können wir auch erleben, wenn wir über jemanden hinwegkommen müssen, mit dem wir nur kurz zusammen waren, oder uns in die Idee einer gemeinsamen Beziehung verliebt haben, die sogenannte »Fast-Beziehung«.
Das Potenzial, die gemeinsame Zukunft, die wir in unseren Gedanken kreiert haben und die ein solches Gefühl der Erfüllung und des Ankommens ausgelöst hat, stürzt uns nach dem Ende genauso in diesen Trennungsstrudel.

Was gilt es denn zu betrauern? Den Verlust

- der Gemeinschaft, der Beziehung
- der damit einhergehenden Gefühle von Zugehörigkeit, Verbundenheit, Geborgenheit, Stabilität und Sicherheit
- der gemeinsamen Lebenspläne
- des gemeinsamen Konstrukts der Familie oder
- der gemeinsamen Idee einer zukünftigen Familie
- der unerfüllten Sehnsüchte und Bedürfnisse
- des vergeblichen Wunsches nach gemeinsamer Entwicklung oder aber vielleicht auch nur den Verlust der Illusion

Der Verlust des gemeinsamen Weges möchte betrauert und dadurch verarbeitet werden.

Die Trauer drückt sich dabei nicht nur durch Traurigkeit, sondern eine Vielzahl anderer Emotionen wie Wut, Schuldgefühle, Scham, Eifersucht, Einsamkeit, Ohnmachtsgefühle, Enttäuschung, Sehnsucht, Vermissen und Zerrissenheit aus.
Auch vermehren sich Ängste und Sorgen und entwickeln sich aus:

- der Angst vor dem Alleinsein
- dem Wegfall der Stabilität und Sicherheit
- der Angst vor der unbekannten Zukunft
- der Sehnsucht nach Verbundenheit
- dem Vermissen des Vertrauten
- dem Vermissen der schönen Gefühle, die die Beziehung ausgelöst hat, heraus.

Viele Frauen erleben schwierige Trennungen:

Trennung mit Kindern, Streit um das Betreuungsmodell, Rechtsstreit, Gütertrennung, finanzielle Unsicherheit, mangelnde Verantwortungsbereitschaft, Lügen, Betrug und eine unsichere Zukunft.

All das erschwert natürlich den Freiraum und die zeitliche Kapazität, sich bewusst mit den Trennungsphasen auseinanderzusetzen.
Aber gerade in dieser Zeit ist eine Unterstützung für die aufkommenden Emotionen besonders wichtig, um nicht in der Negativspirale der Gedanken und Gefühle hängen zu bleiben, sondern auch dann und gerade dann gute Tools und Methoden zur Unterstützung der Selbstwirksamkeit an der Hand zu haben.

Trennungsfolgen wirken sich auch sehr stark körperlich aus. Unsere Nerven sind zum Zerreißen gespannt. Schlaflosigkeit, Alpträume, unkontrolliertes Zittern, Panikattacken oder ein inneres Gefühl der Apathie sind absolut keine Seltenheit.

Trennungs-schmerzen

Liebes-/Trennungskummer geht mit regelrechten Schmerzen einher. Kaum ein Ereignis verändert das Leben so sehr wie eine Trennung. Aber was genau sind seelische Schmerzen und seelische Wunden?

- Da ist der Schmerz der Ablehnung
- Der Schmerz des Verlassenwerdens
- Der Schmerz der Demütigung
- Der Schmerz des verletzten Selbstwerts
- Der Schmerz des Vertrauensbruchs
- Der Schmerz der Ungerechtigkeit
- Der Schmerz des Scheiterns

Mit diesen Schmerzen umzugehen, ist ein Prozess, der sich in den Trennungsphasen widerspiegelt.

Ein natürlicher Lernprozess setzt ein. Wir versuchen, den Schmerz zu verstehen, und vor allem möchten wir lernen, wie wir diesen Schmerz zukünftig vermeiden können.

Unbewusst verarbeiten wir eine Trennung, indem wir Schutzstrategien suchen, um zukünftig schmerzhafte Erfahrungen in Beziehungen zu vermeiden. Das ist dann sinnbildlich »ein Pflästerchen auf die Wunden« kleben.

Damit wird aber nicht in der Tiefe verarbeitet, sondern die Erfahrung nur ins Unterbewusstsein verschoben und spätestens in den nächsten Beziehungen (und das muss nicht nur die klassische Partnerschaft sein – auch deinem Chef, den Geschwistern, den Nachbarn, der Freundin gegenüber) fallen uns die unverarbeiteten Schmerzen wieder auf die Füße.

Lernen durch Schmerz: Wenn ich auf eine heiße Herdplatte fasse, weiß ich zukünftig, ich verbrenne mich und wiederhole diese Handlung nicht mehr. Ich lerne einen Umgang mit dem Herd. Eine Vermeidungsstrategie wäre hier, nie mehr zu kochen und den Herd aus der Küche zu entfernen. Zu lernen bedeutet, ich nehme das nächste Mal einen Topflappen und berühre die Herdplatte nicht mehr.

Bei seelischen Schmerzen versuchen wir, die gleiche Strategie anzuwenden. Wenn ich eine Trennung erfahre, versuche ich das nächste Mal, Schmerz in Beziehungen zu vermeiden.

Damit es gelingt, zukünftig Schmerz zu vermeiden und aus den Erfahrungen zu lernen, nutzen wir ganz gezielt deine Trennung als Lernmöglichkeit, um persönlich zu wachsen und zu reflektieren, was du daraus transformieren kannst, um in Zukunft seelischen Schmerz zu vermeiden.

Dies ist die Einladung zur Selbstreflexion, zu verstehen, welche Muster und Dynamiken zu seelischem Schmerz geführt haben, welche Muster und Dynamiken in Beziehungen entstehen und welche traumatischen Erfahrungen aus vergangenen Beziehungen noch heute nachwirken und sich in deinen Glaubenssätzen, deinem Bindungsstil, deinen Emotionen, Ängsten und deinem Selbstwert widerspiegeln.

Ich zeige dir auf, wie wir uns von den Verletzungen aus vergangenen Beziehungen befreien können, um nicht den gleichen Mustern zu folgen. Denn nur so können wir den seelischen Ballast abwerfen und Platz schaffen für einen erfüllten, befreiten Neubeginn.

Seelischen Schmerz empfinden wir, wenn wir verletzt werden.
Das Wort Verletzung kommt aus dem Griechischen und ist ein Synonym für den Begriff Trauma oder Wunde.
Die Verarbeitung von Traumata ist ein sehr komplexer Prozess: der Prozess der Trennungsphasen.

Um diesen Prozess erfolgreich zu gestalten, benötigt es deine Fähigkeit, mit den Herausforderungen der Trennung erfolgreich umgehen zu können.

Wie eine körperliche Verletzung Zeit braucht, um zu verheilen, benötigt die Seele ebenso Zeit, um den Verlust zu verarbeiten.

Bei dem Griff auf die Herdplatte versorge ich meine Wunde mit einem Verband, mit Salben und schone die Hand. Bestenfalls heilt die Wunde so vollständig aus und meine Hand ist wieder komplett einsatzfähig.

Seelische Wunden äußern sich durch vier Ebenen, in denen sie sich ausdrücken:

- Deine Gedanken (Fixierung auf Probleme)
- Deine Gefühle (Vermeidung oder Überflutung von Gefühlen)
- Deine Körperempfindungen (Selbstregulation von Anspannung und Entspannung)
- Deine Erinnerungen (mentales Wiedererleben früherer Erlebnisse und Erfahrungen)

Jede dieser Ebenen benötigt andere maßgeschneiderte Methoden, Tools und Techniken, um die Fähigkeiten zur Verarbeitung deutlich zu steigern.

Es zeigt vor allem, dass das alleinige Sprechen über die Erfahrung und das Konzept »Die Zeit wird die Wunden schon heilen« nicht ausreichend sind, um deine Trennungserfahrung in der Tiefe zu transformieren.

Diese Fähigkeiten können wir erwerben durch praktische Übungen, die dich auf deiner Reise begleiten.

Wie sich die Folgeerscheinungen der Trennung auf diesen vier Ebenen äußern, sind dabei auf der Ebene der Gedanken das 24/7-Gedankenkarussell, sehr ausgeprägt durch die Überanalyse des Expartners, dazu das immer wiederkehrende Gedankenkreisen um Situationen wie »Wenn ich damals ...« oder »Wenn er damals ...«.
Immer wieder werden Gespräche und im Raum stehende Vorwürfe zerkaut, zerdacht und halten uns in Gedankenspiralen gefangen, aus denen es scheinbar keinen Ausgang mehr gibt.

Einige der häufigsten typischen Gedanken, die mir dabei in der Praxis begegnen, sind:

- Was habe ich falsch gemacht?
- Was stimmt nicht mit mir?
- Warum bin ich so austausch- und ersetzbar?
- Ich bin beziehungsunfähig.

- Was stimmt nicht mit mir, dass ich eine so toxische Beziehung gelebt habe?
- Was stimmt noch weniger mit mir, dass ich so lange geblieben bin?
- Ist er toxisch, narzisstisch ...?
- Wenn er sich doch nur verändert hätte, dann ...
- War das überhaupt Liebe?
- Wo war der Punkt, der alles verändert hat?
- Warum ist er jetzt so anders?
- Wo ist der Ex-Partner, den ich mal kannte?
- Habe ich mich so vertan?
- Was ist überhaupt noch wahr?

Daraus resultieren Sorgen und Zweifel bis hin zu Selbstmordgedanken.

Auf der Ebene der Gefühle sind dabei die Gefühle von großer Traurigkeit, Wut, Schamgefühlen, Schuldgefühlen, eine zerreißende Sehnsucht bis hin zu Gefühlen der Ohnmacht, Verzweiflung und Hilflosigkeit sehr prägnant. Ängste bis hin zu Panikattacken können sich zuspitzen.

Da überflutet uns dann die Traurigkeit in den unpassendsten Momenten und wir brechen bei Kleinigkeiten in Tränen aus.

- Die Wut, die sich aufgestaut hat, explodiert bei kleinsten Anlässen.
- Die Hilflosigkeit lässt uns erstarren und jede tägliche Verrichtung wird zu einem immensen Kraftakt.
- Das Schamgefühl, welches uns uns nicht mehr vor die Haustüre bewegen lässt, weil wir gefühlt nur noch angestarrt werden.
- Die Schuldgefühle, die uns wütend werden lassen oder uns die alten Situationen zum x-ten Mal durchkauen lassen und damit wieder ins Gedankenkarussell zurückziehen.
- Die Verzweiflung, die uns sprichwörtlich die Luft zum Atmen nimmt, und die Sehnsucht, die uns innerlich zerreißt.
- Massive Angstgefühle, die uns in völlige Sorgen- und Panikgedanken bis hin zu auftretenden Selbstmordgedanken hineinsteigern, oder die Angst, die uns so lähmt, dass sie die Bewältigung des Alltags fast schon unmöglich macht.

Auf der körperlichen Ebene wird die Trennungsverarbeitung sehr häufig begleitet von Schlafstörungen, Reizbarkeit, Konzentrationsschwierigkeiten, übermäßiger Schreckhaftigkeit und zunehmenden Muskelverspannungen.

Die häufigsten körperlichen Symptome, von denen meine Kundinnen berichten, sind:

- Schwindel
- Herzstolpern, Herzrasen
- Übelkeit, Bauchschmerzen
- Druck auf der Brust, Gefühl, zu ersticken
- Kopf- und Nackenschmerzen
- Innere Unruhe
- Benommenheit (brain fog)
- Kloß im Hals, Schluckbeschwerden
- Hohe innere Unruhe ohne Möglichkeit zur Entspannung
- Zittern

Aus dieser Mischung ergibt sich dann eine völlige Überlastung unserer Verarbeitungskapazitäten. Die ganze Situation überfordert und stresst uns.

In der Praxis lauten die Beschreibungen der Überforderung folgendermaßen:

- Ich habe das Gefühl, komplett neben mir zu stehen.
- Kleine Alltagserledigungen fallen mir zunehmend schwerer.
- Ich fühle mich immer unsicherer im Kontakt mit Menschen.
- An sozialen Aktivitäten nehme ich nur noch teil, um mich abzulenken.
- Ich finde keine Ruhe.
- Ängste und Sorgen rauben mir meinen Schlaf.
- Die Kontrolle über mein Leben entgleitet mir immer mehr.
- Ich erkenne mich nicht mehr wieder.
- Ich kann mich selbst nicht mehr leiden.
- Ich bin nur noch ein Schatten meiner selbst.
- Ich spiele die inneren Zustände herunter, keiner weiß, wie es mir wirklich geht.

- Die Trennung ist jetzt über drei Jahre her und ich habe immer noch nicht in mein Leben gefunden. Ich hänge immer noch an der Beziehung.
- Ich fühle mich wie eine Versagerin.
- Ich mache Dinge, für die ich mich zutiefst verurteile und schäme.
- Ich bin völlig überfordert, die Trennung hat mich komplett aus der Bahn geworfen.
- Ich kompensiere vieles mit Essen und Shoppen.
- Ich kann mich selbst kaum mehr wahrnehmen. Ich fühle mich wie betäubt, das betrifft auch das Empfinden von glücklichen Zuständen. Ich kann nichts mehr genießen.
- Selbst kleinste Entscheidungen fallen mir zunehmend schwerer. Ich habe das Gefühl, komplett die Kontrolle zu verlieren.
- Ich fühle mich immer mehr bedroht und erstarre. Ich kann mich keinen Schritt vorwärtsbewegen, weder gedanklich noch in Handlungen.

Die vierte Ebene der Erinnerungen: Erinnerungen, die noch völlig überflutende Gefühlszustände im Gepäck haben.

- Erinnerungen an gemeinsame Orte
- Erinnerungen an gemeinsame Erlebnisse
- Erinnerungen an gemeinsame Urlaube
- Der Streit hier, die Situation da, der Umgang miteinander dort

Verletzungen aus der Beziehung kommen ungefiltert nach oben, um dann wieder und wieder in das Gedankenkarussell einzuladen und die Spirale auslösen, »Was hätte ich ..., wenn ich ...?« oder »Was hätte er ..., wenn er an der Stelle ...?«.

Das ist absolut wichtig, da wir ja an der Erfahrung wachsen möchten und uns in unseren Anteilen, die zum »Nichtgelingen« der Beziehung beigetragen haben, weiterentwickeln möchten. Wir lernen aus der Erfahrung, um eine Wiederholung zu vermeiden. Solange allerdings die Emotionen noch so intensiv mit den inneren Bildern verknüpft sind, ist unsere Sichtweise völlig eingefärbt durch die noch damit verbundenen Emotionen und eine höhere Perspektive, die mir Erkenntnisse ermöglicht, noch sehr eingeschränkt.

Situationen mit alten Beziehungen werden noch mal herangezogen; die gleiche Dynamik, das gleiche Muster, das gleiche Ende. Was wiederholt sich hier?

Dazu kommen noch die Erinnerungen an die schönen gemeinsamen Momente, sehr häufig noch verbunden mit einem tiefen Vermissen und einer Sehnsucht, die einfach nur schmerzhaft ist.

Dazu kommen dann noch, ausgelöst durch die jetzige Trennung, alte Erinnerungen, die aktiviert werden, und frühere Erlebnisse und Erfahrungen klopfen auf einmal an.

Da wird auf einmal vermehrt von Ex-Beziehungen geträumt, alte Personen tauchen in deinem Bewusstsein auf, Erinnerungen an vergleichbare Situationen aus der Vergangenheit, die genau die gleichen Gefühle ausgelöst haben, können vom Unterbewusstsein ans Tageslicht drängen.

Jede Erinnerung, die jetzt ans Tageslicht kommt, ist eine Einladung zur Selbstreflexion und Heilung.

Bei jedem Kapitel in diesem Buch lade ich dich ein, in die Tiefen deiner Psyche zu tauchen und alte Fragmente ans Tageslicht zu holen und dich damit von deinem seelischen Ballast endgültig zu verabschieden.

Die jetzige Trennung kann die Einladung beinhalten, wirklich auf tiefster Ebene auszumisten.

Was gute Freunde oft raten, um Trennungen besser zu überwinden, ist der Klassiker: »Gut zu sich sein«, schöne Unternehmungen, Sport, gutes Essen, Freunde treffen, Dinge tun, die man mit dem Partner nicht machen konnte ...

Aber all das funktioniert bei dir irgendwie gerade nicht oder zumindest nur temporär?

Es kann auch nicht funktionieren, weil jede Phase der Trennung notwendig ist, um dein Herz zu heilen und die Trennung zu verarbeiten.

Gemeinsam tauchen wir in das Mysterium der Trennungsverarbeitung ein und beobachten, wie jede Phase deine Heilung unterstützt und die Gelegenheit bietet, auszumisten.

Mit maßgeschneiderten Methoden, Tools und Techniken für jede Ebene:

- Deine Gedanken (kognitive Verarbeitung),
- Deine Gefühle (emotionale Verarbeitung),
- Deine Körperempfindungen (neurobiologische Verarbeitung),
- Deine Erinnerungen.

Hiermit wird bereits deutlicher, dass das alleinige Sprechen über die Erfahrung und das Konzept »die Zeit wird die Wunden schon heilen«, meist nicht ausreichend sind, um deine Trennungserfahrung(-en) in der Tiefe zu transformieren.

Eine Trennung wird durch die Trennungsphasen verarbeitet. Es ist ein Prozess, bei dem die Trennung erst einmal unverarbeitet im Gehirn abgelegt und dann in dem Prozess der Trennungsphasen Stück für Stück verarbeitet wird.

Mit maßgeschneiderten Methoden, Tools und Techniken werde ich dich unterstützen, dem 24/7-Gedankenkarussell, den überwältigenden Gefühlen, den unangenehmen körperlichen Empfindungen und den belastenden Erinnerungen entgegenzuwirken.

Neben den Auswirkungen auf deine Gedanken, Gefühle und körperlichen Empfindungen wirkt sich eine Trennung auf so viele Bereiche deines Lebens aus – von deiner Bindungsfähigkeit über deine Ängste bis hin zu deinem Selbstwertgefühl und deinem Glaubenssystem. Aber hier ist die

gute Nachricht: Wir werden genau hier ansetzen und aktiv werden! Ich lade dich ein, aus der Vergangenheit zu lernen, um alte Muster zu durchbrechen und Platz für positive Veränderungen zu schaffen – Schritt für Schritt!
Dann lass uns ganz kurz einen Überblick verschaffen, wo du stehst und was dich gerade am meisten belastet.

- Welche Gedanken wärst du am liebsten los?
- Welche Gefühle wärst du am liebsten los?
- Welche Körperempfindungen wärst du am liebsten los?
- Welche Erinnerungen wärst du am liebsten los?

Mach gern meinen kostenlosen SOS-Stresstest. Damit findest du noch leichter heraus, was dich gerade am meisten belastet:

https://www.beep-coaching.de/test/

Damit wären wir auch bereits mitten in Phase eins der Trennungsphasen, der Phase der Verdrängung. Diese Phase lädt ein, uns mit unseren bisherigen Bewältigungsstrategien und auch möglichen Kompensationsmechanismen zu beschäftigen. Das machen wir auch ganz ausführlich. Aber bevor wir hier tiefer einsteigen, möchte ich dir noch einen Überblick über die Trennungsphasen verschaffen und die Auswirkungen einer fehlenden bewussten Gestaltung der Trennung, einer fehlenden Trennungskompetenz, erläutern.

Was uns grundsätzlich fehlt, ist eine gewisse Trennungskompetenz. In der Theorie würden wir mit deutlich weniger Verletzungen und Trennungsschmerz konfrontiert sein, wenn wir eine Trennungskompetenz in uns entwickelt hätten. Leider, oder auch zum Glück, sind wir mit einer Trennung nicht so häufig konfrontiert, sodass es wenig Referenzerfahrungen gibt, auf die wir zurückgreifen können. Damit ist eine Trennung und auch der Trennungsvorgang überfordernd und sehr häufig nicht verletzungsarm gestaltet.
Ein Musterbeispiel für eine sicherlich sehr seltene, aber sehr schonend gestaltete Trennung bietet das Konzept des Bewussten Entkoppelns.

Trennung in Liebe

Bewusstes Entkoppeln | Conscious Uncoupling: Dieser Begriff wurde erstmals durch die Trennung des Paares Gwyneth Paltrow und Chris Martin weltbekannt. Das Konzept dahinter ist von Katherine Woodward Thomas, der Begründerin von Conscious Uncoupling.[1]

2009 führte Katherine Woodward Thomas das «bewusste Entkoppeln« als fünfstufiges Programm ein. Schritt für Schritt führt die Beziehungstherapeutin Betroffene behutsam durch die schmerzhafte Auflösung einer Partnerschaft. Indem beide Partner ihre Verantwortung annehmen und den Trennungsprozess bewusst gestalten, wird es möglich, negative Gefühle loszulassen und mit geheiltem Herzen positiv in die Zukunft zu blicken.

Die Motive, welche sie antrieben, den Weg des Conscious Uncoupling zu gehen, und die Gwyneth Paltrow der Zeitschrift Gala verriet, waren in erster Linie das Wohlbefinden ihrer Kinder, um diese vor unnötigen Schmerzen zu bewahren.[2]

> *»Als ich wusste, dass ich mich scheiden lassen wollte, habe ich eine Datenerhebung durchgeführt und mit Erwachsenen gesprochen, die aus einem zerrütteten Elternhaus stammten.« Dabei gewann sie eine erstaunliche und doch nachvollziehbare Erkenntnis. »Jeder einzelne von ihnen sagte: »Es war mir egal, dass meine Eltern sich scheiden ließen. Aber die Tatsache, dass sie nicht miteinander sprachen, dass sie an meinem Geburtstag nicht beide an einem Tisch sitzen konnten ...«. Sie sagten, »das sei das Schrecklichste.«. Eine Augen öffnende Erfahrung für den »Shakespeare in Love«-Star. »Man konnte sehen, dass sie so viel Schmerz und Wut in sich hatten.« Ich dachte: »So etwas werde ich nie tun. Und das haben wir auch wirklich nicht.«*

Gwyneth und Chris sind trotz der Scheidung weiter freundschaftlich verbunden, verbringen Feiertage und Geburtstage gemeinsam. Anfang des Jahres begleiteten die 43-Jährige und die beiden Kinder Apple und Moses den Sänger und seine Band auf der Tournee durch Peru und Argentinien.

Sicherlich eine so wunderbare Erfahrung, die ein bedeutendes Maß an Trennungskompetenz benötigt und die Bereitschaft, die Verantwortung

für aufkommende Gefühle und Verletzungen zu 100 Prozent zu übernehmen. Dazu benötigt es ein großes gemeinsames Wohlwollen, Respekt und Wertschätzung, die gemeinsame Vergangenheit zu würdigen, und die Akzeptanz dessen, dass ein gemeinsamer Weg zu Ende ist und die Bereitschaft, die Entscheidung des Partners, der den Weg nicht mehr gemeinsam fortsetzen möchte, zu respektieren - schwierig, wenn bereits in der Partnerschaft keine Kommunikationsbereitschaft und kein Wohlwollen mehr erlebbar waren. Diese Qualitäten in der Trennung zu leben, erscheint dann fast unmöglich. Umso wundervoller, wenn Paare beschließen, gemeinsam den Weg in Würde, Respekt und Wohlwollen zu beenden.
Aber selbst wenn nur ein Partner bereit ist, die Vergangenheit zu würdigen und den Respekt beizubehalten, wird der Nährboden für weiteren Kampf ausgedünnt. Das wiederum kann auch bedeuten, die Tür für ein wohlwollendes Verhältnis in der Zukunft offen zu lassen, den Kontakt aber auf ein Minimum zu reduzieren, bis der andere Partner vielleicht eines Tages die Verantwortung für seinen Beitrag übernehmen möchte.

Was ich in der Praxis deutlich häufiger erlebe, ist die

Fehlende Trennungskompetenz

Ich nutze hier die Beschreibung der fehlenden Trennungskompetenz, die sich in der Trennung durch viele ungesunde Verhaltensweisen auszeichnet. Man erkennt den Ex-Partner nicht mehr wieder. Die Fragezeichen nehmen zu und eine völlige Verwirrung tritt ein:
Mit wem war ich da eigentlich so lange zusammen? Mit wem habe ich da Kinder? Wer ist dieser Mann? War das überhaupt Liebe? Wo sind Respekt und Wertschätzung hin? Wieso befinde ich mich jetzt in einem solch erbitterten Kampf? Der Kampf ums Sorgerecht, um die Gütergemeinschaft, um Eigentum, um Hausrat, um ...

Hier noch mal zur Erinnerung: Ich schreibe das Buch aus der Sicht einer Frau, also bitte einmal umdenken - fehlende Trennungskompetenz ist nicht genderspezifisch, findet sich in allen Paarkonstellationen und ist unabhängig vom Geschlecht.

Wenn es so weit ausartet, dass man sich mit der »Nachfolgerin« an der Tür über den gemeinsamen Hausrat austauschen muss, vergeblich um einen Anteil an 35 Euro Schulgeld gebeten werden muss (und es keine Frage der finanziellen Möglichkeiten ist), dass den Kindern Unwahrheiten aufgetischt werden, gemeinsame Werte und Regeln auf einmal nicht mehr gültig sind, ein völliger Kontaktabbruch eintritt und damit klärende Gespräche nicht mehr stattfinden, dass Klärung nur noch heißt »Mein Weg oder keiner!«, dann ist die Kompromissbereitschaft, eine gemeinsame liebevolle Lösungskultur für alle Herausforderungen zu finden, gleich null. Die Liste der Beispiele lässt sich unendlich fortführen. Wenn ein Partner keine Möglichkeit mehr findet, zum Wohle aller Lösungen herbeizuführen, und der Weg zum Anwalt die letzte, nicht gewünschte Lösung ist, treten massiv Schuldgefühle auf und man fühlt sich zu Schritten »gezwungen«, die so niemals gewünscht und gewollt waren.

Das verletzt tief. Verletzungen, die sowieso bereits durch eine Trennung entstehen, vervielfachen sich durch die Art und Weise, wie der Umgang miteinander in der Trennungszeit gestaltet wird.
Das prägt – häufig nicht nur die betroffenen beiden Beteiligten, sondern auch beteiligte Kinder und zieht Kreise bis in die Familie und den ganzen Freundeskreis. Anschuldigungen, Einmischungen, Spaltung und Parteiergreifung sind die Folge. Häufig verliert man dann mit der Trennung nicht nur den Partner, sondern es splitten sich zuweilen ganze Freundeskreise und Familiensysteme auseinander.

Damit muss dann nicht nur die eigentliche Trennung verarbeitet werden, sondern weitere Trennungen, die in der Folge auftreten.

Auch kann sich eine fehlende Trennungskompetenz so weit zuspitzen, dass Selbstmord angedroht oder sogar körperliche Gewalt angewandt wird.

Jedes Jahr sterben mehr als 100 Frauen, weil sie sich von ihrem Partner getrennt haben oder trennen wollten. Dieses Phänomen hat einen Namen: Femizid. Dies ist jetzt nicht genderneutral.

Das Macht- und Dominanzverhalten, die Frau und die Beziehung als Besitz verstanden zu haben, kann so weit gehen, dass Frauen von ihren Partnern oder Ex-Partnern getötet werden.

In einigen Bundesländern gibt es bereits sogenannte Hochrisikomanagement-Programme. Dabei wird ein Fragebogen zugrunde gelegt, anhand dessen ermittelt wird, ob der (Ex-)Partner als Hochrisikotäter gilt.
Wenn häusliche Gewalt, Selbstmorddrohungen oder aber auch körperliche Bedrohung im Spiel sind, ebenso wie emotionale Gewalt, die zum Ziel hat, Macht- und Dominanzverhalten zu demonstrieren – überwiegend aus Wut, Rache, Macht- bzw. Besitzanspruch – gibt es Hilfe. Das Hilfetelefon »Gewalt gegen Frauen«: Unter der Nummer 0800 011 6016 wird anonym kostenlos Hilfe angeboten.

Eine Trennung bleibt dann häufig nicht nur auf die Trennung von zwei Personen beschränkt, sondern zieht weitere Verlusterfahrungen und massive weitere Verletzungen nach sich. Die Folgeerscheinungen sind dabei völlig unabhängig davon, ob ich mich getrennt habe oder ob mein Partner mich verlassen hat.

Getrennt oder getrennt worden, ein Unterschied?

Gibt es einen Unterschied in der Verarbeitung und Intensität des Schmerzes und einen Zusammenhang mit der Dauer der geführten Beziehung oder spielt es dabei eine Rolle, wer sich von wem getrennt hat?

Die Antwort ist ein klares Nein. Der Schmerz richtet sich nicht nach der Dauer der Beziehung, sondern nur nach der Wahrnehmung der Intensität des Schmerzes, die diese Trennung hinterlässt, und welche Folgen die eigentliche Trennung im Familien- und Freundeskreis auslöst.

Es gibt Trennungen nach 18 Jahren Ehe, mit Kindern, Eigentum etc., die kaum Trennungsschmerzen hinterlassen, da der Trennungsprozess sich schon schleichend in den letzten Jahren der Ehe entwickelt hat, sodass die Parteien bereits das Stadium der Akzeptanz und des Loslassens erreicht haben.

Es gibt Kurzzeitbeziehungen, die einen völlig aus der Bahn werfen. Hier hat diese kurze Beziehung so tiefe Sehnsüchte geweckt und erfüllt mit dem neuen Partner, der das ganze Leben auf den Kopf gestellt hat. Erst im positiven Sinne, wenn die Sehnsucht nach Leidenschaft, Lebendigkeit, Abenteuer und Unabhängigkeit erfüllt wird und dann wieder verschwindet; dann wird mit der Trennung das ganze Leben wieder auf den Kopf gestellt – diesmal im negativen Sinne.

Es gibt die Trennung, die völlig unvorbereitet trifft. Da liegt morgens der Abschiedsbrief auf dem Tisch oder aus dem »Ich bin nur mal eben einen Kaffee trinken« wird ein endgültiges Verschwinden. Das sind zumeist Trennungen, die einen Schock auslösen und daher in der Intensität mit Sicherheit eine Extremsituation auslösen. Die aufkommenden Emotionen, Ängste, Panikattacken und alle körperlichen Folgesymptome werfen mit Sicherheit am schnellsten und intensivsten aus der Bahn. Die Frage, ob ich mich begleiten lasse, stellt sich hier häufig gar nicht, weil es gar nicht anders geht. Das allerdings hat den Vorteil, dass die Trennung zwar heftig, aber dann auch durch die sofortige Unterstützung häufig schneller und vollständig verarbeitet werden kann.

Dazu konträr sind die Trennungen, die eigentlich »normal« verlaufen, aber nach zehn Monaten oder zum Teil auch noch nach zwei bis drei Jahren wird man immer noch von der Sehnsucht oder den Schuld- und Schamgefühlen sowie auftretenden Ängsten gesteuert. Da gab es dann nicht den einen Schockmoment, der mich zum Handeln gezwungen hat, sondern da ist der Trennungsprozess eher wie ein schleichendes Gift, welches sich langsam in jeder Körperzelle ausbreitet.

Daher hat die Frage, ob die Dauer der Beziehung Einfluss auf die Trennungsphasen hat, ein klares Nein verdient.

Wenn ich (ungewollt) getrennt wurde, löst die Trennung sicherlich deutlich mehr Schockmomente aus, gerade dann, wenn die Trennung mich, wie oben bereits erwähnt, völlig unvorbereitet trifft oder diese Beziehung sich für mich einfach noch sehr erfüllend angefühlt hat. Ebenso hinterlässt es Schmerzen und deutliche Spuren, wenn ich völlig unvorbereitet vermeintlich ausgetauscht und ersetzt wurde.

Aber daraus abzuleiten, dass eine Trennung, die ich selbst eingeleitet habe, weniger schmerzhaft ist, passt nicht zu den Erfahrungen, die ich in der Praxis gemacht habe. In der Betreuung treffe ich ebenso viele Frauen, die von sich aus die Beziehung beendet haben und einen ebenso tiefen Schmerz spüren.

Worunter leiden Frauen, wenn sie sich getrennt haben?

Oftmals gehen sie, weil sie an einem Punkt angekommen sind, an welchem keine Bereitschaft mehr vorhanden war, gemeinsam über die alten Beziehungsstrukturen hinauszuwachsen. Insbesondere der Partner, der sich sehr mit seiner persönlichen Entwicklung beschäftigt hat und Veränderung in der Beziehung erreichen möchte sowie vor allem das Potenzial sieht, mit diesem Partner ein neues Level an Beziehung zu erreichen, ist irgendwann zermürbt – weil Veränderung nur noch Kampf um Besitzstandswahrung bedeutet, aber kein Interesse an gemeinsamer Weiterentwicklung.
Viele Menschen gehen oder werden verlassen, weil es »anstrengend« wird. Die Beziehung ist an einem Punkt, an dem es keine Perspektive mehr für gemeinsames Wachstum und Veränderung gibt. Ein Stehenbleiben, um die Entwicklungschancen zurückzunehmen, funktioniert nicht. Es ist ein menschliches Urbedürfnis, sich zu entwickeln.

Was dann schmerzt, ist, wie sehr sie diese Person geliebt und gewollt haben und bereit waren, sich mit ihr weiterzuentwickeln. Sie müssen nun akzeptieren, dass die gemeinsame Zeit zu Ende ist, obwohl noch so viel Liebe und (aus ihrer Sicht) Potenzial da ist.

Der Punkt, an dem sie sich oftmals Unterstützung holen, ist die Phase, wenn sie an ihrer Liebe und dem Schmerz, diese Liebe nicht mehr teilen zu können, drohen zu ertrinken. Gründet dann der Ex-Partner im Anschluss die Familie, die man sich zuvor zusammen erträumt hatte oder lebt mit einer neuen Partnerin die Veränderungen, ist das der Punkt, an dem es vielen den Boden unter den Füßen wegreißt. Die Ablehnung der eigenen Person, die tiefe Verletzung des Selbstwerts und die geplatzten Träume prasseln geballt auf einen ein.

Zusammen mit diesem Schmerz dann auch noch die stabile Basis aus Freundes- und Familienkreis zu verlieren und damit eine der ganz wichtigen Stützen zu verlieren, ist traumatisierend und zutiefst destabilisierend.

Spätestens dann benötigt es eine unterstützende Begleitung, um überhaupt wieder ins Leben zurückzufinden.

Mit diesem Ratgeber möchte ich dir einiges an die Hand geben, um durch gezielte Übungen deine innere Stabilität und Sicherheit wiederzufinden.

Lass uns jetzt gerne gemeinsam einen Blick auf die Trennungsphasen richten, um dich zu orientieren, welche Phasen gemeistert werden möchten.

Die Trennungsphasen im Überblick

Elisabeth Kübler-Ross, Psychiaterin und Sterbeforscherin, hat die fünf Phasen des Trauerns erforscht, die auch für den Trennungsprozess gültig sind.[3] Ursprünglich beschrieb das Modell den Bewältigungsmechanismus, den Sterbende vor dem eigenen Tod durchlaufen. Doch auch der Prozess der Trauer in Folge einer Trennung wird durch diese Phasen erklärt. Dabei gibt es folgende Phasen, die von ihr beschrieben sind:

1. Verdrängung
2. Zorn
3. Verhandeln
4. Depression
5. Zustimmung/Akzeptanz

Die Phasen zwei bis vier, Zorn, Verhandeln und Depression, sind in diesem Buch in die Phase der Emotionen zusammengefasst.

Anders als bei einem Todesfall geht unser Leben nach der Zustimmung und Akzeptanz weiter, daher benötigt es nach der Trennung, anders als bei einem Todesfall, zusätzlich die Phase der Neuausrichtung und die Phase des Neubeginns.

Die Phasen der Verarbeitung verlaufen nicht linear und auch die Intensität wird unterschiedlich wahrgenommen. In der einen Woche bin ich voller Zuversicht und in der nächsten hänge ich wieder im Tal der Tränen, Sehnsucht oder Hoffnungslosigkeit. All das ist völlig normal, Prozesse haben ihren eigenen Ablauf und ihr eigenes Tempo. Wenn wir aber den Umgang damit erlernen, können wir die Phasen des Wohlbefindens immer weiter ausbauen und das Tal der Tränen schneller verlassen.

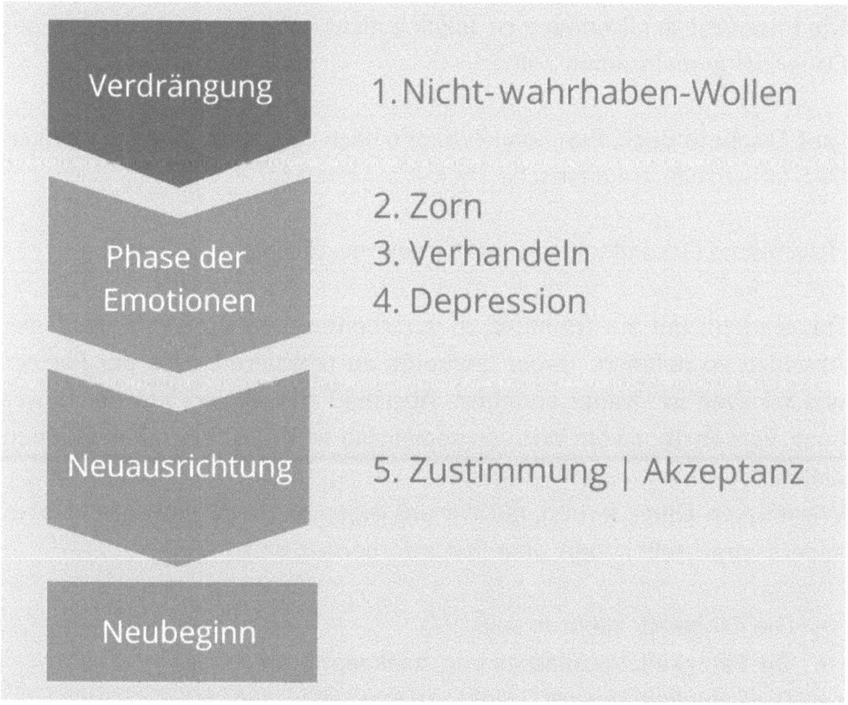

Es gibt aber auch Menschen, die den Tod eines geliebten Menschen schneller verarbeiten als eine Trennung. Eine Klientin erzählte mir zu ihrem Trennungsprozess: »Ich kenne es leider nur zu gut, wie schmerzhaft es ist, wenn ein geliebter Mensch stirbt. Aber ich musste es akzeptieren, weil ich daran nichts ändern konnte. Aber mit der Trennung, da quälen mich ständige Gedankenkarusselle, dass ich vielleicht irgendetwas machen kann, damit er wieder zurückkommt. Ich denke, dass deswegen die Trauerphase bei der Trennung bei mir viel länger ist.«

Trennungsprozesse sind nicht nur für Partnerschaften relevant, sondern auch bei Konstellationen aus Affären, Seelenpartnerprozessen oder unerwiderter Liebe.

Auch hier haben wir ein innerliches »Wir« kreiert, welches sich aber nicht als lebbar in Form einer Beziehung materialisiert hat.

Je intensiver sich dieser Wunsch als Erfüllung angefühlt hat, umso mehr kann auch hier das Ende der Illusion genau einen solch schmerzhaften Trennungsprozess einleiten.

Die Intensität der Trennung ist folglich nicht abhängig und linear zu der Dauer der gemeinsamen Zeit.

Laut Elisabeth Bock, Psychoanalytikerin nach C.G. Jung, sind Trennungen DAS universelle, traumatische Thema im Leben.[4]

»Psychische Gesundheit bedeutet Trennungsfähigkeit«, so Bock.

Trauerarbeit, um die Trennung zu verarbeiten, bedeutet in erster Linie, Abschied zu nehmen. Trauer bedeutet, zu realisieren, dass der Partner wirklich weg ist. Trauer bedeutet, Abschied zu nehmen von der Beziehung, vom Partner, vom Wir, von gemeinsamen Wünschen, gemeinsamen Zielen.
Wir müssen Dinge lernen, die wir uns eigentlich nicht gewünscht bzw. anders vorgestellt haben, aber nun erforderlich sind:

- Die Fähigkeit, allein zu sein
- Die Fähigkeit, loszulassen und zu akzeptieren
- Die Fähigkeit, unsere Gefühle zu managen
- Die Fähigkeit, unsere Gedanken zu beeinflussen
- Die Fähigkeit, neue Visionen zu entwickeln
- Die Fähigkeit, wieder Freude und Leichtigkeit zu spüren
- Die Fähigkeit, wieder zu vertrauen
- Die Fähigkeit, wieder zu lieben

All das benötigt Zeit – Zeit, die wir völlig unterschätzen, genau wie den Fakt, dass uns die Folgen der Trennung doch so sehr zusetzen.

Bevor wir uns den Herausforderungen der Trennungsphasen stellen, möchte ich dir hier noch ein grundsätzliches Verständnis mitgeben, wie Erfahrungen in unserem Körpersystem verarbeitet werden.

Wie verarbeiten wir Erfahrungen?

Maßgeblich beteiligt an der Verarbeitung der Trennung sind verschiedene Ebenen unseres Gehirns.

Hier lassen sich wunderbar vereinfacht die Prozesse der Trennung beschreiben.

Das dreieinige Gehirn von Paul D. MacLean[5] unterscheidet drei Gehirnareale:

1. »Kognitive Ebene«

Im Bereich Bewusstsein und Denken (Neocortex, auch Präfrontaler Cortex) setzen wir uns bewusst mit den Erfahrungen auseinander. Wir reflektieren, sammeln Erkenntnisse und gewinnen unsere Fazits. Wir wissen, was wir nicht mehr wollen, und richten uns neu aus zu dem, was wir uns anstatt dessen wünschen. Wir wissen, was wir verändern und nicht mehr wiederholen möchten, und haben ein starkes »Anstatt-Dessen«. Aus der Trennungserfahrung erwachsen Erkenntnisse, wir verändern Denk- und Verhaltensweisen. Neue Erfahrungen möchten kreiert werden. Hier ist die Ebene, in der wir Impulse kontrollieren können, also agieren, anstatt aus Mustern zu reagieren, und in der wir fähig sind, unsere Emotionen bewusst zu steuern.

Diese Fähigkeit des Denkens und der Drang, zu verstehen, kann zu Beginn der Trennungsphasen sehr ausgeprägt vorhanden sein, um die Trennung über die kognitive Ebene zu verarbeiten. Es werden Ratgeber gewälzt und der Ex-Partner auch sehr häufig bis zum Umfallen analysiert.

Hier ist auch der große Trugschluss, dass ich meine, dass ich durch das Wissen, die vielen Podcasts, das Verstehen um die Zusammenhänge nun neu beginnen kann. Die gewünschte Veränderung ist im Bereich des Denkens bereits entstanden. Dabei außen vor sind in dem Stadium allerdings das breite Spektrum der Emotionen und die Ebene des Nervensystems, die auch auf ihre eigene Weise verarbeiten.

In der Praxis begegnen mir dann Aussagen wie:

- »Ich habe jetzt bereits so viel an mir gearbeitet und habe schon wieder den »falschen« Mann angezogen.«
- »Ich hatte meine Glaubenssätze bereits so schön aufgelöst, jetzt sind sie alle wieder da.«
- »Ich war eigentlich sehr selbstbewusst unterwegs, wusste, was ich wollte, und dann kam einer und jetzt ist alles gefühlt weg. Ich bin nur noch ein Schatten meiner selbst.«
- »Ich falle immer wieder in meine alten Muster, obwohl ich schon so viel gemacht habe.«
- »All meine Selbstzweifel sind wieder da.«
- »Ich fühle mich so abhängig. Ich kann nicht loslassen. Ich weiß nicht, warum.«

Dann schauen wir uns mal die nächste Ebene an, in der Verarbeitung stattfindet - die Ebene der Emotionen oder »das innere Kind«.

2. Das »limbische System«

Im Bereich Fühlen (limbisches System) werden die Erfahrungen auf emotionaler Ebene verarbeitet. Hier werden nicht nur Erinnerungen abgespeichert, sondern auch das Gefahr- und Angstzentrum sitzt hier. Den Bereich des limbischen Systems können wir nur sehr eingeschränkt mit dem Verstand erreichen. Ich nenne diesen Teil auch gerne das Zentrum unseres inneren Kindes. Inneres Kind, weil in dem Zeitalter der Kindheit in der Regel der Grundstein gelegt wurde, wie wir mit Gefühlen umgehen, welche Gefühle »wünschenswert« sind oder »abgelehnt« wurden und auch der Grundstein der Bewertung in »gute« und »schlechte« Gefühle und auch die Überforderung, uns genau in diesen Gefühlen gut regulieren zu können, ohne dass wir sie verdrängen oder davon überflutet werden.
Die Fähigkeit, mit diesen teils überflutenden Gefühlszuständen umzugehen, darf in der Praxis oftmals deutlich nachentwickelt werden.

Die Vorstellung eines inneren Kindes hilft dabei, diesen Gefühlen als Teil von mir so verständnisvoll und liebevoll zu begegnen, wie ich es bei einem Kleinkind tun würde.

Der Umgang mit mir und den Gefühlen kann auch mit der Überschrift »Selbstliebe« betitelt werden.
Wie sehr liebst du dich selbst, wenn du wieder traurig, wütend oder frustriert bist, dich minderwertig fühlst, gerade in Eifersucht, Schuld- und Schamgefühlen badest oder eine Erfahrung der Ablehnung gemacht hast? Hier begegnen wir dann dem inneren Kritiker und der Stimme der Selbstabwertung. Herzlich willkommen.

Im limbischen System sitzt auch unser Angstzentrum, welches, sobald es einmal aktiviert ist, unser Stammhirn aktiviert und dann unsere Muster und Automatismen das Ruder übernehmen.

3. Das »Stammhirn«

Im Bereich Handeln, Ängste (Stammhirn, auch Reptiliengehirn genannt) übernimmt unser Autopilot, gesteuert durch unser Nervensystem. Das Motto dieses ältesten Gehirnteils ist das Überleben. Hier geht es nur um Sicherheit, alles andere ist egal. Sicherheit, dass ich nicht in Gefahr bin – oder auch als Überschrift »Willkommen Ängste«.

Anders formuliert: Wenn ich die Angst vor dem Alleinsein, die Verlustangst, das Gefühl der Bedrohung verspüre oder mich abgelehnt fühle, dann bin ich überflutet von Ängsten und Sorgen und stehe entweder kurz vor der Panikattacke oder bin gelähmt vor Angst. Dann ist die Erinnerung an meine Zettelchen am Spiegel, dass ich dem Universum vertraue, dass ich liebenswert bin, so wie ich bin, wie weggeblasen.

So auch in der Trennungsphase, wenn auf einmal mein Fundament im tiefsten Kern erschüttert ist und von meinem Selbstbewusstsein, meinem Selbstvertrauen und meiner Kraft gefühlt nichts mehr übrigbleibt.

Die Möglichkeit, mich in Ruhe hinzusetzen, zu reflektieren oder über einen gelingenden Neubeginn nachzudenken, ist faktisch ausgeschaltet. Ich habe keinen Zugriff auf den bewussten Teil des Denkens.

Dann übernimmt der Autopilot, um wieder Sicherheit herzustellen. Ich handle wie ferngesteuert, reagiere blitzschnell und meine Möglichkeiten, bewusst zu agieren und die automatischen Reaktionen zwischen Reiz und Reaktion zu unterbrechen, sind nur eingeschränkt möglich.

In der Praxis höre ich dann:

- »Ich verstehe es nicht: Ich stalke, ob er online ist – wie ein Teenager.«
- »Wenn ich wieder eine Nachricht erhalte, flippe ich aus und schleudere ihm all meine Wut entgegen. Ich weiß ja, dass das nix bringt, außer einen völlig eskalierenden WhatsApp-Verlauf, aber es überkommt mich dann.«
- »Ich wollte so gerne nicht mehr reagieren, ihn dort stehen lassen, wo er ist, und schwups – eine Nachricht und er hatte mich wieder am Haken.«
- »Ich vermisse ihn noch so sehr, obwohl ich weiß, dass er mir nicht guttut und ich mir die Beziehung überhaupt nicht mehr zurückwünsche. Was hält mich noch?«
- »Ich habe so Angst davor, ihn loszulassen.«
- »Ich bin völlig blockiert, drehe mich seit Monaten mit meinen Gedanken im Kreis.«

Hier im Stammhirn liegt die Wurzel für das, was uns in der Trennung Stress bereitet und Ängste aktiviert und was nicht.

Die Arbeit mit dem Nervensystem beinhaltet die Fähigkeit, sich von den Herausforderungen deutlich weniger stressen zu lassen und die durch die Trennung ausgelösten Angstgefühle deutlich besser zu handhaben.

Angst lässt sich nicht durch rationale Worte beruhigen. Hier benötigt es eine Fürsorgequalität, die beruhigende Aspekte in den Vordergrund stellt.

Das Prinzip der Selbstfürsorge: Was benötigt es gerade, um innere Ruhe zu empfinden, »runterzukommen«, den Stress der Trennung, der Begegnung mit dem Ex-Partner oder des Briefs vom Anwalt abzubauen, um aus dem Automatismus, der wieder eine Panikattacke auslösen könnte, herauszufinden und wieder bewusst agieren zu können?

Dabei wird die Trennung in allen drei Bereichen verarbeitet und nur, wenn Verarbeitung auf allen drei Ebenen geschieht, kann wirklich losgelassen werden und ein Neuanfang ohne emotionalen Ballast gelingen.

Diese drei Bereiche sind in der Trennung deutlich gefordert. Wir alle haben dazu Kompetenzen entwickelt, die allerdings im Rahmen der Trennung häufig nicht mehr ausreichend funktionieren, weil unsere Denk- und Konzentrationsfähigkeit abnimmt, die Emotionen uns viel häufiger als gewünscht überfluten und wir gefühlt zwischen Angst und Zuversicht hin- und herpendeln.

Die Fähigkeiten werden wir jetzt gemeinsam entwickeln und lernen, mit den Herausforderungen, die uns auf der kognitiven Ebene, emotionalen Ebene und der Ebene des Nervensystems begegnen, umzugehen.

Dazu lädt uns die Phase der Verdrängung zu einer tiefen Bestandsaufnahme ein, welche deiner bisherigen Verarbeitungsmechanismen gelungen funktioniert haben und wo sie in ihren Fähigkeiten erweitert werden können.

Trennungsphase 1

Verdrängung

Grundsätzlich sind die Phasen der Trennung nicht linear im Verlauf, aber der Einfachheit halber stelle ich sie hier in der, von der Psychologie gut erforschten, Reihenfolge vor. Was allerdings nicht oder so gut wie nie bedeutet, dass der Prozess der Trennungsverarbeitung in dieser Reihenfolge abläuft. Wir haben damit lediglich einen roten Faden als Überblick darüber, was uns begegnen kann.

Die Phase der Verdrängung wird sehr häufig, sogar in der Regel, gar nicht als Verdrängung wahrgenommen.
»Wir haben uns getrennt« oder »Wir wurden getrennt«, damit ist der rationale Fakt auf dem Tisch. Wir können diese Phase meist erst rückwärts verstehen, wenn wir nämlich in der Phase der Emotionen ankommen. Dann verstehen wir rückwärts, dass wir den Emotionen unbewusst ausgewichen sind.

Das hat einen guten Grund: Unsere Fähigkeit kann zu dem Zeitpunkt der aufkommenden Emotionen noch eingeschränkt sein. Üblicherweise sind wir auch noch so sehr im Kopf, analysieren, wollen verstehen und suchen nach Antworten.

Um mit dem Stress der Trennung fertigzuwerden und die unangenehmen Gefühle zu vermeiden, die auftretende Sehnsucht zu stillen oder dem Gedankenkarussell zu entkommen, haben wir in der Regel eine gute Auswahl an Bewältigungsstrategien im Gepäck, um uns damit ein Gefühl der Erleichterung zu verschaffen und uns in die innere Ruhe sowie zu innerem Frieden zurückführen.

Das kann die »Me-Time« sein, die sportliche Betätigung oder das Hineinstürzen in neue berufliche Projekte.

Was kann uns in der schwierigen Zeit der Trennungsverarbeitung Trost und Kraft schenken, um die Herausforderungen deutlich besser zu meistern? All das, was dich berührt, dir innere Ruhe und Frieden schenkt, dich wieder mit dir verbindet. Erforsche dich selbst und sei dir selbst die beste Freundin.

Welche innere Ausrichtung oder äußeren Anlässe bringen dir die oben genannten Qualitäten?

Hier ein paar Inspirationen:

- Der Museumsbesuch
- Der Sauna-Aufenthalt
- Die Yoga-Einheit
- Die Massage
- Der Kaffee mit der Freundin
- Der Tanzabend
- Das Wellness-Wochenende
- Die Runde im Wald
- Zeit mit deinem Lieblingstier verbringen
- Musizieren
- Essen gehen
- Einen Kaffee in der Sonne genießen

Innere Arbeit:

- Wertschätzung
- Stärken einbringen
- Talente und Neigungen wieder ausleben
- Positive Erinnerungen aufrufen
- Positive Gefühle und Körperempfindungen aktivieren
- Ein Visionboard
- Die innere Haltung positiv ausrichten
- Ausprobieren, Erfolge feiern
- Meditieren
- Bewusst atmen
- Entspannen

Für alle Gefühle und Qualitäten gilt: Sie können sich nur entfalten, wenn wir sie auch spüren und im Körper wahrnehmen.

Den eigenen Körper wieder mit einem guten Gefühl zu verbinden, ist Voraussetzung, um die Qualitäten der Trost- und Kraftquellen wirklich ausschöpfen zu können.

Ein Beispiel: Der Tag mit der Freundin in der Sauna ist vollendet.

Szenario 1:

Ich habe die Zeit genutzt und mir einen Ratgeber zum Thema toxische Beziehungen bestellt und während der freien Zeit in der Sauna konnte ich mich diesem Buch widmen. In der entspannenden Wärme der Sauna konnte ich viele Erkenntnisse gewinnen und habe viele Ansätze gefunden, wieso mein Ex-Partner tickt, wie er tickt und was in unserer Beziehung schiefgelaufen ist. In der Snackpause habe ich mir direkt Notizen gemacht und mit meiner Freundin beim Kaffee alle wichtigen Details aufgeregt geteilt.

Abends war ich nicht wirklich entspannt und auch nicht wirklich müde. Sehr viele Gedanken haben mich nachts unruhig hin- und herwälzen lassen.

Szenario 2:

Ich bin in der Sauna angekommen und habe mich erst mal orientiert und neugierig die Möglichkeiten und verschiedenen Angebote gesichtet. Am Becken mit dem Crush-Eis bin ich stehengeblieben und habe mit den Eiswürfeln entlang des Nackens und der Arme die Kälte sowie den Schauer auf dem Arm wahrgenommen.
Auf der Liege habe ich mit bewusstem Atmen einen inneren ruhigen Ort kreiert und fühlte mich wohlig, warm und entspannt. In den Saunaaufgüssen konnte ich die Wärme gut in meinem Körper fühlen, die Schweißtropfen wahrnehmen und den Duft des Fichtennadel-Aufgusses riechen. Am Ende des Saunagangs wurde uns eine Orange gereicht und auch dort habe ich mit all meinen Sinnen den Duft und Geschmack der Orange wahrgenommen. In der Kaffeepause mit meiner Freundin haben wir gemeinsam noch verschiedene Düfte an der Rezeption ausprobiert und un-

seren Lieblingsduft erspürt. Es war ein wohlig entspannter, herrlicher Tag und ich fühle mich erholt und entspannt.

Das bewusste Wahrnehmen der entspannenden Qualitäten im Körper ist der Schlüssel, um sich immer wieder selbst zu regulieren und sich selbstständig aus herausfordernden Gefühlszuständen zu befreien.

Was ich allerdings dann in der Praxis erlebe, ist, dass all diese wunderbaren Strategien nicht mehr so gut wirken, weil die Gedanken, die Gefühle, die unangenehmen Körperempfindungen und auch die Erinnerungen irgendwie nicht verschwinden.

Häufig wird das eigene Empfinden in dieser Phase auch beschrieben mit:

- »Ich stehe neben mir.«
- »Ich bin so gefühlskalt geworden.«
- »Ich empfinde kaum mehr Emotionen.«
- »Ich fühle mich wie in einer Nebelwand.«
- »Ich bin ein wandelndes Pulverfass.«
- »Kleinste Begegnungen und Erinnerungen lassen mich in einem Tränenmeer zurück.«
- »Ich versuche alles, um mich abzulenken.«

Lass uns doch hier gerne eine Bestandsaufnahme deiner bisherigen Lösungs- und Bewältigungsstrategien verschaffen, die dir helfen, mit den aufkommenden Gedanken, Gefühlen und Körperempfindungen gut umgehen zu können.
Unter hohem Stress hält unser Stammhirn evolutionär drei Bewältigungsstrategien parat: den Kampf, die Flucht oder das Erstarren.

Es handelt sich um eine instinktive Reaktion des Körpers auf Bedrohung, bei der entweder gekämpft, geflüchtet oder erstarrt wird.

Wenn wir diese evolutionären Reaktionsmuster auf Herausforderungen näher betrachten, dann kommen wir unseren typischen Mustern, mit Herausforderungen umzugehen, schon ganz gut auf die Schliche.

Was hast du bisher unternommen, um dich von den Gefühlen, Gedanken, Empfindungen und Erinnerungen abzulenken?

Gibt es Aktivitäten, Orte, Anlässe oder Menschen, die du vermeidest, weil du dich nicht wohl oder unsicher fühlst oder die Erinnerungen an die Vergangenheit, die mit diesen Orten oder Menschen verbunden sind, noch zu schmerzhaft sind?

Was lässt dich besser fühlen und verschafft dir ein Gefühl der Erleichterung?

Haben sich vielleicht »ungünstige« Kompensationsstrategien (Alkohol, Zigaretten, emotionales Essen, Shoppen, Flucht in Tinder etc.) entwickelt, die dir bei der Bewältigung helfen?

Gibt es auch »gesündere« Ressourcen, die dir bei der Bewältigung helfen (Meditationen, Sport, Pausen, Massagen, Hobbies etc.)?

Wie wir mit Herausforderungen umgehen, ist evolutionär in uns angelegt. Dabei gibt es vier typische Überlebens- oder Stressreaktionsmuster:

»Fight« – »Kampf«: Kämpfst du gegen deine Gedanken, Gefühle oder Körperempfindungen?

»Flight« – »Flucht«: Gehörst du zu der Kategorie »Ich bin dann mal weg«, stürzt dich in die Arbeit, in den Sport, die Reise um die halbe Welt nach Australien, um dann auch dort wieder mit den gleichen Gedanken, Gefühlen und Empfindungen konfrontiert zu sein?

»Fawn-Response« – »nachgeben«: Leugnen der Realität oder Ignorieren unangenehmer Tatsachen (toxische Positivität): »Ach, alles gut.«, »Mir geht es gut.«

»Freeze« – »einfrieren«: Wir trennen uns von den schwierigen Gefühlen – ein »Abspalten« – die Wut, die Tränen und die Traurigkeit werden weggedrückt und unterdrückt.

Das passiert automatisch und unbewusst. Unser Stammhirn greift auf die originären Muster zurück und erinnert sich, was bereits gut bei dir in der Vergangenheit funktioniert hat, und wiederholt diese Strategie. Es dürfte auch hier einen »roten Faden« als Muster in deinem Leben geben.

Diese Muster sind ganz wunderbare Helfer, um funktionsfähig zu bleiben und auch in der Phase der Trennung unser Leben mit den täglichen Herausforderungen zu meistern. Sie heißen allerdings Überlebensmuster, was bedeutet, dass sie dir dein Überleben im Kampf mit dem Säbelzahntiger sichern, der stellvertretend für die aufkommenden Gefühle und Gedanken steht. Sie sichern dein Überleben.

Überleben bedeutet aber nicht verarbeiten. Die Qualität gleicht hier einem »Weghaben wollen«. Der Säbelzahntiger muss weg, damit ich wieder entspannen kann.
Genau das benötigt dann auch eine Ruhe und Entspanntheit, um zu reflektieren und die Trennung zu verdauen. Verdauen bedeutet in dem Fall, sich dem, was ist, liebevoll zuzuwenden.
Als Erstes werden wir uns ganz liebevoll und achtsam deinen Gedanken und dem typischen 24/7-Gedankenkarussell zuwenden.

Glaubst du noch, was du denkst? Deine Gedanken

Wir haben am Tag zwischen 40.000 bis 60.000 Gedanken, davon beschäftigen sich ca. 90 bis 95 Prozent mit dem gleichen Thema. In Zeiten der Trennung drehen sich unsere Gedanken Stunde für Stunde, 24/7, um die Trennung, den Ex, um dieses: »Das kann doch wohl nicht wahr sein.«

Wir denken in Mustern, in der Psychologie als »kognitive Verzerrung« bekannt. Wir denken in systematischen Denkmustern, die häufig von der Realität abweichen. Diese Denkmuster beeinflussen sehr stark, wie wir Informationen wahrnehmen und vor allem interpretieren, was zu verzerrten Urteilen, wahrnehmen und vor allem interpretieren, was zu verzerrten Urteilen, negativen Emotionen und unvorteilhaften Verhaltensweisen führen kann - eine der mitentscheidenden Ursachen für die Entwicklung von ausgeprägten Ängsten und negativen Emotionen.

Jeder Gedanke löst eine emotionale Reaktion aus und diese Emotionen wiederum lösen Stress aus, den wir häufig noch nicht auf gesunde Art und Weise bewältigen können.

Deine Gedanken wiederum lösen Gefühle in dir aus (das innere Kind kommt zum Vorschein).
Gefühle lösen emotionale körperliche Reaktionen aus (dein Nervensystem ist gestresst).
Diese veranlassen dich, mit deinen bisherigen Bewältigungsstrategien zu handeln, um den Stress loszuwerden.

Wenn die Gedanken jetzt ein Initiator für auftretende unangenehme Gefühle und Stress sind, dann benötigt es einen gesunden Umgang mit dem 24/7-Gedankenkarussell.

Die Schwierigkeiten mit den Gedanken und was ich in der Praxis höre:

- Meine Gedanken stressen mich.
- Meine Gedanken lösen depressive Verstimmungen aus.
- Ich versuche zu verstehen, weshalb ich diese Gedanken habe und wo der Punkt in der Vergangenheit war, an dem ich angefangen habe, so zu denken.
- Ich analysiere permanent die vergangenen Situationen meiner Ex-Partnerschaft und frage mich, wenn ich A anstatt B gemacht hätte, ob ich dann die Trennung hätte vermeiden können?
- Ich bin von mir und meinen Gedanken genervt.
- Ich neige dazu, mich in meinen Gedanken zu verstricken.

Gedanken meiner Kundinnen, die sehr häufig auftauchen:

- Ich muss mich noch um den Vertrag XY kümmern.
- Ich habe Angst zu zerbrechen.
- Ich schaffe das nicht.
- Ich habe Angst, für immer allein zu bleiben.
- Ich wünschte, er würde zurückkommen und alles ist wieder gut.
- Ich frage mich immer wieder, wenn ich A oder B gemacht hätte, ob es dann anders gelaufen wäre.
- Ich schäme mich, als betrogene Ehefrau angesehen zu werden. Ich fühle mich nackt.
- Ich habe Angst, alles zu verlieren.
- Ich frage mich, warum ich es so lange ausgehalten habe.
- Warum habe ich das nicht kommen sehen?
- Ich weiß nicht, was ich machen soll.
- Ich fühle mich nicht gut genug.
- Ich habe so viele Fehler gemacht.
- Ich bin so wütend.
- Das alles ist so ungerecht.
- Ist er glücklicher mit der Neuen?
- Warum hat er mich verlassen?
- Warum hat er sich nicht geändert?

Du hast keinen Einfluss darauf, wann ein Gedanke auftaucht! Du kannst lediglich beeinflussen, wie du mit eben diesem umgehst.
Gedanken haben die unangenehme Eigenschaft, dass sie wichtig genommen werden möchten. Sie haben Angst, vergessen zu werden, daher machen sie sich immer wieder bemerkbar. Du kennst das entlastende Gefühl, wenn du eine To-do-Liste geschrieben hast: Der Kopf wird frei. Der Gedanke gibt Ruhe, da er ja von dir endlich wichtig genommen und schriftlich auf deiner Liste festgehalten wurde. Er wird deutlich leiser.

Genau diesen Mechanismus nutzen wir jetzt, um die Gedanken in deinem Kopf wichtig zu nehmen und den Kopf zu entleeren.
Wenn du jetzt einen Augenblick Zeit hast, nimm dir gerne ein großes Blatt oder einen DIN-A3-Zeichenblock und dann schreibe alle Gedanken auf.

Es ist immer wieder ein Aha-Erlebnis, wenn wir uns wirklich bewusst werden, was da alles so in unserem Kopf herumschwirrt. Was uns bewusst ist, kann verändert werden.

Das aktive Hinwenden ist der Weg, um den Stress mit unseren Gedanken zu minimieren, also das Gegenteil des »Weghaben-Wollens«.

Üblicherweise sind wir im Widerstand mit den Gedanken: typische Muster, wir wollen sie loswerden, wir verurteilen uns, sind genervt, ungeduldig und schimpfen mit uns selbst. Die innere Kritikerin, die Selbstabwertung: »Herzlich willkommen«.

Ebenso ein Beispiel ist das klassische »Overthinking« als Lösungsversuch, um die aufkommenden Ängste und unangenehmen Gefühlen durch Gedanken zu lösen. Es vermittelt zeitweise ein Gefühl der Sicherheit, wenn wir alles durchdenken, alle »Was-wäre-wenn-Szenarien« durchspielen. Es gibt uns das Gefühl, wir hätten eine Kontrolle über die Ängste und Gefühle und dass wir die Situation gewinnen können. Es möchte uns beschützen und uns uns »vorbereitet« fühlen lassen, mit allen möglichen Horrorszenarien zurechtkommen zu können.

Deine Gedanken wahrnehmen:

- Verurteile dich nicht für sie (Ablehnung, das »Weghaben-Wollen«).
- Hab Mitgefühl und Verständnis für sie (hinwenden, liebevolle Annahme).

Wenn wir Verurteilung und Selbstkritik für unsere Gedanken gegen Wohlwollen und Mitgefühl tauschen, dann nimm gern einmal deine Körperempfindungen wahr.
Sehr häufig findet dann eine Erleichterung statt, ein Aufatmen, eine Ruhe. Wir kämpfen nicht mehr mit den Gedanken, sondern begrüßen sie.

So, und was mache ich jetzt mit den vier bis fünf DIN-A3-Zetteln, die da entstanden sind? Sortieren.

Gedanken haben eine unterschiedliche Wirkung und eine unterschiedliche Aussagekraft. Hier mögliche Kategorien:

- **Welchen Gedanken folgen noch mögliche Handlungsimpulse oder erfordern Entscheidungen?**

Das Ergebnis dieser Gedanken ist deine To-do-Liste.

Beispiel: Der Gedanke an eine neue Wohnung beschäftigt mich, die Hausratversicherung muss noch umgeschrieben werden. Dann gilt es, diesen auf die To-do-Liste zu setzen und entsprechend umzusetzen.

- **Welche Gedanken kann ich lediglich akzeptieren?**

Beispiel: Er hat mich verlassen. Das ist ein Fakt, den es zu akzeptieren gilt.

Dieser Satz kann gerade zu Beginn der Trennungsphase ein Meer aus Tränen und Trauer auslösen. Wenn ein Gedanke noch mit starken Emotionen verbunden ist, wird der Gedanke erst gehen können, wenn wir die Emotionen dahinter »bearbeitet« haben.

Den Gefühlen, die dieser Gedanke auslöst, widmen wir uns intensiv im nächsten Kapitel. Hier gilt es im ersten Schritt, die Spirale zu unterbrechen. Daher kann dieser Gedanke – einmal erfasst und notier, sollte er erneut auftauchen, begrüßt und unterbrochen werden: »Schön, dass du da bist. Ich habe dich bereits so oft vernommen und auch bereits notiert, sodass ich dir jetzt keine Zeit widmen möchte.«

Was immer es zu dem aktuellen Gedanken benötigt, ist ein »Anstatt-Dessen«. Unser Gehirn greift automatisch auf Altbekanntes zurück. Bieten wir nichts Neues an, kann sich das Gehirn nicht neu ausrichten.

Erst wenn ich einen neuen Gedanken anbieten kann, kann ich diesen alternativ aufrufen. Formuliere es so, wie du einer besten Freundin Trost spenden würdest.

Hilfestellung zur Formulierung:

- Entspricht dieser Gedanke der Realität?
- Was ist ein hilfreicher, positiverer, anderer Gedanke?
- Könnte der auch stimmen?

»Ja, es ist noch schwierig für mich, zu akzeptieren, dass ich verlassen wurde, aber ich bin mir sicher, dass ich in der Trennungszeit viel über mich lernen kann.«

Und jetzt dein Satz: Was gilt es zu akzeptieren? Wie kannst du einen anderen, wohlwollenderen Satz formulieren, der dich in der Phase des Prozesses trösten und aufbauen kann?

Welchen Gedanken möchte ich keinen Raum mehr geben?

- Liebt er die Neue mehr als mich?
- Ich frage mich immer wieder, wenn ich A oder B gemacht hätte, ob es dann anders gelaufen wäre.
- Ich muss verstehen, warum er so gehandelt hat.
- Was ist falsch mit mir?
- Was hätte ich besser machen können?
- Ich schaffe das nicht.
- Ich fühle mich nicht gut genug.
- ...

Das ist die Kategorie »energieraubende destruktive Gedanken«.
Das sind meine Lieblingssätze. Hier beginnt die sogenannte Mindset-Arbeit. All das lenkt deinen Fokus auf ihn oder Dinge der Vergangenheit, die nicht mehr änderbar sind.
Ja, es ist wichtig zu verstehen, was du hättest anders machen können, damit du aus deinen Handlungen und Erfahrungen lernen kannst. Dies sollte dann aber konstruktiv geschehen, mit den richtigen Fragen und notwendigen Zusammenhängen. Ungefiltert den ganzen Tag diesen Gedanken nachzuhängen, löst eine Achterbahn der Gefühle aus, produziert Stress, Ängste, verstärkt deine Glaubenssätze und reduziert deinen Selbstwert auf ein Minimum.

Zukünftig gilt es, diese zu unterbrechen.
Begrüße den Gedanken freundlich und sprich laut zu ihm: »Schön, dass du da bist. Ich habe dich bereits so oft vernommen und werde mich dem Inhalt der Frage zu gegebener Zeit widmen und ich lasse dich jetzt wieder los.«

Auch hier gilt wieder der Grundsatz: Energie folgt Aufmerksamkeit. Überlege dir einen »Anstatt-dessen-Gedanken«/»Ersatzgedanken«, den du dann jeweils abrufen kannst:

Alt: »Liebt er die Neue mehr als mich?«
Neu: »Das ist ja spannend, dass ich mich vergleiche. Ich scheine mir nicht sicher zu sein, dass ich liebenswert bin, und diese Überzeugung, dass ich liebenswert bin, darf jetzt in mir wachsen!«

Alt: »Ich frage mich immer wieder, wenn ich A oder B gemacht hätte, ob es dann anders gelaufen wäre.«
Neu: »Ich kann die Vergangenheit nicht mehr ändern, aber ich notiere mir mal die Punkte, an denen mir mein Handeln nachträglich nicht mehr gefällt, und möchte diese Handlungsspielräume in Zukunft erweitern.«

Alt: »Ich muss verstehen, warum er so gehandelt hat.«
Neu: »Ich bleibe bei mir und begleite meinen Schmerz, den seine Handlung in mir auslöst.«

Gedanken, die schon den Bereich der Glaubenssätze berühren:
Alt: »Ich fühle mich nicht gut genug.«
Neu: »Ich bin auf dem Weg, mich wieder wertvoll zu fühlen.«

Glaubst du das, was du über dich denkst? Sind das unterstützende, Halt gebende, sich wertschätzende, wertvolle, liebevolle Gedanken?

Gerade hier ist es so wertvoll, nicht mehr zu glauben, was man über sich selbst denkt. Das ist ein Prozess, in den wir noch vollumfänglich beim Thema Glaubenssätze und Selbstwert einsteigen. Aber diese Gedanken bereits jetzt bewusst wahrzunehmen und bereits auf der Gedankenebene durch eine positivere Ausrichtung zu ersetzen, ist ein wundervoller erster Schritt.

Jetzt dein Satz:
Welchen Gedanken möchtest du zukünftig keinen Raum mehr geben?

Wie kannst du einen anderen, wohlwollenderen Satz formulieren, der dich nicht selbst abwertet, dich verurteilt oder klein macht?

Manchmal fällt es uns so schwer, einen wunderbaren Gedanken als Alternative zu formulieren, weil da irgendwie nur eine Leere ist oder wir das Gefühl haben, uns komplett selbst zu belügen.
Dann stell dir vor, du würdest für deine (imaginäre oder echte) Tochter/ Freundin einen Satz kreieren. Was würdest du dir wünschen, was sie über sich selbst denkt?

Gedanken, die Gefühle ausdrücken oder auslösen:

Damit einhergehend gibt es Gedanken, die einen Gefühlszustand beschreiben. Dieser Gedanke wird erst gehen, wenn das Gefühl durchfühlt und nicht weiter durchdacht wird. Dem Fühlen widmen wir uns im nächsten Kapitel.

- Ich schäme mich ...
- Ich habe Angst ...
- Ich fühle mich ...

Wie unterbreche ich den Gedanken?

Nochmal zusammengefasst: Wie kann ich mit meinen Gedanken umgehen?
Zwischen Reiz (Gedanke) und Reaktion (Einstieg ins Gedankenkarussell) liegt ein Raum. Diesen Raum gilt es zu nutzen. Das erfordert eine Fähigkeit, welche wir trainieren und durch stetige Wiederholung immer weiter verbessern können.

Im ersten Schritt hast du bereits die aktuellen Gedanken auf Papier notiert. Das heißt, wenn dieser bekannte und bereits notierte Gedanke wieder auftaucht, dann kannst du ihn im ersten Schritt bewusst:

- Wahrnehmen: In dem Moment, in welchem der Gedanke wieder auftaucht, mich und den Gedanken wohlwollend beobachten.

- Begrüßen: Falls der Gedanke neu ist, notiere ihn auf deinem Zeichenblock, falls er bekannt ist, begrüße ihn und widme dich wieder dem aktuellen Geschehen. Meistens möchte er nicht ganz so schnell verschwinden. Dann erinnere dich an deinen alternativen Gedanken.

- Schwere oder Stress mit dem Gedanken? Welcher alternative Gedanke bringt dich wieder in deine innere Ruhe und zurück ins Hier und Jetzt?

Ziel ist es hier, im ersten Schritt sich selbst ein Bewusstsein über die eigenen Gedanken zu verschaffen und sich der Sichtweise bewusst zu werden, dass du deinen Gedanken nicht willkürlich ausgeliefert bist, und vor allem zu verinnerlichen, dass du nicht alles glaubst, was du denkst.

Was wir damit schaffen, ist ein Abstand zu deinen Gedanken und dem Einfluss der Gedanken auf dein Wohlbefinden.

Um noch mal die Macht der Gedanken auf dein Wohlbefinden zu erfahren, nimm dir bitte deine Top 5 der destruktiven Gedanken. Dann nimm mal deine Top 5 »Anstatt-dessen-Gedanken«.

Kannst du eine körperliche Veränderung wahrnehmen, wenn du einen destruktiven Gedanken aussprichst oder einen positiven »Anstatt-dessen-Gedanken« aussprichst?

Ändert sich deine Körperhaltung? Ändert sich etwas in deinem inneren Empfinden? Gibt es eine Veränderung in deinem Atemrhythmus oder in der Tiefe des Durchatmens?

Hier bewegen wir uns gerade am Anfang eher im feinen Nuancenbereich. Gibt es vielleicht nur einen Hauch an körperlicher Veränderung, die du gerade wahrnehmen kannst?

Kannst du eventuell bereits spüren, dass deine Gedanken einen enormen Einfluss auf deine Emotionen haben? Denen wiederum begegnen wir verstärkt in Phase 2.

Trennungs-phase 2

Emotionen

Und nun? Zeit, sich den Gefühlen zu widmen, einen gesunden Umgang zu erlernen und die wichtigen Botschaften aller Gefühle zu entschlüsseln. Der nächste Step, um später zu reflektieren und Erkenntnisse zu gewinnen.

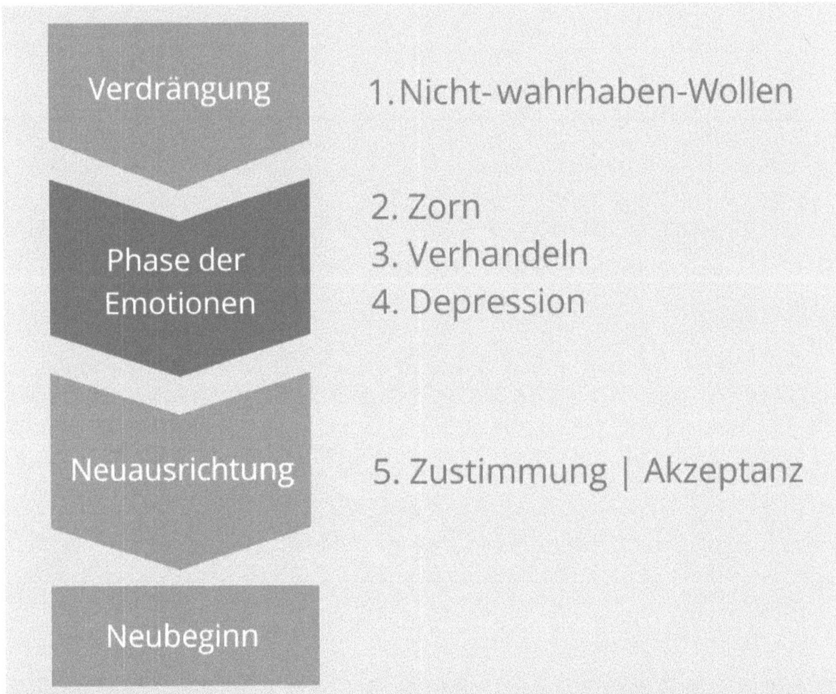

Wir sind wütend, zornig, hadern, sind traurig, verzweifelt, ängstlich ... Dazu die Gefühle des Schmerzes, der Ohnmacht, Scham, Schuld, Traurigkeit, Verzweiflung, des Verlustes, der Angst, Zerrissenheit, Eifersucht, Einsamkeit, Enttäuschung ...

Neben den überwältigenden Emotionen erscheint auf einmal noch die Sehnsucht. Vermissen und gleichzeitig traurig und wütend sein, macht uns innerlich verrückt. Was denn nun?

Schmerz oder Sehnsucht? Ein Cocktail aus beiden. Aus diesem Cocktail entsteht dann noch ein inneres Verhandeln. Wir verhandeln innerlich, ob wir zurückwollen, und verstehen uns selbst nicht, weil das überhaupt keine Option ist. Zudem sind wir völlig verwirrt wegen der sehr unterschiedlichen Signale und haben ständig das Gefühl, uns entscheiden zu müssen.

Ausgelöst wird dieses Verhandeln durch zwei Faktoren: das Gefühl des Vermissens und das des Trennungsschmerzes. Wir vermissen die guten Gefühle, die Visionen, die Sicherheit, welche uns die Partnerschaft geboten hat, und haben die Hoffnung, dass die überwältigenden Emotionen sich in Luft auflösen, wenn wir zurückgehen.

Hier tritt laut der Psychiaterin Elisabeth Kübler-Ross das Gefühls-Phänomen des »Verhandelns« oder »wieder haben Wollens« auf. Es äußert sich in der Hoffnung, dass eine Versöhnung stattfinden kann.

Die einfachste Lösung für Gehirn und Psyche: zurück zum Ex, Beziehung wiederherstellen. Das verschafft sofortige Sicherheit vor dem unbekannten Neubeginn und löst den Trennungsschmerz in Luft auf.

Was können wir also jetzt tun, wenn unsere Sehnsucht und der Schmerz so groß sind? Vermissen, Schmerz und Sehnsucht sind auch erst einmal nur Gefühle. Gefühle wollen gefühlt und nicht durch Übersprungshandlungen oder permanentes Gedankenkreisen aufgelöst werden.

Ein Handeln aus dem Gefühl der Sehnsucht heraus wird dir dann auch wieder auf die Füße fallen, da es ja sehr häufig gar nicht um die Beziehung oder den Ex-Partner geht, sondern darum, das Gefühl der Sehnsucht und den Schmerz in dir zu erlösen – mit einer einfachen Rettung durch den Ex-Partner im Außen.

Um den Verstand zu beruhigen, kannst du dir gerne diese Fragen beantworten, bevor du der Sehnsucht folgst:

- Welches Verhalten des Ex-Partners hat zur Trennung beigetragen?
- Hat sich an diesem Verhalten etwas geändert?
- Gibt es Anzeichen, dass er sich bemüht, die Beziehung – unter besseren Bedingungen – wiederherzustellen? Oder spielt sich das Szenario nur in deinem Kopf ab?

- Will ich das, will ich das, will ich das?

Die letzte Phase der Emotionen ist dann die Depression oder anders formuliert: Ich beginne endlich, zu akzeptieren. Diese tiefe Trauer, wenn wir erkennen, dass es wirklich vorbei ist. Die Endphase bevor wir endgültig loslassen und akzeptieren. Loslassen bedeutet Seinlassen. Die Dinge und Umstände so zu akzeptieren, wie sie sind.

Welche Gefühle begegnen uns denn klassischerweise in den Trennungsphasen und wie kann ich ihnen begegnen?

Gefühle

Ereignisse im Außen oder andere Menschen und Umstände sind Auslöser unserer Emotionen. Sehr häufig sind wir dann diesen Emotionen und damit den äußeren Umständen hilflos ausgeliefert.

Aber stimmt das wirklich? Hier darf ein Perspektivwechsel stattfinden. Die große Lernaufgabe in dieser Phase besteht in der Erkenntnis darüber, was wir kontrollieren können und was nicht. Die vermeintliche Lösung liegt meist darin, auf die äußeren Umstände Einfluss zu nehmen, um damit unangenehme Gefühle zu vermeiden.

Damit sind wir wieder in den bekannten Überlebensmechanismen, Schutzstrategien oder Kompensationsmustern unterwegs.

Emotionale Belastungen und ein vermeidender Umgang mit den Gefühlen kann auf Dauer eine Negativspirale einleiten. Typische Merkmale meiner Kundinnen, wenn sie in der Phase der Emotionen stecken, sind:

- Wenig oder übermäßiger Appetit
- Kein Interesse mehr an irgendwelchen Aktivitäten
- Völliger Rückzug
- Schlafstörungen (entweder nicht schlafen können oder teilweise nur noch schlafen)
- Teilweise Gedanken an Selbstmord

- Schwindel, Zittern
- Konzentrationsschwierigkeiten
- Ein Leben im Überaktivitätsmodus: von einem Termin zum nächsten, bloß keine Lücke zulassen, in welcher sich die Gefühle zeigen könnten

Woher stammt die Überforderung, mit Gefühlen gut umzugehen und uns ihnen hilflos ausgeliefert zu fühlen?

Sie stammt aus Erfahrungen, wie uns der Umgang mit Gefühlen vermittelt wurde – auf bewusste Art und Weise oder einfach durch lernen am Vorbild.

Was haben wir gelernt, wenn wir uns traurig, wütend, frustriert, schuldig oder ängstlich gefühlt haben?

Sehr häufig haben wir gelernt: »Du musst doch nicht traurig sein«, »Das ist doch jetzt nicht so schlimm«, »Sei doch nicht so wütend, jetzt übertreibst du aber« oder wurden vielleicht auch mit Liebesentzug oder Stubenarrest bestraft, wenn wir von unseren Emotionen überflutet wurden.

Das alles waren Versuche der Erwachsenen, uns uns besser fühlen zu lassen. Dabei haben wir aber vor allem eines gelernt:
Unser Empfinden ist falsch und unsere Reaktion nicht richtig. Damit entsteht in uns das Gefühl, unsere Gefühle seien nicht erlaubt.
Wir wurden in unseren emotionalen Zuständen nicht gesehen und gehört und konnten nicht anders, als zu schlussfolgern: Ich bin nicht richtig, wenn ich wütend oder traurig bin. Ich darf nicht wütend oder traurig sein.

In der Folge haben wir uns immer mehr von den nicht gewünschten, nicht erlaubten Gefühlen distanziert – immer im Hinterkopf, wir dürfen so nicht fühlen, das ist »nicht erlaubt« bzw. wurde es vielleicht auch bestraft, in Form von Liebesentzug, Schweigen oder typischen Sätzen wie »Geh auf dein Zimmer, bis du wieder normal bist!« oder »Das, was du fühlst, ist doch gar nicht so schlimm.«

Wie gehst du im Hier und Jetzt mit deinen Gefühlen um, wenn sie auftauchen?
Wie funktioniert denn dann ein gelungener Umgang mit Gefühlen? Im ersten Schritt gilt es erst einmal anzuerkennen, dass das, was du fühlst, richtig und wahr ist. Es gibt kein »falsches« oder »unwahres« Fühlen. Das, was du fühlst, ist Realität und mit dieser Realität gibt es zwei mögliche Umgangsweisen.

Je nachdem, was du gelernt hast, kann es sein, dass du üblicherweise sehr häufig im Widerstand mit deinen Gefühlen bist. Typische Muster: Wir wollen sie loswerden, verurteilen uns, sind total genervt, ungeduldig, schimpfen mit uns selbst, dass wir fühlen, wie wir fühlen. Das erzeugt (inneren) Stress und damit übernimmt wieder unser Stammhirn, es folgen Kampf oder Flucht vor den Gefühlen.

Der erfolgreichere Umgang mit den aufkommenden Gefühlen ist das Hinwenden.
Das minimiert den Stress im Nervensystem, das »Weghaben-Wollen«, also dagegen kämpfen oder flüchten, was ohnehin zum Scheitern verurteilt ist, da die Gefühle ja da sind.

Oder übersetzen wir das mal aus der Sicht der Amygdala, dem inneren Kind: Lehnst du es ab, aufgrund dessen, was es fühlt, oder wendest du dich ihm liebevoll zu? Wie begegnest du diesem inneren Kind?

Ein liebevoller Umgang ist, sich diesen inneren Gefühlen (Kindern) sehr wohlwollend zuzuwenden. Damit bekommt dein inneres Kind das Gefühl, gesehen und gehört zu werden und damit als wichtig, willkommen und wertvoller Part eines Selbst von dir anerkannt zu werden – die Basis deines Selbstwertes und deiner Selbstliebe.

Jetzt ist die Chance, sich selbst auf einer tieferen Ebene mit all den damals unerwünschten, verbotenen, abgelehnten Gefühlen (inneren Kindern) zu verbinden und damit die unliebsamen eigenen Aspekte zu integrieren: Selbstliebe pur. Es ist die Zeit, das nachzuholen, was du dir damals so sehr gewünscht hättest: In all deinen Gefühlszuständen liebevoll und wohlwollend begleitet zu werden.

Wir tauschen Selbstkritik und Ablehnung gegen Wohlwollen und Mitgefühl. Diese Fähigkeit des Hinwendens werden wir jetzt systematisch ausbauen.

Wie geht das dann mit dem Fühlen und was passiert in unserem Körper?

Jedes Gefühl hat eine körperliche Reaktion. Dies ist besonders hervorragend dargestellt in dem bildgebenden Verfahren im Labor für menschliche Emotionssysteme, im Turku PET Centre der Universität Turku.[6]

Um ihre Karte der Gefühle zu erstellen, haben die Wissenschaftler und Wissenschaftlerinnen um Lauri Nummenmaa von der Aalto-Universität mehr als 700 Menschen aus Nordeuropa und Taiwan nach ihren Körperwahrnehmungen befragt. Sie haben untersucht, wie ihr Körper bei welchen Gefühlen reagiert, sprich, in welchen Körperregionen sich Aktivitäten verstärkten oder abschwächten. Dazu wurde die Wahrnehmung der Muskelspannung, der Hauttemperatur und des Herzschlags erfasst.
Bei Ärger und Wut ist vor allem unser Oberkörper, inklusive der Arme, beansprucht. Passt hervorragend, wenn wir uns die körperlichen Ausdrucksweisen von Wut ansehen: Wir ballen die Fäuste, wir spannen den Kiefer an, wir ziehen die Schultern hoch – all das ist wunderbar in diesem Bild festgehalten. Den Link dazu findest du in den Quellenangaben.

Angst zeigt sich ganz stark im Herz-Lungen-Bereich. Wir halten den Atem an, unser Herzschlag erhöht sich, wir atmen schneller und das verbildlicht nochmal so deutlich, dass wir über die Regulierung unseres Körpers auch die Emotionen deutlich beeinflussen können.

Glücklichsein wird in dem Bild dargestellt als ein Zustand, der sich durch jegliche Körperzelle zieht. Das ganze Bild ist von Kopf bis Fuß hell leuchtend gelb. Das passt auch wieder zu der Chakren-Lehre. Das gelbe Chakra, das zweite Chakra, ist für die Regulierung der Emotionen zuständig.

Unsere eigene Einflussgröße auf die emotionalen Zustände ist enorm. Was meistens fehlt, ist das »Wie«.

Insgesamt verbildlicht die Studie nochmals die Bedeutung dessen, dass unsere Erfahrungen und die aufkommenden Emotionen immer eine körperliche Auswirkung haben und wir daher die Erfahrung nur ganzheitlich verarbeiten können, wenn wir die Körperempfindungen in dem Verarbeitungsprozess nicht außer Acht lassen.

Diese Körperempfindungen werden wir jetzt in den Prozess der Gefühle involvieren.

Was heißt das in der Praxis?
Das größte Geschenk, dass du dir selbst an diesem Punkt machen kannst, ist im ersten Schritt, dir die Erlaubnis zu erteilen, allen Gefühlen Raum zu geben. Raum geben, in welchem ich die mit den Gefühlen einhergehenden Körperempfindungen fühle.
Gefühle lösen immense körperliche Reaktionen aus.

In der Praxis begegnet mir sehr häufig eine Hauptschwierigkeit, den auftretenden Gefühlen und begleitenden Körperempfindungen zu begegnen.

Sehr häufig haben wir die Verbindung zu unserem Körper ein Stück weit verloren und wir nehmen feine, körperliche Empfindungen kaum mehr wahr oder die auftretenden Körperempfindungen versetzen uns so in Angst und Sorge, dass wir damit den Raum des neugierigen Erforschens kaum mehr betreten können.

Hier habe ich im praktischen Teil noch einige Hinweise aufgeführt, wie wir wieder eine Verbindung und ein Vertrauen in unseren Körper herstellen können.

Tipps, um deine Gefühle oder dein inneres Kind wahrzunehmen:

- Verurteile dich nicht für sie (Ablehnung, »weghaben wollen«).
- Hab Mitgefühl und Verständnis für sie (hinwenden, liebevolle Annahme).
- Schenke den auftretenden Körperempfindungen Raum und fühle.

Wenn wir diesen Körperempfindungen Raum geschenkt haben und diese einfach mal entspannt wahrnehmen, findet ein Aufatmen statt; eine innere Ruhe, eine Erleichterung, die sich einstellt, da wir nicht mehr mit den Gefühlen kämpfen, sondern sie begrüßen.

Genau hier liegt die Chance auf Veränderung. Zwischen Reiz = Gefühl und deiner üblichen Reaktion (»weghaben wollen«), liegt ein Moment – den gilt es zu nutzen.
Es hilft, eine bewusste Pause zwischen Reiz und Reaktion zu legen und einfach nur die Körperempfindungen wahrzunehmen. Übersetzt heißt das, bei dem Gefühl des inneren Kindes bleiben. Lass es nicht mehr alleine, begleite es.

Wenn wir hier den Raum schaffen, die Körperempfindungen wahrzunehmen und uns diesen liebevoll zuwenden, kommen Gefühle wieder ins Fließen.

Im Englischen wird es folgendermaßen übersetzt: Gefühl= e-motion = Bewegung.
Gefühle gehen, wenn wir sie körperlich wahrnehmen und in Bewegung bringen.

Und diese Bewegung verändert die Gefühle. Wir sind den Gefühlen nicht ausgeliefert, sondern können durch das aktive Hinwenden unsere Gefühlszustände immer mehr beeinflussen.

Falls du gleich genervt sein könntest, weil ich mich bei jedem Gefühl in der Einleitung immer damit wiederhole, was du tun kannst, dann hat das zwei Beweggründe. Zum einen weiß ich, dass bei aufkommenden, überflutenden Gefühlszuständen gern schnell bei diesem Gefühl nachgeblättert wird, und dann hilft es, den Hinweis dort zu finden. Zum anderen ist es in der Praxis das größte Hindernis, die Gefühle in ihrem körperlichen Ausdruck wahrzunehmen und damit direkt Einfluss auf dein Körperempfinden zu nehmen. Hier setze ich zu deinem höchsten Wohle auf die Macht der Wiederholung.

Jedes Gefühl hat neben den Körperempfindungen auch eine Botschaft mit im Gepäck. Gefühle sind die Sprache der Seele. Wenn wir uns mit den Botschaften der Gefühle auseinandersetzen, dann verbinden wir uns auch immer wieder mehr mit unserer Seele. Der Ausdruck »seelisches Wohlbefinden« drückt bereits ein Wohlgefühl aus – also einen Gefühlszustand, in dem wir uns ruhig, in Frieden, entspannt, glücklich, voller Liebe, Leichtigkeit und Lebensfreue fühlen.

Damit wir diesen Zustand auch erreichen, dürfen wir die Botschaften unserer Gefühle entschlüsseln. Sie sind wertvolle Wegweiser.

Dann nehmen wir mal ganz typische Gefühlszustände in der Trennungsphase unter die Lupe.

Ärger

Du fühlst dich missverstanden, nicht gesehen, nicht wertgeschätzt und ungerecht behandelt.

Ursache: Du hast deine Bedürfnisse nicht klar kommuniziert oder sie wurden nicht erfüllt oder du hast dich so angestrengt und dich und deine Bedürfnisse für die Beziehung zurückgestellt und jetzt war alles umsonst. Die »Belohnung«, dass es doch funktioniert, ist ausgeblieben.
Dein Ex-Partner lässt keinen Moment ungenutzt, dir immer wieder Steine in den Weg zu legen. Ein ständiger Kampf und Respektlosigkeiten stehen an der Tagesordnung.

Was kannst du tun?
Du kannst mit liebevoller Anteilnahme den Part in dir erkunden, welcher sich gerade genauso fühlt, und dem inneren Kind mit Mitgefühl und Verständnis begegnen sowie offen für seine Botschaften sein. Es ist hilfreich, sich dem Gefühl, dem Kind, hinzuwenden. Damit erfolgen Annahme und Raum für das Gefühl, gesehen und gehört zu werden, sowie Wertschätzung, Offenheit und ein Willkommensein für dein inneres Kind – das, was wir uns von unseren Bezugspersonen sehr häufig gewünscht, aber nicht erhalten haben.

Wir lösen das Dilemma auf, über den Weg des aktiven Hinwendens. Damit reduzieren wir den Stress vor diesem Gefühl.

Bewusste Ebene: Reflektiere die Ursache. Welche Situation, welcher Gedanke hat den Ärger in dir ausgelöst?

Emotionale | Energetische Ebene: Den Ärger fühlen, die Energie in deinem Körper spüren, wo macht sich der Ärger breit? Ist es der Hals, der pulsiert? Ein Rumoren in deinem Bauch? Bleibe dort bei diesem Gefühl.

Physische Ebene: Dein Anstatt-dessen-Gefühl. Wie möchtest du dich anstatt dessen fühlen? Wenn du anstatt Ärger zum Beispiel innere Ruhe und Besonnenheit als gewünschte Qualität einladen möchtest, dann erforsche neugierig:
Welchen Gedanken, welches innere Bild, welche äußere Handlung benötigt es jetzt, um dieses Gefühl einzuladen und dieses Gefühl ebenso mit dem Körper zu verbinden? Wo kann ich diese Qualität in meinem Körper wahrnehmen? Wo wird es ruhiger, weiter, weicher ...? Erforsche neugierig, was du dir jetzt Gutes tun kannst.

Handlungsebene: Frühestens nach 24 Stunden, in denen du Raum für deinen Ärger geschaffen hast, kannst du handeln. Welcher Gedanke über dich ist in dieser Situation entstanden? Fühltest du dich nicht wertgeschätzt, gesehen oder gehört?

Hast du noch das Bedürfnis, zu reagieren? Was möchtest du kommunizieren? Um welches Bedürfnis in dir handelt es sich? Ist der andere für die Erfüllung deines Bedürfnisses zuständig bzw. kann er zur Änderung der Situation beitragen? Insbesondere bei anhaltenden Respektlosigkeiten ist deine Fähigkeit, Grenzen zu setzen, gefordert. Dies wird erneut beim Gefühl der Wut thematisiert.

Wut

Wut ist die verstärkte Ausdrucksform des Ärgers. Sie möchte Veränderung und lässt dich spüren, in welchen Situationen du dir etwas anderes wünschst, welche deiner Grenzen nicht respektiert wurden oder wo du eine Grenze nicht gesetzt hast, wo du dich nicht gehört, gesehen oder verstanden fühlst.

Ursache: Du bist vielleicht wütend, weil du zugelassen hast, dass dich jemand nicht wertschätzend behandelt. Einhergehend damit ist eine Wut auf dich selbst.

Wenn wir in Familienmustern aufgewachsen sind, in denen sich Wut nicht ausdrücken durfte oder als unerwünschtes Gefühl abgelehnt wurde, kann Wut für uns auch heute noch ein bedrohliches Gefühl darstellen, weshalb wir sie unterdrücken oder die Fähigkeit verloren haben, wirklich wütend zu werden. Das hat weitreichende Folgen im Umgang mit der Wut von anderen und unserer eigenen Wut.
Wenn jemand auf uns wütend ist und wir uns durch diese Wut schnell bedroht fühlen, fallen wir ganz schnell in das Überlebensmuster des »Fawn Response«, der Unterwerfung (People-Pleaser). Hier unterwerfen wir uns den Wünschen und Bedürfnissen der wütenden Person und passen uns auf Kosten unserer Bedürfnisse und Wünsche an.
Dies geschieht, um die Wut des Gegenübers abzumildern und einer vermeintlichen Bedrohung zu entgehen. Was wir als bedrohlich wahrnehmen, ist individuell im Stressempfinden unterschiedlich und sehr abhängig von unseren früheren Prägungen. Das erläutere ich noch mal ausführlich im Kapitel der Bindungsmuster. Aber bereits die hochgezogene Augenbraue, der aggressive Tonfall, die vernichtende Kritik, die scharfen Worte, der strenge Blick – all das können wir bereits als intensive Form der Bedrohung wahrnehmen.

Wenn wir selbst Wut verspüren, können wir diese Emotion schlecht ausdrücken und schämen uns für unsere Wut, da wir sie mit Bedrohung verknüpft haben und uns damit als »gewalttätigen« und schlechten Menschen empfinden. Diese Wut möchte uns auf etwas hinweisen: einen Wunsch nach Veränderung. Dass wir gehört werden möchten, dass unsere Wünsche und Bedürfnisse Raum haben und mitgeteilt werden dürfen, dass unsere Grenzen überschritten wurden und wir uns unwohl fühlen.

Warum fällt es uns so schwer, Grenzen zu setzen und eigene Bedürfnisse zu äußern?
Oftmals haben wir die Erfahrung gesammelt, dass wenn wir »Nein« sagen und uns unseren Raum nehmen, wir damit nicht willkommen waren. Damit geht es nicht darum, dass unsere Wünsche alle erfüllt wurden, sondern einzig und allein darum, dass wenn wir wütend auf eine Person oder Situation waren, uns der Raum für diese Wut nicht zugestanden wurde. Wir wurden bestraft (oder was auch immer typische Reaktionsmuster der jeweiligen Bezugspersonen waren), wenn wir wütend wurden.

Oder wie eine Klientin mir berichtete:

> *»Ich werde nie wütend. Jetzt, wo ich das in Ruhe reflektiere, erinnere ich mich, dass meine Schwester immer die Rebellische war: Sie wurde wütend und zornig und das wurde immer bestraft. Stubenarrest und Ohrfeigen waren der typische Umgang mit ihrer Wut. Jetzt wird mir immer klarer, warum es mir unbewusst Angst macht und ich das Gefühl der Wut nicht mehr spüre. Ich habe mich angepasst und war immer das ›brave, liebe Mädchen‹ und habe damit mein wütendes inneres Kind ›ausgesperrt‹.«*

Das kann eine mögliche Ursache sein, wenn du heute wenig Wut spürst oder die unbewusste Angst vor den Reaktionen anderer dich hemmt, eine Grenze zu setzen oder deine Wut zu äußern.

Dies kann eine der Ursachen sein, warum wir uns unter anderem in Beziehungen wiederfinden, in denen unsere Bedürfnisse kaum erfüllt werden und ein Ungleichgewicht aus Geben und Nehmen stattfindet und damit immer mehr in ungesunde Strukturen abgleitet.

Hier ist der Teil, das innere Kind, in uns aktiv, der nicht erfahren hat, dass es gesund und richtig ist, für seine eigenen Bedürfnisse einzustehen, diese wichtig zu nehmen und damit gehört und gesehen zu werden.

Das kann sich einmal in der Funktion der Anpassung zeigen oder in dem Gegenpart, der sich in der Rebellion zeigt – auflehnen gegen jede Form der Begrenzung.

Was kannst du tun?
Du kannst mit liebevoller Anteilnahme den Part in dir erkunden, welcher sich gerade genauso fühlt, und dem inneren Kind mit Mitgefühl und Verständnis begegnen sowie offen für seine Botschaften sein. Es ist hilfreich, sich dem Gefühl, dem Kind, hinzuwenden. Damit erfolgen Annahme und Raum für das Gefühl, gesehen und gehört zu werden, sowie Wertschätzung, Offenheit und ein Willkommensein für dein inneres Kind – das, was wir uns von unseren Bezugspersonen sehr häufig gewünscht, aber nicht erhalten haben.
Wir lösen das Dilemma auf, über den Weg des aktiven Hinwendens. Damit reduzieren wir den Stress vor diesem Gefühl.

Bewusste Ebene: Reflektiere: Welches Verhalten macht dich wütend? Welche Personen und Situationen machen dich wütend? Wo schreit es innerlich nach einem Nein? Wo fühlst du dich nicht gesehen, gehört und verstanden? Welches deiner Bedürfnisse wird hier nicht erfüllt? Welche Angst wird ausgelöst?

Sehr häufig haben wir durch den Modus des »Funktionierens zu den Bedingungen anderer« einen Zugang zu unseren Bedürfnissen verloren, nehmen sie kaum wahr und können sie dementsprechend noch weniger benennen. Dem Thema ist noch ein ganzes Kapitel gewidmet. Wenn du die Dinge jetzt nicht benennen kannst, ist das völlig »normal« und wird im Laufe der Trennungsphasen immer deutlicher werden.

Emotionale | Energetische Ebene: Die Wut, die Energie in deinem Körper spüren: Wo breitet sich die Wut aus? Ist es der Knoten im Bauch? Das Ballen der Fäuste? Das Aufeinanderpressen der Zähne? Das Anspannen des Kiefers? Bleibe dort bei diesem Gefühl und atme, bis sich eine innere Ruhe einstellt oder das Körpergefühl nachlässt.

Physische Ebene: Dein Anstatt-Dessen: Wie möchtest du dich anstatt dessen fühlen? Wenn du anstelle von Wut zum Beispiel innere Ruhe und Besonnenheit als gewünschte Qualität einladen möchtest, dann erforsche neugierig:

Welchen Gedanken, welches innere Bild, welche äußere Handlung benötigt es jetzt, um dieses Gefühl einzuladen und es ebenso mit dem Körper zu verbinden? Wo kann ich diese Qualität in meinem Körper wahrnehmen? Wo wird es ruhiger, weiter, weicher …?

Vielleicht benötigt die Energie der Wut jetzt erst einmal Raum, um sich zu entladen, um die innere Ruhe wiederherzustellen. Vielleicht benötigt es gerade ein Kissen, auf das du einschlagen kannst, oder Boxschläge in die Luft, eine Runde im Auto um den Block, um die Wut herauszuschreien, oder auch Bewegung. In der Wut ist das Haus manchmal in der Hälfte der Zeit geputzt oder die Joggingrunde wird in Bestzeit absolviert. Erforsche neugierig, was du dir jetzt Gutes tun kannst.

Handlungsebene: Frühestens nach 24 Stunden, in denen du Raum für deine Wut geschaffen hast, kannst du handeln. Dann, wenn du wieder aus der Ruhe und dem Wohlwollen heraus handeln kannst. Was häufig fehlt, ist der gelungene Umgang mit dem Gefühl der Wut. Aggressivität, Beschimpfen, Schreien, aber auch Schweigen, sind Verhaltensweisen, die uns ermöglichen, mit der Wut umzugehen, welche aber nicht bindungsfördernd auf eine Beziehung einwirken.
Die Energie der Wut und der inneren Spannung wird dann mit aggressiven Gesten, Mimik oder Worten entladen und führt damit zum Abbau der Energie.
Der Preis ist sehr hoch, schadet häufig dem gemeinsamen Kontakt und hinterlässt Bindungsverletzungen. Auch die passiv-aggressive Reaktion ist eine Form der Wut, um sich Raum zu verschaffen.

Typische Beispiele:

- Einfach schweigen, Probleme aussitzen
- »Ist alles in Ordnung?« – »Ja, ja, passt schon.«
- So tun, als hätte man nichts mitbekommen
- »Ach, war was?«
- Vorwürfe, die Wut auf den anderen projizieren, weil er deine Bedürfnisse und Grenzen nicht wahrgenommen hat: »Deinetwegen ist es jetzt so und das nur, weil Du XYZ gemacht hast.«

- Nachtragend sein: Der Partner hat sich Zeit für sich genommen und es hat dich verärgert, wochenlang dann: »Wenn du nicht weggewesen wärst, dann hätten wir schon den Garten etc. fertig.«

Es lohnt, sich aktiv mit der Botschaft, die hinter der Wut liegt, auseinanderzusetzen.
Welche Botschaft möchte dir deine Wut vermitteln?
Welche Grenze möchtest du kommunizieren? Welche Veränderung wünschst du dir? Sich für seine eigenen Bedürfnisse einzusetzen und den Mut aufzubringen, diese zu kommunizieren, erfordert einen bewussten Umgang mit den dann auftretenden Ängsten. Macht sich vielleicht Verlustangst breit, wenn du an eine Kommunikation denkst? Wird die Angst vor Ablehnung aktiv oder davor, dass deine Grenzen und Bedürfnisse vielleicht keinen Raum finden? Wie man die Angst an die Hand nehmen kann, wird im Kapitel der Ängste vermittelt.

Oftmals finden wir im Bereich der Wut auch die Wunde der Ungerechtigkeit. Bedrohlichen Bezugspersonen ausgeliefert gewesen und hilflos zu sein, ist eine tief prägende Erfahrung, die uns zum Opfer unserer Bezugspersonen hat werden lassen. Diese Erfahrung anzuerkennen und auch anzuerkennen, dass wir der Situation ausgeliefert waren, kann uns begegnen, wenn wir uns dem inneren Anteil der Wut liebevoll zuwenden. Die damit einhergehenden Gefühlszustände des Ausgeliefertseins und der Ohnmacht, die noch hinter der Wut stecken könnte, benötigen noch einen liebevollen Raum, um der Wunde der Ungerechtigkeit und dem damit verbundenen Schmerz zu begegnen.

Noch ein kleiner Impuls und Motivation, sich, dem inneren Kind und der Wut neugierig, wohlwollend und erforschend zu begegnen:

Für die »braven Mädchen« gilt es, Lilith zu entdecken.
Ich finde diese Fabel wunderbar und Lilith lässt sich auch in unterschiedlicher Ausprägung in unserem Geburtshoroskop finden.

Es gibt viele verschiedene Mythen um Lilith. Sie war, nach Überlieferungen, die »Vorgängerin« von Eva. Nach jüdischer Überlieferung schuf Gott

Lilith genauso wie Adam aus Lehm – ebenbürtig, aber sie war nicht bereit, sich ihrem Mann zu unterwerfen, und so wurde sie aus dem Paradies verbannt. Als es schließlich zum Sex kam und sie unten liegen sollte, eskalierte alles und sie floh. Sie fühlte sich nicht mehr ebenbürtig. Lilith steht hier für Eigenständigkeit, Feuer, Sinnlichkeit und Leidenschaft. Angeblich war Gott so erzürnt, dass er Lilith verbannte und dann Eva aus der Rippe Adams mit den entgegengesetzten Attributen von Lilith erschuf – die Eigenschaften der Mütterlichkeit, Anpassungsfähigkeit und Genügsamkeit. Alles wundervolle Eigenschaften, aber ergänzt um die Lilith-Qualitäten wunderbar vervollständigend. Wir sind alles und nicht nur ein Teil, der erlaubt und gewünscht war.
Die Lilith-Seite darf und sollte durch deine Wut integriert werden. Wut ist Feuer und Leidenschaft und möchte Veränderung für dich.

Traurigkeit

Wir fühlen uns einsam, isoliert und trauern dem Verlust der Beziehung hinterher. Wir fühlen uns abgelehnt und haben in der Phase kaum Energie für Dinge, die wirklich Freude bereiten.

Ursache: Trauern ist ein natürlicher Bestandteil der Trennungsverarbeitung. Je mehr du dieser Traurigkeit Raum gibst, umso schneller kannst du die Trennung verarbeiten.

Was kannst du tun?
Du kannst mit liebevoller Anteilnahme den Part in dir erkunden, welcher sich gerade genauso fühlt, und dem inneren Kind mit Mitgefühl und Verständnis begegnen sowie offen für seine Botschaften sein. Es ist hilfreich, sich dem Gefühl, dem Kind, hinzuwenden. Damit erfolgen Annahme und Raum für das Gefühl, gesehen und gehört zu werden, sowie Wertschätzung, Offenheit und ein Willkommensein für dein inneres Kind – das, was wir uns von unseren Bezugspersonen sehr häufig gewünscht, aber nicht erhalten haben.
Wir lösen das Dilemma auf, über den Weg des aktiven Hinwendens. Damit reduzieren wir den Stress vor diesem Gefühl.

Bewusste Ebene: Reflektiere, was am meisten Trauer verursacht. Ist es wirklich die Person oder nur das Gefühl, welches die Erinnerung in dir auslöst? Was möchte jetzt gerade betrauert werden?

- Der Verlust der Gemeinschaft/der Beziehung,
- Die damit einhergehenden Gefühle von Zugehörigkeit, Verbundenheit, Geborgenheit, Stabilität und Sicherheit,
- Die gemeinsamen Lebenspläne,
- Das gemeinsame Konstrukt der Familie oder
- Die gemeinsame Idee einer zukünftigen Familie,
- Die unerfüllten Sehnsüchte und Bedürfnisse,
- Der vergebliche Wunsch nach gemeinsamer Entwicklung oder aber vielleicht auch nur der Verlust der Illusion?

Emotionale | Energetische Ebene: Die Trauer fühlen, die Energie in deinem Körper spüren – wo breitet sich die Trauer aus? Ist es die Luft zum Atmen, die knapp wird? Ist es die Enge in der Brust? Die Schwere in den Augen? Bleibe dort bei diesem Gefühl und atme, bis sich eine innere Ruhe einstellt oder das Gefühl nachlässt.

Physische Ebene: Dein Anstatt-Dessen: Wie möchtest du dich anstatt dessen fühlen? Wenn du anstatt Trauer und damit verbundener Schwere lieber Leichtigkeit und Durchatmen als gewünschte Qualität einladen möchtest, dann erforsche neugierig:
Welchen Gedanken, welches innere Bild, welche äußere Handlung benötigt es jetzt, um dieses Gefühl einzuladen und es ebenso mit dem Körper zu verbinden? Wo kann ich diese Qualität in meinem Körper wahrnehmen? Wo wird es ruhiger, weiter, weicher, leichter, lebendiger ...? Vielleicht tanzt du eine Runde zur Lieblingsmusik, um die Schwere auszuschütteln, oder verziehst dich mit einer Selbstumarmung tröstend auf die Couch? Erforsche neugierig, was du dir jetzt Gutes tun kannst.

Handlungsebene: Welche Situation, welcher Gedanke hat die Trauer in dir ausgelöst? Nutze die Möglichkeiten, dich selbst zu trösten. Dazu kann eine Selbstumarmung sehr hilfreich sein. Der Körper unterscheidet beim

Ausschütten der Wohlfühlhormone nicht, ob uns ein Fremder oder wir uns selbst umarmen.

Angst

Sie bringt die Chance, über dich und deine Limitierungen hinauszuwachsen, und erweckt deinen Mut, für dich und deine Bedürfnisse einzustehen.

Ursache: Ängste entstehen aus unseren eigenen negativen Gedanken heraus, die sich nur allerschlimmste »Was-wäre-wenn-Szenarien« ausdenken. Gleichzeitig besitzen sie eine große Schutzfunktion, die dich vor möglichen Konsequenzen deines Handelns oder der Wiederholung schmerzhafter Erinnerungen bewahren möchten.
Damit verhindert die Angst allerdings persönliches Wachstum und du verbleibst in einer Komfortzone, in der es wahrscheinlich schon seit Jahren zu eng und unkomfortabel geworden ist.

Was kannst du tun?
Du kannst mit liebevoller Anteilnahme den Part in dir erkunden, welcher sich gerade genauso fühlt und dem inneren Kind mit Mitgefühl und Verständnis begegnen sowie offen für seine Botschaften sein. Es ist hilfreich, sich dem Gefühl, dem Kind, hinzuwenden. Damit erfolgen Annahme und Raum für das Gefühl, gesehen und gehört zu werden sowie Wertschätzung, Offenheit und ein Willkommensein für dein inneres Kind – das, was wir uns von unseren Bezugspersonen sehr häufig gewünscht, aber nicht erhalten haben.
Wir lösen das Dilemma auf, über den Weg des aktiven Hinwendens. Damit reduzieren wir den Stress vor diesem Gefühl.

Bewusste Ebene: Reflektiere, welche Angst dich daran hindert, loszulassen und dich in eine neue Richtung zu bewegen? Was wirst du schlimmstenfalls riskieren? Welcher Gedanke, welches Szenario löst noch am meisten Ängste aus?

Emotionale | Energetische Ebene: Nimm alle »Was-wäre-wenn-Szenarien« und spüre die Angst, die diese Gedanken in dir auslösen. Fühle die

Angst, spüre die Energie in deinem Körper – wo breitet sie sich aus? Ist es die Enge in der Brust? Die Unruhe im Bauch? Das nervöse Zittern der Hände? Der Kloß im Hals? Bleibe dort bei diesem Gefühl und atme. Ängste sind sehr häufig nicht so stark in einer Körperregion zu lokalisieren, sondern äußern sich eher durch eine stetige innere Unruhe oder Schwere im Nervensystem.

Diese Ängste gilt es dann regelmäßig durch Abbau des Angstzentrums im Gehirn (dein limbisches System) mittels Meditation und Atemübungen sowie Regulation des Nervensystems an die Hand zu nehmen.

Physische Ebene: Dein Anstatt-Dessen: Wie möchtest du dich anstatt dessen fühlen? Wenn du anstatt Angst wieder Vertrauen als gewünschte Qualität einladen möchtest, dann erforsche neugierig:
Welchen Gedanken, welches innere Bild, welche äußere Handlung benötigt es jetzt, um dieses Gefühl einzuladen und dieses Gefühl ebenso mit dem Körper zu verbinden. Wo kann ich diese Qualität in meinem Körper wahrnehmen? Wo wird es ruhiger, weiter, weicher, leichter, lebendiger...? Erforsche neugierig, was du dir jetzt Gutes tun kannst.

Handlungsebene: Schaffe Raum für deine Angst, in dem du die innere Unruhe immer wieder über die Arbeit mit deinem Angstzentrum und deinem Nervensystem abbaust.
Gibt es Gedanken, die dir Angst machen? Gibt es Sorgen, die dich immer wieder in die Angst treiben?

Reframe die Gedanken, die dir Ängste bereiten:
Ersetze: »Was, wenn ich es nicht schaffe?« durch: »Was, wenn ich Erfolg habe?«
Ersetze: »Warum passiert mir das?« durch: »Was kann ich daraus lernen?«

Es gibt reale Ängste, die uns in der Zeit der Trennung begleiten: Dinge, die noch im Unklaren sind und noch geregelt werden müssen; das Sorgerecht, die finanzielle Verteilung, wer bleibt im Haus ...? Die Phase des Übergangs ist schwierig und sorgenvoll. Aber auch hier gibt es noch keine Lösung und bis dahin hast du es in der Hand, dir jegliches Negativszenario vorzustellen und damit die Angstspirale zu verstärken.

Am Ergebnis ändert sich nichts, aber die Zeit bis dahin ist deutlich entspannter und lässt die Angstspirale nicht in schwindelerregende Höhen treiben, die mitunter dann auch noch eine Panikattacke auslösen kann.

Begrüße die Angst und nimm sie an die Hand. Sie möchte dich schützen. Signalisiere ihr, dass du jetzt erwachsen bist und sie dich nicht mehr beschützen muss. Was kann dir schlimmstenfalls passieren?

Die Angst davor, einen Schritt in dein neues Leben zu wagen, vor dem Unbekannten, diese Unsicherheit, nicht zu wissen, was auf dich zukommt, das vermeintliche Gefühl von Kontrollverlust – nimm all das an die Hand und erlaube der Angst, da zu sein und dich zu begleiten, aber nicht mehr dein Handeln zu bestimmen. Welche Handlungen stehen jetzt wirklich – wirklich – an?

Wo darf ich einfach nur akzeptieren, weil es nicht in meiner Verantwortung liegt, die Situation zu verändern?
Auf die spezifischen Ängste während der Trennung, die Angst vor dem Alleinsein, die Angst vor Ablehnung und die Verlustangst, gehe ich nochmals gesondert in einem eigenen Kapitel ausführlicher ein.

Unsicherheit

Ich fühle mich der Aufgabe und den Herausforderungen der Trennung nicht gewachsen und habe keine Ressourcen, um für innere Sicherheit zu sorgen.

Ursache: Unsicherheit ist eine normale Reaktion unseres Gehirns und Nervensystems, die durch die Trennung und damit wegfallende Gemeinschaft und Verbundenheit entsteht. Unsicherheit kann zudem ein Ausdruck des verletzten Selbstwerts sein.

Was kannst du tun?
Du kannst mit liebevoller Anteilnahme den Part in dir erkunden, welcher

sich gerade genauso fühlt und dem inneren Kind mit Mitgefühl und Verständnis begegnen sowie offen für seine Botschaften sein. Es ist hilfreich, sich dem Gefühl, dem Kind, hinzuwenden. Damit erfolgen Annahme und Raum für das Gefühl, gesehen und gehört zu werden sowie Wertschätzung, Offenheit und ein Willkommensein für dein inneres Kind – das, was wir uns von unseren Bezugspersonen sehr häufig gewünscht, aber nicht erhalten haben.
Wir lösen das Dilemma auf, über den Weg des aktiven Hinwendens. Damit reduzieren wir den Stress vor diesem Gefühl.

Bewusste Ebene: Reflektiere, welches Szenario oder welche Person dich dich unsicher fühlen lassen.

Emotionale | Energetische Ebene: Nimm alle »Was-wäre-wenn-Szenarien« und Personen und spüre die Unsicherheit, die diese Gedanken und Personen in dir auslösen.
Fühle die Unsicherheit und Energie in deinem Körper: Wo breitet sich die Unsicherheit aus? Ist es das Zittern in den Beinen? Der nervöse Herzschlag? Die feuchten Hände? Die Unruhe im Bauch? Bleibe dort bei diesem Gefühl und atme. Die durch Unsicherheit auftretenden Ängste sind sehr häufig nicht so stark in einer Körperregion zu lokalisieren, sondern äußern sich auch hier eher durch eine stetige innere Unruhe. Diese Ängste gilt es dann regelmäßig durch Abbau des Angstzentrums im Gehirn mittels Meditation und Atemübungen sowie Regulation des Nervensystems an die Hand zu nehmen.

Physische Ebene: Dein Anstatt-Dessen. Wie möchtest du dich anstatt dessen fühlen? Wenn du anstatt Unsicherheit wieder Vertrauen als gewünschte Qualität einladen möchtest, dann erforsche neugierig:
Welchen Gedanken, welches innere Bild, welche äußere Handlung benötigt es jetzt, um dieses Gefühl einzuladen und dieses Gefühl ebenso mit dem Körper zu verbinden? Wo kann ich diese Qualität in meinem Körper wahrnehmen? Wo wird es ruhiger, weiter, weicher, leichter, lebendiger...? Erforsche neugierig, was du dir jetzt Gutes tun kannst.

Handlungsebene: Kreiere immer wieder einen inneren Ort der Sicherheit. Dieser ist gekennzeichnet durch eine gewisse Ruhe, die sich einstellt. Wie kannst du für dich einen sicheren, geborgenen Ort in dir kreieren, an den du immer wieder zurückkehren kannst, um dich sicher zu fühlen? Hier unterstützen Wahrnehmungsübungen und Meditationen.

Schuld

Schuldgefühle können aus dem eigenen moralischen Anspruch heraus, nicht »richtig« gehandelt zu haben, oder durch das Verantwortungsgefühl, wenn jemand anderes uns durch sein Verhalten verletzt oder uns uns unwohl fühlen lässt, entstehen.

Ursache: Wobei bist du nicht integer? An welcher Stelle weichen Denken, Handeln und Fühlen voneinander ab?

»Ich fühle mich schuldig, weil Loyalität ein hoher Wert für mich ist, aber durch die Trennung bin ich illoyal gegenüber meinem Partner geworden.«

Dieser Wertekonflikt, dir gegenüber loyal geblieben, aber damit jemand anderem illoyal gegenüber geworden zu sein und vielleicht das Eheversprechen (bis ans Ende der Tage zusammenzubleiben) gebrochen zu haben, kann zu einem tiefen inneren Konflikt führen.
Du bist dir gegenüber loyal geblieben. Es gab Gründe, weshalb die Beziehung für dich nicht mehr weitergeführt werden konnte. Du gewichtest nur die Loyalität zu einem anderen höher, als die Loyalität zu dir. Vielleicht hast du auch die Beziehung durch einen Treuebruch verlassen und bist damit in deinen Augen ein »schlechter« Mensch, weil du nicht nach deinem Wert der Treue gehandelt hast. Dieser vermeintliche Treuebruch hatte Konsequenzen. Hier gilt es, dir auf tiefster Ebene selbst zu vergeben und für die Verletzung, die du dadurch einem anderen Menschen zugefügt hast, Verantwortung zu übernehmen.

Was kannst du tun?
Du kannst mit liebevoller Anteilnahme den Part in dir erkunden, welcher sich gerade genauso fühlt und dem inneren Kind mit Mitgefühl und Ver-

ständnis begegnen sowie offen für seine Botschaften sein. Es ist hilfreich, sich dem Gefühl, dem Kind, hinzuwenden. Damit erfolgen Annahme und Raum für das Gefühl, gesehen und gehört zu werden sowie Wertschätzung, Offenheit und ein Willkommensein für dein inneres Kind - das, was wir uns von unseren Bezugspersonen sehr häufig gewünscht, aber nicht erhalten haben.
Wir lösen das Dilemma auf, über den Weg des aktiven Hinwendens. Damit reduzieren wir den Stress vor diesem Gefühl.

Bewusste Ebene: Reflektiere, welches Schuldgefühl immer wieder auftaucht. Wobei hast du in deinen selbstkritischen Augen nicht korrekt gehandelt oder wo fühlst du dich schuldig, weil du für dich und deine Interessen eingestanden bist?

Emotionale | Energetische Ebene: Spüre das Gefühl der Schuld in deinem Körper: Wo kannst du die Energie in deinem Körper spüren? Wo breitet sich die Schuld aus? Ist es die Enge in der Brust? Das Zusammenziehen im Hals? Das unruhige Gefühl in den Händen? Bleibe dort bei diesem Gefühl und atme, bis sich eine innere Ruhe einstellt oder das Körpergefühl nachlässt.

Physische Ebene: Dein Anstatt-Dessen. Wie möchtest du dich anstatt dessen fühlen? Wenn du anstatt Schuld und damit vielleicht verbundener Schwere wieder Leichtigkeit und Qualität einladen möchtest, dann erforsche neugierig:

Welchen Gedanken, welches innere Bild, welche äußere Handlung benötigt es jetzt, um dieses Gefühl einzuladen und dieses Gefühl ebenso mit dem Körper zu verbinden? Wo kann ich diese Qualität in meinem Körper wahrnehmen? Wo wird es ruhiger, weiter, weicher, leichter, lebendiger...? Erforsche neugierig, was du dir jetzt Gutes tun kannst.

Handlungsebene: Vergib dir selbst. Schreibe einen Brief und formuliere alle Vorwürfe, die du dir selbst machst. Verbrenne sie schließlich in einem Ritual und lass sie los. Solltest du jemanden verletzt haben, schreibe einen Brief und bitte um Vergebung. Und nein, du musst diesen Brief nicht absenden, und nein, du bist auch nicht erst von deiner Schuld befreit, wenn der Andere bereit ist, dir zu vergeben. Du bist befreit von deiner Schuld, wenn du dir eingestehen kannst, dass deine Handlung nicht korrekt war und du dir selbst aus tiefstem Herzen vergeben kannst. Was ein anderer daraus macht und ob er bereit ist, dir zu verzeihen, liegt außerhalb deines Einflussbereiches und hält dich in einer ungesunden Abhängigkeit. Verzeih dir aus tiefstem Herzen und dein Schuldgefühl wird sich deutlich reduzieren. Lerne für die Zukunft, wie du beim nächsten Mal anders handeln würdest, und dann setze es um. Du kannst die Vergangenheit nicht mehr umschreiben und dein Schuldgefühl würde es so gerne, weil du das Gefühl hast, dass erst dann alles wieder gut ist. Es wird dann gut sein, wenn du die Schuld in dir auflöst und an der Erfahrung wächst, damit du beim nächsten Mal anders handeln kannst.

Es gibt eine wunderbare Geschichte von einem afrikanischen Stamm, die aus meiner Erinnerung ungefähr so lautet:

Wenn ein Mensch aus ihrer Gemeinschaft Schuld auf sich geladen hatte, kam das ganze Dorf zusammen, nahm ihn zwei Tage in ihre Mitte und erinnerte ihn daran, welch wundervoller Mensch er war - damit er sich selbst erinnern kann, dass er so viel mehr ist als nur seine Schuld.

Ein besonderes Merkmal ist die toxische Schuldumkehr: Hier wird das Augenmerk nur auf deine Reaktion gelegt, ohne das Verhalten zu thematisieren, welches zu deiner Reaktion geführt hat. Hier liegt dem Ganzen oft ein reaktiver Missbrauchs-Mechanismus zugrunde: Du wirst so lange bewusst getriggert und gepiesackt, bis du die Nerven verlierst und eine emotionale Reaktion zeigst, indem du in Tränen ausbrichst, schreist oder bildlich den Teller an die Wand schmeißt.
An dieser Stelle passiert die toxische Schuldumkehr: Es wird nur noch über deine Reaktion gesprochen. Du fühlst dich beschämt, schuldig und Selbstzweifel setzen ein. Es geht hierbei nie um die Suche nach einer konstruktiven Lösung, es geht nur um deine emotionale Reaktion. Das gibt dem Gegenüber das Gefühl von Macht und Kontrolle: Macht und Kontrolle über deine Emotionen. Also lass diese Schuldgefühle guten Gewissens gehen und unterbrich diese Diskussionen im Ansatz. Es geht nie darum, dich verstehen zu wollen – es geht um deine Energie in Form von Emotionen.

Hier hilft es, ganz klar für dich aufzulisten:
Was war das Verhalten des anderen und wie war deine Reaktion?

Ein typisches Beispiel aus der Praxis: Meine Klientin hat ihren Mann verlassen, nachdem er mehrmals fremdgegangen ist. Sie fühlte sich total schuldig und übernahm die volle Verantwortung dafür, dass durch ihre Konsequenz, die Beziehung zu beenden, die Schuld bei ihr lag. Dabei wurde die Handlung des Fremdgehens als Ursache des Trennungsgrundes komplett ausgeblendet. Die Ursache lag im Verhalten des Mannes. Ihre Konsequenz, daraufhin die Beziehung zu beenden, war nur eine Reaktion auf das zugrundeliegende Verhalten. Verstärkt wurden diese Schuldgefühle noch durch die Aussage des Ex-Partners: »Er sei ja nur fremdgegangen, weil sie ...« – ein schönes Beispiel von reaktivem Missbrauch.
Gib die Verantwortung zurück und löse das Gefühl der Schuld, welches nicht zu dir gehört, auf.
Schuldgefühle wollen dich schützen. Wenn du die Schuld in dir auflöst, kann deine Wunde des verletzten Selbstwerts erscheinen. Wenn du nicht mehr schuldig bist, dann hat der andere sich nicht bemüht, keine Verantwortung übernommen und schon sind wir bei: »Ich bin nicht gut genug.« oder: »Ich war es nicht wert!« – und das schmerzt.

Scham

Scham zeigt dir Anteile in dir, die du an dir ablehnst, weil du gespiegelt bekommen hast, dass sie nicht liebenswert seien. Auch bei anderen Personen lehnst du dieses Verhalten vielleicht aus diesem Grund ab.

- »Ich bin so wütend auf meinen Ex-Mann! Gleichzeitig schäme ich mich, dass ich dieses Gefühl habe. Damit bin ich ein »schlechter« Mensch.«
- »Ich schäme mich, weil ich getrennt bin und mich ohne Partner nicht als vollwertiges Mitglied der Gesellschaft empfinde.«
- »Ich schäme mich, weil jeder weiß, dass mein Partner mich betrogen hat. Damit fühle ich mich nackt und denke, dass die anderen denken, mit mir stimmt etwas nicht, sonst wäre ich ja nicht betrogen worden.«

- «Ich schäme mich, weil ich mich zu lange in einer Beziehung aufgehalten habe, in der ich nicht mehr wertgeschätzt wurde.«
- ...

Was kannst du tun?
Du kannst mit liebevoller Anteilnahme den Part in dir erkunden, welcher sich gerade genauso fühlt und dem inneren Kind mit Mitgefühl und Verständnis begegnen sowie offen für seine Botschaften sein. Es ist hilfreich, sich dem Gefühl, dem Kind, hinzuwenden. Damit erfolgen Annahme und Raum für das Gefühl, gesehen und gehört zu werden sowie Wertschätzung, Offenheit und ein Willkommensein für dein inneres Kind – das, was wir uns von unseren Bezugspersonen sehr häufig gewünscht, aber nicht erhalten haben.
Wir lösen das Dilemma auf, über den Weg des aktiven Hinwendens. Damit reduzieren wir den Stress vor diesem Gefühl.

Bewusste Ebene: Reflektiere, bei welchem Gedanken, Gefühl oder in welchen Situationen dieses Schamgefühlt auftaucht. Meist ist es verbunden mit dem Gedanken, was der andere über dich denkt, oder du verurteilst dich für deine Gedanken.

Emotionale | Energetische Ebene: Nimm alle Situationen, Gedanken und Gefühle, derer du dich schämst und spüre die Energie in dir auf. Fühle die Scham und Energie in deinem Körper. Spüre, wo sich die Scham ausbreitet. Ist es der Knoten im Bauch? Die Last auf den Schultern, das Einziehen oder Ducken des Oberkörpers? Bleibe dort bei diesem Gefühl und atme, bis sich eine innere Ruhe einstellt oder das Körpergefühl nachlässt.

Physische Ebene: Dein Anstatt-Dessen: Wie möchtest du dich anstatt dessen fühlen? Wenn du anstatt Scham das Selbstbewusstsein als gewünschte Qualität einladen möchtest, dann erforsche neugierig:
Welchen Gedanken, welches innere Bild, welche äußere Handlung benötigt es jetzt, um dieses Gefühl einzuladen und dieses Gefühl ebenso mit dem Körper zu verbinden? Wo kann ich diese Qualität in meinem Körper wahrnehmen? Wo wird es ruhiger, weiter, weicher, leichter, lebendiger...? Erforsche neugierig, was du dir jetzt Gutes tun kannst.

Handlungsebene: Welcher Gedanke über dich bzw. welche Vermutungen stellst du an, was andere über dich denken könnten, die dich beschämt zurücklassen?

Kannst du einen anderen Gedanken in dir, über dich oder was andere denken könnten, kreieren?

Eifersucht

Ist ein sehr komplexes Gefühl und beruht auf zwei unterschiedlichen Faktoren.
In Bezug auf uns selbst kann ein mangelndes Selbstwertgefühl dazu führen, sich oft unsicher zu fühlen und zu befürchten, nicht gut genug zu sein. Das kann dazu führen, dass wir glauben, unser Partner könnte jemanden anderen bevorzugen, der dann im Vergleich zu uns vielleicht attraktiver, erfolgreicher oder schlicht »besser« ist – wir reagieren eifersüchtig.

Ebenso können uns vergangene Erfahrungen in früheren Beziehungen so geprägt haben, dass wir in jetzigen Beziehungen zur Eifersucht neigen. Diese soll uns vor einer möglichen Wiederholung, betrogen zu werden, schützen. Hier ist die Wunde des Vertrauensmissbrauchs noch nicht ausgeheilt.

Ein ängstlicher Bindungsstil, der mit hoher Verlustangst einhergeht, kann Eifersucht auslösen.

In Bezug auf den Partner kann Eifersucht durch konkrete Handlungen, die er unternimmt, ausgelöst werden: Anmelden auf Tinder, obwohl man sich in der Beziehung befindet, Treffen mit anderen Frauen ... Hier ist die Eifersucht durch das Verhalten des Partners »begründet« oder immerhin rational nachvollziehbar. Aber auch plötzliche Veränderungen, wie zum Beispiel, wenn ein Partner mehr Zeit mit neuen Freunden verbringt oder neue Hobbys aufnimmt, können Eifersucht hervorrufen.

Was kannst du tun?
Du kannst mit liebevoller Anteilnahme den Part in dir erkunden, welcher

sich gerade genauso fühlt und dem inneren Kind mit Mitgefühl und Verständnis begegnen sowie offen für seine Botschaften sein. Es ist hilfreich, sich dem Gefühl, dem Kind, hinzuwenden. Damit erfolgen Annahme und Raum für das Gefühl, gesehen und gehört zu werden sowie Wertschätzung, Offenheit und ein Willkommensein für dein inneres Kind – das, was wir uns von unseren Bezugspersonen sehr häufig gewünscht, aber nicht erhalten haben.
Wir lösen das Dilemma auf, über den Weg des aktiven Hinwendens. Damit reduzieren wir den Stress vor diesem Gefühl.

Bewusste Ebene: Reflektiere, welche Art von Eifersucht hier vorliegt. Ist es in deiner Verantwortung oder kann dein Partner durch ein geändertes Verhalten dazu beitragen, die Eifersucht unbegründet erscheinen zu lassen?

Emotionale | Energetische Ebene: Die Eifersucht fühlen, die Energie in deinem Körper spüren: Wo breitet sich die Eifersucht aus? Ist es der Knoten im Bauch? Der Kloß im Hals oder eher die allgemeine Angst, die sich in einer erhöhten Unruhe zeigt? Bleibe dort bei diesem Gefühl und atme, bis sich eine innere Ruhe einstellt oder das Körpergefühl nachlässt.

Physische Ebene: Dein Anstatt-Dessen. Wie möchtest du dich anstatt dessen fühlen? Wenn du anstatt Eifersucht, Selbstsicherheit oder Vertrauen als gewünschte Qualität einladen möchtest, dann erforsche neugierig: Welchen Gedanken, welches innere Bild, welche äußere Handlung benötigt es jetzt, um dieses Gefühl einzuladen und dieses Gefühl ebenso mit dem Körper zu verbinden? Wo kann ich diese Qualität in meinem Körper wahrnehmen? Wo wird es ruhiger, weiter, weicher, leichter, lebendiger…? Erforsche neugierig, was du dir jetzt Gutes tun kannst.

Handlungsebene: Jetzt gilt es hinzusehen: Welche Wunden dürfen in dir noch heilen oder wo ist es angebracht, deinen Selbstwert auf das nächste Level zu heben? Wenn es in den Bereich deines Partners fällt, gilt es hier, zu kommunizieren. Welches Bedürfnis ist in dir, damit wieder Sicherheit und Vertrauen hergestellt werden können, und ist der jeweils andere auch bereit dazu bzw. kann er überhaupt dazu beitragen? Die Anmeldung auf

Tinder ist sicherlich ein konkreter Hinweis, dass die Beziehung anscheinend keinen Wert mehr für ihn hat und er mit seinem Verhalten das Fortbestehen der Beziehung gefährdet. Falls er sich allerdings lediglich mehr Raum für sich nimmt und das in dir eine Verlustangst auslöst, dann gilt es hier, sich selbst den liebevollen Raum zu nehmen, der Angst zu begegnen.

Schmerz

Ursache:
Der Verlust einer Partnerschaft und die damit einhergehenden Verletzungen (Wunden). Sie verursachen Schmerzen.

- Da ist die Wunde, der Schmerz der Ablehnung
- Die Wunde, der Schmerz des Verlassenwerdens
- Die Wunde, der Schmerz der Demütigung und des verletzten Selbstwertes
- Die Wunde, der Schmerz des Vertrauensbruchs und
- Die Wunde, der Schmerz der Ungerechtigkeit.
- ....

Dieser Schmerz spiegelt sich häufig in körperlichen Schmerzen, oftmals im Herz- und Brustbereich. Bei Herzschmerzen spürt man ein Brennen in der Brust – in seiner stärksten Form spricht man vom »Broken-Heart-Syndrom«: Schmerz, ein kurzer stechender Moment im Herz, die Lunge zieht sich komplett zusammen, die Beine sacken weg.

Die Wissenschaft hat zu sozialem Schmerz eine erstaunliche Entdeckung gemacht: Er wird im Gehirn vom physikalischen Schmerz kaum unterschieden.

Das bewiesen mehrere Studien, unter anderem von Naomi Eisenberger und Nathan DeWall et al.[7] Bei Letzterer hat man einem Teil der Probanden, die einem sozialen Ausschlussspiel ausgesetzt waren, über einen gewissen Zeitraum Acetaminophen – auch bekannt als Paracetamol – gegeben. Im Anschluss wurden MRT-Scans durchgeführt.
Dabei zeigte sich, dass die Schmerz-Areale im Gehirn bei den Kontroll-

probanden wesentlich stärker aktiv waren, als bei jenen, die »Paracetamol« genommen hatten. Darin wird ebenfalls ein Zusammenhang des physikalischen und sozialen Schmerzsystems deutlich. Beide kann man unterdrücken und somit schwächer wahrnehmen.

Was kannst du tun?
Du kannst mit liebevoller Anteilnahme den Part in dir erkunden, welcher sich gerade genauso fühlt und dem inneren Kind mit Mitgefühl und Verständnis begegnen sowie offen für seine Botschaften sein. Es ist hilfreich, sich dem Gefühl, dem Kind, hinzuwenden. Damit erfolgen Annahme und Raum für das Gefühl, gesehen und gehört zu werden sowie Wertschätzung, Offenheit und ein Willkommensein für dein inneres Kind – das, was wir uns von unseren Bezugspersonen sehr häufig gewünscht, aber nicht erhalten haben.
Wir lösen das Dilemma auf, über den Weg des aktiven Hinwendens. Damit reduzieren wir den Stress vor diesem Gefühl.

Bewusste Ebene: Reflektiere, bei welchem Gedanken, Gefühl oder in welchen Situationen dieser Schmerz immer wieder auftaucht. Bei welchem Bedürfnis oder welcher Sehnsucht taucht immer wieder Schmerz über den Verlust auf?

Emotionale | Energetische Ebene: Den Schmerz fühlen: Spüre das Zusammenziehen im Brustraum und die Energie in deinem Körper. Wo breitet sich der Schmerz aus? Bleibe dort bei diesem Gefühl und atme, bis sich eine innere Ruhe einstellt oder das Gefühl nachlässt.

Physische Ebene: Dein Anstatt-Dessen. Wie möchtest du dich anstatt dessen fühlen? Wenn du anstatt Schmerz und damit Schwere, Heilung und Unversehrtheit als gewünschte Qualität einladen möchtest, dann erforsche neugierig:
Welchen Gedanken, welches innere Bild, welche äußere Handlung benötigt es jetzt, um dieses Gefühl einzuladen und dieses Gefühl ebenso mit dem Körper zu verbinden? Wo kann ich diese Qualität in meinem Körper wahrnehmen? Wo wird es ruhiger, weiter, weicher, leichter, lebendiger...? Erforsche neugierig, was du dir jetzt Gutes tun kannst.

Handlungsebene: Schmerz wird dann ausgelöst, wenn wir mit unseren Gedanken in die Vergangenheit wandern und dort immer wieder die Gedanken und Erinnerungen aufrufen, die uns im Hier und Jetzt erneut Schmerz bescheren.

Oder wir wandern mit unseren Tagträumen und Gedanken in die Zukunft und verursachen uns einen Schmerz, weil wir uns so weit von unserem Wunschleben entfernt fühlen.

Tagträume und Visualisierungen sind wichtig und richten uns auf das Neue aus. Solange allerdings noch ungestillte Bedürfnisse in uns eine tiefe Sehnsucht auslösen, versuchen wir, diese Bedürfnisse mit Tagträumen zu stillen. Das wiederum kann Schmerz verursachen. Das erforschen wir noch intensiv in dem Kapitel der Bedürfnisse.

Schmerz muss und darf gefühlt werden, allerdings bleiben wir häufig noch länger als notwendig in diesem Gefühl.
Weil es uns verbindet. Es verbindet uns noch mit dem Ex-Partner. Gerade wenn es nur noch die einzige Verbindung zum Ex ist, fällt uns das Loslassen des Schmerzes deutlich schwerer, weil wir damit das letzte Gefühl von Verbindung aufgeben.

Damit ist häufig die Realisierung und Angst verbunden: »Wenn ich mich jetzt vom Schmerz trenne, dann bin ich wirklich getrennt. Dann bin ich ganz allein. Dann ist die Trennung wirklich Realität.«

Das Phänomen tritt sehr häufig kurz vor der Akzeptanz auf – ein letzter großer Step in Richtung Verarbeitung.

Weitere Emotionen, die im Laufe des Trennungsprozesses auftreten können:

Enttäuschung: »Das Ende der Täuschung«, wie es so schön übersetzt heißt, beinhaltet eine Flut an Folgeemotionen, wie Wut, Verbitterung, Kränkung und Gefühle des Vertrauensmissbrauchs. Die Enttäuschung zeigt sich gern noch mal in voller Wucht kurz vor der Akzeptanz.

Einsamkeit: keine Unterstützung, Überforderung, mit allem allein gelassen zu werden, sich im Stich gelassen fühlen

Hoffnungslosigkeit: verbunden mit dem Gefühl der Ohnmacht, häufig verbunden mit Starre; keine Möglichkeiten, aus eigener Kraft die Situation zu verändern. Stimmt das wirklich oder kann ich gerade nur keine Möglichkeiten sehen?

Überforderung: zu viele Herausforderungen auf einmal, auch häufig mit Flucht- und Starre; Tendenzen, den Kopf in den Sand zu stecken oder durch Flucht dem vermeintlichen »Aus den Augen, aus dem Sinn«-Prinzip zu folgen

Depressive Gefühle: Kurz vor dem Ende der Phase der Emotionen nimmt die Depression, der Zustand der Traurigkeit, Hoffnungslosigkeit, tiefen Schwere und der aufkommenden Melancholie noch einmal extrem zu – auch hier wieder ein Zeichen, dass sich die Akzeptanz bereits in greifbarer Nähe befindet.

Diese Phase ist sehr häufig gekennzeichnet durch eine hohe Schwere, Lähmung des Körpers, das Abgeschnittensein von der Lebendigkeit, durch dumpfe nebelige Wände und das Gefühl, sich selbst nicht mehr spüren zu können. All das wird sehr häufig ausgedrückt, wenn von depressiven Gefühlen die Rede ist, gepaart mit einem tiefen Gefühl der Einsamkeit, Traurigkeit und Melancholie. Die typische Untererregung des Nervensystems ist sehr charakteristisch für diese Phase. Das Nervensystem wieder in Bewegung zu bringen, ist hier der Schlüssel, den ich aktiv beeinflussen kann.

Auch hier gilt wieder: Mit liebevoller Anteilnahme den Anteil in dir erkunden, welcher sich gerade genauso fühlt und dem inneren Kind mit Mitgefühl und Verständnis begegnen, offen für seine Botschaften sein, dich dem Gefühl, dem Kind, hinwenden: Damit erfolgen Annahme und Raum für das Gefühl, gesehen und gehört zu werden, Wertschätzung und Offenheit sowie ein Willkommen Sein für dein inneres Kind: Das, was wir uns von unseren Bezugspersonen sehr häufig gewünscht, aber nicht erhalten haben.

Deine innere Haltung zu Gefühlen

Hilfreich ist dabei das Unterlassen der Bewertung und die Einteilung unserer Gefühle in schlechte und gute Gefühle. Zum einen ist unser interner Schutzmechanismus so ausgelegt, dass alles vermieden wird, was Gefahr bedeutet (also in dem Fall alles, was schlecht für uns ist), und damit wird es einem erschwert, den »schlechten« Gefühlen liebevoll zu begegnen. Zum anderen bewerten wir permanent unsere inneren Anteile als »gut« oder »schlecht«, »Eins mit Sternchen« oder »Sechs, setzen!«, wenn wir mit unseren inneren (Kind-)Anteilen arbeiten. Das hat einen immensen Einfluss auf unsere Selbstwahrnehmung.

Und jetzt, alles gefühlt und dann?

Glück, Zufriedenheit und Freude – wieso stellen sie sich nicht ein?
Auch hier gilt: Weil wir die positiven Gefühle wieder fühlen dürfen, damit sie nicht nur flüchtige Begegnungen bleiben, sondern dauerhafte Gäste.

Wenn wir Gefühle in Bewegung bringen, öffnen wir freie Räume und diese Räume sind erst einmal leer. Es entsteht sehr häufig erst einmal eine innere Leere und eine Unzufriedenheit, die nicht gefüllt, sondern gefühlt werden möchte.

Innere Leere | Unzufriedenheit

Durch das Zulassen der bisher vermiedenen Gefühle breitet sich sehr häufig zunächst mal eine innere Leere, ein Abgestumpftsein und eine Trennung von den guten Gefühlen aus. Bisherige Vermeidungsstrategien wirken nicht mehr und Ersatzkompensationen schenken immer weniger Glücksgefühle.

Dieses Gefühl der Leere, auch häufig begleitet von einem Gefühl der Langeweile und großer Unzufriedenheit, ist so enorm wichtig, damit Raum für Neues geschaffen wird.

Ursache: die innere Leere, Unzufriedenheit und Langeweile. Wir kennen sie alle und sie sind wunderbar, weil sie uns zur Veränderung antreiben.

Aus ihnen entsteht der Optimierungswunsch, neue Ziele und Zustände positiv zu verändern im Leben. Sie bringen uns ins Handeln.

Wenn wir allerdings eher auf größtenteils materielles Wachstum und Optimierung von äußeren Zuständen ausgerichtet sind, dann gibt es hier eine kleine Falle – nämlich den Zusammenhang, den ich innerlich aufstelle, wenn ich das Ziel erreicht habe, wenn ich das optimiert habe, wenn ich das erreicht habe ...

... dann erst bin ich glücklich und zufrieden.

Stimmt das? Das Erreichen des Ziels, auf das man vielleicht monatelang hingearbeitet hat, verpufft manchmal in einem flüchtigen Moment. Bähm: Ziel erreicht, kurz glücklich und jetzt? Plötzlich taucht sie wieder auf, die innere Leere, die nächste Unzufriedenheit, die Langeweile.

Und dann, weiter optimieren? Weiter, höher, schneller?

- Die Optimierung der Schönheit durch immer wieder neue Outfits, Diäten, Körperoptimierung ...
- Die Optimierung der Finanzen durch immer mehr Arbeit, mehr Karriere, mehr Geld ...
- Die Optimierung durch einen neuen Partner – wenn ich wieder in einer Partnerschaft bin, dann bin ich glücklich und zufrieden ...

Der Zustand der Zufriedenheit wird hier immer nur kurzfristig erreicht, da es immer mehr zu erreichen gibt. Es gibt kein Ende an Wünschen zur Geldvermehrung; mehr Luxusgüter, noch mehr Karriere, noch mehr Potenzial, noch mehr Tinder.

Damit ist die Gefahr groß, dass das innere Empfinden von Glück und Zufriedenheit sehr abhängig von äußeren Gegebenheiten ist.

Dieser Kampf um »höher, weiter, schneller« kann die innere Zufriedenheit ziemlich schnell wieder auffressen.

Auch hier möchte sich ein neuer Blickwinkel eröffnen. Ich darf glücklich und zufrieden sein, auch wenn es immer noch Dinge zu optimieren gibt.

JETZT ist der Zeitpunkt, egal wie meine äußeren Rahmenbedingungen sind.

Bewusste Ebene: Reflektiere, was und welchen Zielen du zu viel Raum einräumst. Welches Gefühl soll beim Erreichen der Ziele in dir ausgelöst werden? Häufig ist es dieses: »Wenn ich erst x Kilo weniger wiege, dann kann ich zufrieden sein. Wenn ich erst einen Partner habe, dann kann ich glücklich sein …«

Emotionale | Energetische Ebene: Die Leere, Langeweile und Unzufriedenheit fühlen, die Energie in deinem Körper spüren – wo breitet sich die Leere aus? Ist es die Luft im Bauch? Das Loch im Brustraum, sind es die wackeligen Beine? Bleibe dort bei diesem Gefühl und atme, bis sich eine innere Ruhe einstellt oder das Körpergefühl nachlässt.

Physische Ebene: Dein Anstatt-Dessen. Wie möchtest du dich anstatt dessen fühlen? Wenn du anstatt Unzufriedenheit und Leere, Zufriedenheit und Fülle als gewünschte Qualität einladen möchtest, dann erforsche neugierig:
Welchen Gedanken, welches innere Bild, welche äußere Handlung benötigt es jetzt, um dieses Gefühl der Zufriedenheit und Fülle einzuladen und dieses Gefühl ebenso mit dem Körper zu verbinden? Wo kann ich diese Qualität in meinem Körper wahrnehmen? Wo wird es ruhiger, weiter, weicher, leichter, lebendiger …?

Handlungsebene: Welche Situation, welcher Gedanke hat die Leere und Unzufriedenheit in dir ausgelöst?
Häufig sind Druck und Optimierungszwang aus dem Gefühl heraus, nicht gut genug zu sein, der Schlüssel in die Unzufriedenheit und des Mangels. Erlaube dir einfach im Hier und Jetzt zufrieden und glücklich zu sein, so wie dein Leben jetzt gerade ist!

Damit wird Raum geschaffen: Raum für die Gefühle, die sich mit dem Erreichen der Ziele und Optimierung irgendwann einstellen sollen. Du kannst sie jetzt bereits einladen.

Gerade in der Phase der Emotionen dürfen wir uns bewusst erlauben, neben der Trauer, Wut und dem Pflichtbewusstsein bewusste Phasen der Freude, des Glücks und des Genießens einzubauen. Nicht, um den anderen Gefühlen zu entfliehen, sondern ihnen bewusst zu erlauben, neben der Trauer und der Wut zu existieren.
Wir dürfen uns explizit erlauben, glücklich zu sein und freudige Momente zu erleben.

Oftmals sind die »schweren« Gefühle noch die einzige Verbindung zum Gegenüber. Wir fühlen uns durch den Schmerz und die Trauer noch verbunden. Wenn wir diese Gefühle immer mehr bewegen und sie dadurch in ihrer Intensität deutlich abnehmen, kann das unbewusst eine Angst auslösen, die letzte Bindung über die Gefühle an den Ex-Partner loszulassen. Ziemlich paradox, aber genau das ist manchmal noch der letzte Zipfel, den wir loslassen dürfen Richtung Neubeginn.

Den Raum schaffen für »gute« Gefühle

Dein »Anstatt-Dessen«. Das, worauf wir unseren Fokus legen, vermehrt sich. Daher mach dir neben den schweren Gefühlen bewusst und erinnere dich daran, was es jetzt gerade benötigt, um dich wieder leichter, ruhiger oder glücklicher zu fühlen.
Du kannst deine Gefühle steuern.

- Um schöne Momente bewusst wahrzunehmen und zu verstärken, dürfen wir auch hier den Moment im Körper wahrnehmen: die Wärme, die Ruhe, die Leichtigkeit, das Brausepulver im Herzen.

Kleine Tipps von Frauen aus dem Coaching, um in den Alltag wieder Freude und Spaß zu integrieren:

- »Einmal in der Woche koche ich für mich, nichts Besonderes, aber ganz besonders angerichtet: mit Kerzen, bestem Geschirr, Wein und dazu style ich mich, als wäre ich zu einer Silvestergala eingeladen. Das lässt mich mich wieder so ganz besonders und wertvoll fühlen.«
- »Staubsaugen in High Heels macht direkt Spaß, ansonsten verstauben die Schuhe ja eh nur im Schrank.«

Teste aus, was deinem Alltag einen Hauch von Einhorn-Glitzer und Sternenstaub verleihen kann.

Freude: Sie öffnet dein Herz. Spüre bewusst freudige Momente, in denen sich dein Herz weitet, sich warm und friedlich anfühlt.

Glück: Du bist glücklich darüber, wie du die Herausforderungen der Trennungsphasen immer besser bewältigen kannst. Suche Momente, in denen du dein Glück in deinem Körper fühlen kannst. Erlaube dir, in den Momenten zu lachen und zu lächeln, wenn du wirklich einen Hauch von Glück verspüren kannst – auch, wenn alles gerade schwerfällt.

Dankbarkeit: Öffnet dein Herz und du schätzt die Menschen und Dinge in deinem Leben aus tiefstem Herzen. Und nein, damit ist nicht das pflichtbewusste Runterschreiben von drei Dingen abends in dein Journal gemeint, welche du mühsam zusammenkratzt, um deinem Verstand Dankbarkeit zu verordnen. Nein, damit sind die vielleicht jetzt gerade seltenen und kostbaren Momente gemeint, für die du wirklich dankbar bist, weil du sie fühlen kannst – und diese immer wieder in deinem Herzen zu spüren.

Stolz: Erlaube dir, stolz auf dich zu sein – stolz auf die Person, die du jetzt kennenlernen kannst. Damit meine ich nicht die spirituelle Arroganz, Stolz in Form von Hochmut, besser oder klüger oder weiser zu sein! Nein, einfach nur Stolz, dass du versuchst, aus den Gegebenheiten für dich das Beste zu machen und dabei dein Bestes gibst, mit den auf dich einströmenden Emotionen so gut es irgendwie möglich ist zurechtzukommen, ohne andere Menschen zu verletzen.

Inspiration: Du hast Lust auf Neues, lässt dich von den sich dir nun bietenden Möglichkeiten begeistern, um dich und dein Leben neu zu erfahren. Lies, kauf dir Bildbände, besuche einen Kurs, melde dich zum Tanzen an, vertiefe dich in ein neues Thema: Tu alles, was dich inspiriert und was dir Freude und Leichtigkeit schenkt. Alles, wofür du wahrscheinlich vorher nie genug Zeit hattest oder wo der Sinn und die Lust fehlten, hat nun Raum. Mach es einfach, tauche ein in andere Welten.

Liebe: Durch die neue Verbundenheit zu dir, deinen Gefühlen und Bedürfnissen, fühlst du dich vom Leben geliebt und liebst dich und dein Leben ebenso. Es erfüllt dich mit tiefstem Vertrauen, innerer Ruhe und Dankbarkeit. Dein Leben und dich zu lieben, bedeutet an erster Stelle die Fähigkeit, alle Umstände zu akzeptieren, wie sie sind, auch wenn sie nicht optimal sind: Das sind und werden sie nie sein. Liebe für sich zu empfinden, ist trotzdem oder gerade aus diesem Grund unabdingbar.

Zuversicht: Du glaubst an dich und deine Möglichkeiten. Mut, Selbstvertrauen und die Macht, dein Leben aktiv zu gestalten, begleiten dich dabei.

Leichtigkeit: Das Leben ist leicht und du fühlst dich weiser und stärker durch die Herausforderungen, welche du bereits gemeistert hast. Du weißt, dass jede Herausforderung dich wachsen lässt und du mit allem gut umgehen kannst. Deine Ressourcen stehen zur Verfügung. Dein tiefstes Selbstvertrauen spiegelt sich hier wider.

Fürsorglichkeit: Durch das intensive Aufspüren der Gefühle innerhalb deines Körpers entwickelt sich eine neue Wahrnehmung für dich, deinen Körper und deine Bedürfnisse und du kümmerst dich fürsorglicher und liebevoller um dich selbst.

Mitgefühl: Der innere Kritiker wird immer leiser, da du dir jetzt mehr und mehr erlaubst, allen Gefühlen, Gedanken und Bedürfnissen Raum zu geben. Damit entwickelt sich eine sehr mitfühlende Haltung dir selbst gegenüber.

Selbstsicherheit: Du wirst immer sicherer in und mit dir, da du die Erfahrung machst, dass du alle Gefühle und Situationen, mit denen du konfrontiert wirst, handhaben kannst, und die Gefühle der Überforderung oder Ohnmacht bauen sich immer weiter ab.

Klingt zu schön, um wahr zu sein? Probiere es aus.

Gern lade ich dich noch einmal zu meinem SOS-Workshop ein, in dem wir die Gefühle, Ängste und dein Nervensystem erkunden.

https://www.beep-coaching.de/SOS/

Noch einmal zusammengefasst: Wie gehe ich jetzt mit den Gefühlen um?

Umsetzen

Du hast keinen Einfluss darauf, wann ein Gefühl auftaucht. Du kannst nur beeinflussen, wie du mit diesen Gefühlen umgehst.
Wahrnehmen, wahrnehmen, wahrnehmen, beobachten, beobachten, beobachten!

Wahrnehmen

- Wo im Körper spürst du dein Gefühl?
- Atme tief in die Körperstelle.
- Erlaube dem Gefühl, existent zu sein.
- Lass das Gefühl aufsteigen.
- Lass das Gefühl ein Teil von dir sein
- Gib ihm die Berechtigung, da zu sein.

Begrüßen

- Begrüße das Gefühl, auch wenn du es nicht benennen kannst.
- »Schön, dass du da bist, auch wenn ich das gerade als körperlich unangenehm empfinde, gebe ich dir die Erlaubnis, da zu sein.«
- »Schön, dass ich einen so schönen Moment erlebe. Um ihn bewusst wahrzunehmen und zu verstärken, fühle ich mal die Wärme, Ruhe, Leichtigkeit in meinem Körper.«

Beobachten

- Beobachte den Kloß im Hals und die Schwere auf den Schultern, die Wärme im Herzen, die Leichtigkeit in den Beinen, das Lächeln um die Lippen
- Bleibe bei dem Gefühl.
- Atme in die Körperstelle.

Liebhaben

- Lade das Gefühl ein. Stell es dir als dein inneres Kind vor, welches gerade traurig oder wütend, aber auch glücklich, erfreut und dankbar ist.
- Nimm es wahr und schenke ihm Aufmerksamkeit.
- Nimm es mit deiner Aufmerksamkeit durch das Hinwenden in den Arm.

Anstatt dessen

- Welche Qualität darf sich ausbreiten? Wie möchtest du dich fühlen?
- Welcher Gedanke, welche Erinnerung, welches innere Bild, welche Vorstellung, welche Bewegung kann dieses Gefühl jetzt in dir erwecken?

Auch hier gibt es wieder eine wunderbare Gelegenheit, auszumisten. Sie wird quasi umsonst auf dem Silbertablett mitgeliefert. Es gibt in der Regel ein bis zwei Gefühlszustände, die uns bereits so lange beglei ten – Gefühle, die wir nie »richtig im Griff« hatten und die uns immer mal wieder überfluten. Jetzt, »angepickt« durch die Trennung, brechen diese auf und breiten sich in Wut aus. Diesmal haben wir die Fähigkeit, uns hinzuwenden und den Botschaften des inneren Kindes dahinter zu lauschen – also wieder ein Arbeiten mit dem, was im Hier und Jetzt offenbart wird.

Es gibt noch so unendlich viel über die Wirkung unterdrückter Gefühle zu berichten – ganzheitliche holistische Ansätze in Körper, Geist und Seele. In vielen Publikationen werden bestimmte Körperorgane mit bestimmten Gefühlszuständen verbunden – da ist die Lunge mit der Traurigkeit und unterdrückten Tränen verbunden, in der Leber staut sich die Wut, in der Gallenblase die Verbitterung usw.

Vielleicht mal spannend, die Verbindungen näher zu betrachten, wenn ein Organ immer mal wieder kränkelt.

Hier lade ich dich gern ein, meinem Podcast zu folgen, der im Sommer erscheint, wo ich für solch spannende begleitende Themen viel mehr Raum habe. Sei gespannt, ich freue mich auf dich!

Eine weitere spannende Betrachtungsweise zum Thema der unterdrückten Gefühle ist die fernöstliche Betrachtungsweise der Chakren. Einen kurzen Überblick und vor allem eine ganz praktische Übung zur Unterstützung in den Trennungsphasen möchte ich hier kurz vorstellen.

Gefühle sind Energie in Bewegung. E-Motion und unbewegte Energien innerhalb unseres Systems können den Energiefluss unseres Körpers beeinträchtigen. In der fernöstlichen Betrachtungsweise sind es die Chakren, Energiekanäle entlang der Wirbelsäule.

Jedes Chakra steht zudem in Zusammenhang mit einem Thema, welche gefühlt alle durch die Trennung berührt werden.

Hier ein kurzer Überblick über die sieben verschiedenen Chakren und die damit verbundenen Themen:

1. Wurzelchakra: Urvertrauen, innere Sicherheit, Stabilität
2. Sakralchakra: Gefühle, emotionale Fülle, Grenzen, Sexualität, Kraft
3. Solarplexuschakra/Nabelchakra: Distanz und Nähe, Selbstwert, Mut, Bewegung außerhalb der Komfortzone
4. Herzchakra: Verbundenheit, Leben, Lieben, Dankbarkeit, Hingabe, Demut
5. Halschakra: Ausdruck eigener Wünsche und Bedürfnisse, Authentizität, Angst vor Ablehnung, die eigene Stimme nutzen
6. Stirnchakra (Drittes Auge): Intuition, Antworten, innere Welt, innere Stimme
7. Kronenchakra / Höheres Selbst: Synchronizität, Mut zur Einzigartigkeit

Die Arbeit mit den Chakren unterstützt den Verarbeitungsprozess während der Trennungsphase immens. Hilfreich sind hier vor allem sehr langsame und bewusste Yoga-Übungen, wie sie im Yin Yoga oder trauma sensiblen Yoga praktiziert werden, um die bewusste Wahrnehmung des Körpers zu vertiefen und Verspannungen durch sanfte Bewegungen zu lösen.

Für die tägliche Routine eignen sich einfache Übungen, um angestaute Energie wieder zu bewegen.

Eine einfache, aber nicht weniger wirksame Übung, um alle Chakren anzusprechen, ist die Katze-Kuh-Übung. Sie aktiviert entlang der Wirbelsäule alle Chakren vom Wurzel- bis zum Stirnchakra.

Wenn ich die Aussage meiner Yogalehrerin zitiere: »Wenn es nur eine Übung im Yoga geben würde, dann diese. Täglich drei Minuten ausgeführt, bewirkt sie Wunder.«

Viel Spaß beim Ausprobieren!

Körperempfindungen

Aber zurück zu den Gefühlen und Gedanken und den damit verbundenen Körperempfindungen: Was passiert hier genau? Hier sind wir auf der Ebene des Nervensystems.

Das autonome Nervensystem wird vom Stammhirn regiert. Autonom bedeutet, wir reagieren automatisch durch in der Vergangenheit bereits in uns angelegte, erlernte Muster, die als Datenautobahn in unserem Gehirn gespeichert sind.

In der Trennung sind wir mit vielen Herausforderungen und einer Flut an Gefühlen und Gedanken konfrontiert und unsere bisherige Fähigkeit, diese Zustände zu handhaben, ist nicht mehr ausreichend.

Es entsteht ein immenser Stress, mit den Herausforderungen umzugehen.

Stress wird durch unser Angstzentrum aktiviert. Dann übernimmt das Nervensystem und bereitet mit einem hohen Ausschuss an Stresshormonen unser Körpersystem darauf vor, mit der Gefahr umgehen zu können. Es ebnet also den Weg für die Entscheidung zwischen Kampf oder Flucht.

Was uns in den Trennungsphasen stresst, sind zum einen die äußeren Umstände, auf die wir keinen Einfluss haben, wie beispielsweise das Verhalten deines Ex-Partners, und zum anderen die inneren Umstände in Form der auftretenden

- Gedanken,
- Gefühle,
- Körperempfindungen,
- Erinnerungen,

die uns überfordern, überfluten und denen wir uns hilflos aufgeliefert fühlen.

Das beeinflusst in hohem Maße unser Wohlbefinden. Dieses wiederum können wir beeinflussen.

Den Gedanken und Gefühlen haben wir uns bereits ausführlich gewidmet. Schauen wir uns doch jetzt näher an, wie sich deine Körperempfindungen verändern, wenn wir längere Zeit dem Stress ausgesetzt sind.

Unser bisheriges Angst-/Stressmuster ist ziemlich grundsolide und pendelt zwischen An- und Entspannung im bekannten Rahmen des bisherigen vertrauten Lebens. Wenn wir uns dazu eines Bildes bedienen wollen, stellen wir uns einen harmonischen Fluss in seinem natürlichen Flussbett vor.

Durch die Trennung tritt nun der Fluss über seine Begrenzungen und überflutet die natürlichen Begrenzungen. Wir werden aus der Mitte gerissen und verlieren das Gleichgewicht.

Unser ganzes System ist jetzt gefordert, um mit den Folgen der Trennung umzugehen. Diese Fähigkeit ist in der Regel nicht wirklich gut ausgebildet, da wir sie glücklicherweise nicht allzu oft benötigen.
Dabei gibt es zwei typische Angst-/Stressmuster, die wir uns wie folgt verbildlichen können: Links vom Fluss ist die Übererregung (panisch vor Stress/Angst), rechts vom Fluss ist die Untererregung (gelähmt vor Stress/Angst).

In der Übererregung (panisch vor Stress/Angst) erlebst du innerlich ein hohes Stresslevel, welches sich äußert in:

- Sich getrieben fühlen, Ruhelosigkeit
- Ängstlichkeit, Schreckhaftigkeit
- Gereiztheit
- Druck, Anspannung, Sorge

Hier ist das Nervensystem darauf ausgelegt, Kräfte für unser Überleben bereitzustellen, um aggressiv kämpfen oder blitzschnell fliehen zu können.

Dazu werden auf der körperlichen Ebene die Herztätigkeit gesteigert, der Blutdruck erhöht und der Muskeltonus in den Beinen und Armen erhöht, um schnell fliehen zu können. Zudem werden die Bronchien erweitert, Stresshormone ausgeschüttet, die Verdauungstätigkeit vermindert und Organe mit Energie versehen, die für Flucht und Kampf wichtig sind (Beine, Arme). Zudem vermindert sich die Energiezufuhr zu Organen wie jenen für die Verdauungstätigkeit oder die inneren Organe im Allgemeinen, die für Flucht oder Kampf nicht wichtig sind.

Typische Beschwerden sind dann in Phasen der Trennung auch hormonelle Schwankungen, Magen-Darm-Probleme oder andere körperliche Beschwerden der inneren Organe. Bedingt wird dies durch die hohen Cortisol-Ausschüttungen, weil der Körper die Energiezufuhr zu diesen

Organen minimiert, da er sich auf einen Kampf vorbereitet. Dabei benötigen wir weder die Fähigkeit, uns fortzupflanzen, noch in Ruhe unsere Mahlzeiten zu verdauen.

Somit sind wir wieder bei dem Thema »weghaben wollen«. Wenn wir etwas »weghaben wollen«, also den Gedanken, das Gefühl der Schuld oder die Enge in der Brust, dann aktivieren wir unbewusst die Stressmechanismen. »Weghaben wollen« kreiert eine Menge innere Anspannung und aktiviert unsere Stresshormone.
Wir fallen aus unserer inneren Mitte und geraten in Panik, sind gelähmt und entscheidungsunfähig.

Nehmen wir ein Beispiel mit einem Gedanken: der beliebte »Was-wäre-wenn-Gedanke«. Ich male mir also in meinen Gedanken ständig Szenarien aus, die eintreten könnten, wenn ...

Ein Beispiel aus der Praxis: Meine Kundin fuhr jeden Tag den gleichen Weg zur Arbeit. Auf diesem Weg ist sie früher permanent ihrem Partner begegnet. Nach der Trennung hatte sie bereits morgens Bauchschmerzen auf dem Weg zur Arbeit, schweißnasse Hände und Schweißausbrüche. Ausgelöst durch den Gedanken, dass wenn sie ihm begegnet, auf einmal eine neue Frau neben ihm sitzt und sie das wie völlig aus dem Nichts treffen würde. Da war also eine große Angst vor Schmerz und die Angst, verletzt zu werden, ausgelöst durch eine solche Begegnung, in ihr. Das trieb sie immer wieder auf seinen Instagram-Account und zu seinem WhatsApp-Profilbild, um zu gucken, ob er eine neue Frau an seiner Seite hat – damit sie vorbereitet ist und der Schmerz sie dann nicht so hart treffen würde.
Hier passiert Folgendes: Sie kam aus der Balance, ihr innerer Frieden war verschwunden, die innere Ruhe gleitet in Richtung Panik ab und ihre Zuversicht, mit der Situation gut umgehen zu können, tendierte gegen null. Die Übererregung zeigte sich dann auch in zunehmender Schlaflosigkeit.

So viel zu den Gedanken (was, wenn er eine Neue hätte), dem Gefühl (das würde mich verletzen) und den Körperempfindungen (Bauchschmerzen, Schweißausbrüche, Panikattacken, Schlafstörungen).

Die Angst vor dem Schmerz und die Angst vor der Verletzung waren so riesig, dass sie sich verständlicherweise schützen wollte. Diese Schutzstrategie hielt sie in einem riesigem Dauerstress, der sich dann auch bereits durch eine Vielzahl von Symptomen zeigte.

Aufgelöst haben wir die Situation und den Stresszustand, indem wir die Angst an die Hand genommen und uns dem Anteil hingewendet haben, der sich verletzt fühlen würde. Dadurch kamen wir an das Gefühl, ausgetauscht und ersetzt zu werden, somit an die Wunde des verletzten Selbstwertes und dann an eine Erinnerung, dass das nicht das erste Mal in ihrem Leben war, der Schmerz von damals noch in ihrem System aktiv war und deshalb die Angst vor Wiederholung diese Körperempfindungen und den Stress in ihr ausgelöst haben.

Dem Schmerz von damals hat sie sich dann liebevoll zugewendet und ihm Raum gegeben. Damit hat sie dem Anteil signalisiert, dass er heute keine Angst mehr haben braucht, ausgetauscht und ersetzt zu werden. Das Ganze war in einer Woche aufgelöst und sie konnte dann wieder entspannt morgens zur Arbeit fahren. Sie wusste, dass sie damit umgehen kann, wenn sie ihm mit einer neuen Frau im Auto begegnen würde, und dass es sie nicht aus der Bahn wirft. Sie hatte ihrem Nervensystem durch das Hinwenden zu dem Gefühl und begleitende Übungen, die sie wieder in die Ruhe haben kommen lassen, Sicherheit vermittelt.

Was kannst du jetzt tun?

Beruhigung der panischen Angst/Übererregung

Im ersten Schritt bewusst wahrnehmen und erkennen, was gerade den Zustand der Übererregung auslöst:

- Welche Gedanken,
- Welche Gefühle,
- Welche Umstände,
- Welche Körperempfindungen ziehen dich in die Panik?

Was bringt dich in den Zustand des Getriebenseins, der Ruhelosigkeit, der Ängstlichkeit, der Schreckhaftigkeit, der Gereiztheit, die Zustände von Druck, Anspannung und Sorge? – Wahrnehmen, Raum geben und dir dann Sicherheit vermitteln. Dich wieder in die Balance, den inneren Frieden, die Ruhe zurückbringen.
Im praktischen Teil werde ich dir ganz viele Übungen an die Hand geben, damit du dich und dein Stressfenster wieder regulieren kannst, um wieder in die Mitte zu kommen.

Bewegung der lähmenden Angst/Untererregung

Ein anderes Muster der Angst ist die Untererregung oder das Gelähmtsein vor Angst.
Unterwerfung oder Starre (»unsichtbar für den Feind werden«) ist das, was im originären Kampf mit dem Säbelzahntiger geholfen hat, wenn wir der vermeintlichen Bedrohung durch Kampf oder Flucht nicht ausweichen konnten.

In der Untererregung oder auch Lähmung erlebst du:

- Einsamkeit
- Schwere
- Antriebslosigkeit, Müdigkeit
- Verzagtheit, Hoffnungslosigkeit
- Bewegungslosigkeit
- Depressive, dumpfe Gefühle

Ausgedrückt in Körperempfindungen: Bewegungslosigkeit oder tiefe Verspannungen, erstarrter Ausdruck in Mimik und Gestik, blasse Haut, glasiger Blick einhergehend mit einer emotionalen Abstumpfung, deutlich weniger intensive Gefühle, Verlust von Emotionen, Gleichgültigkeit, Verlust von Motivation, keine Kraft mehr, Apathie …

Wenn sich unser Nervensystem in der Untererregung (gelähmt vor Stress/Angst) befindet, sind es auch unsere Gedanken und Gefühle. Wir sind verzagt, hoffnungslos und oft verzweifelt.

Auch hier ein Beispiel aus der Praxis: Eine Kundin war nach dem Umzug in eine neue Wohnung mit sehr viel äußerlichem Chaos konfrontiert: Dinge wollten sortiert, ausgemistet und die neue Wohnung eingerichtet werden. In den Wochen vor dem Umzug hatte sie schon ausmisten müssen und war damit völlig überfordert. Diese Überforderung nahm dann so weit überhand, dass nichts mehr ging. Sie konnte die kleinste Entscheidung nicht mehr treffen, was aussortiert und was behalten werden wollte.
Ein einziger Kampf: Anstrengung, verspannter Nacken, Schweißausbrüche und ausgeprägte Fluchttendenzen waren die Folge. »Wenn ich ja hier sowieso nichts gebacken bekomme, kann ich auch spazieren gehen und Kaffee trinken.« Sie verharrte dann in einem tiefen Gefühl der Hoffnungslosigkeit und nichts ging mehr. Eine völlige Antriebslosigkeit und das Gefühl, gar nicht mehr aufstehen zu wollen, begleiteten die Phase des Umzugs.

Auch hier war es das Gefühl der Überforderung, ausgelöst dadurch, dass sie alles allein stemmen musste. Diesem Gefühl Raum zu geben, war der erste Schritt. Sie hatte ihr eine Menge zu erzählen, die innere Stimme, die ihr permanent erzählte, dass sie nichts schafft: Wie dumm sie doch ist, mit Kleinigkeiten überfordert zu sein. Dadurch verlor sie die Motivation, überhaupt anzufangen. Hier war eine große Angst vor dem Versagen, welche sie völlig gelähmt hat, und damit ist natürlich der Zustand eingetreten, vor dem sie sich so gefürchtet hat: zu versagen und nichts geregelt zu bekommen, verbunden mit einem tiefen Schamgefühl, dass sie im Vergleich zu anderen überhaupt nichts hinbekommt. Nachdem wir uns ausführlich dem Schamgefühl gewidmet haben, welches auch schon seit Jahren Dauerbegleiter an ihrer Seite war, konnte sie dann um Unterstützung bitten, damit sie den Umzug organisieren kann. Danach war es ein längerer Prozess, sich diesen Glaubenssätzen wie »Ich schaffe das nicht« und »Ich bin zu dumm« sowie der damit verbundenen erlernten Hilflosigkeit zu widmen.

Auch hier gilt es wieder, im ersten Schritt bewusst wahrzunehmen und zu erkennen, was gerade den Zustand der Untererregung auslöst:

- Welche Gedanken,
- Welche Gefühle,

- Welche Umstände,
- Welche Körperempfindungen ziehen dich in die Untererregung?

Auf die Trennung bezogen, bedeutet dies, sich immer wieder mit den aufkommenden Situationen auseinanderzusetzen und unserem System jedes Mal Sicherheit zu vermitteln – also dem Körpersystem zu vermitteln, dass wir mit den äußeren und inneren Herausforderungen weder in Panik verfallen, noch vor Angst gelähmt sein müssen.

Es ist wichtig, uns selbst immer wieder ein Gefühl von Sicherheit zu vermitteln. Wir können uns damit immer wieder selbst regulieren und in einen Zustand der Balance einpendeln.

Wir erweitern also unsere Fähigkeiten mit allen aufkommenden

- Gefühlen,
- Gedanken,
- Körperempfindungen,
- und Erinnerungen,

um damit immer besser umgehen zu können, und erweitern somit sinnbildlich das Flussbett in seinen Grenzen. Wir lernen Resilienz – die Fähigkeit, mit Herausforderungen gelungen umzugehen, oder auch: Wir lernen mit der Welle (Herausforderung) zu surfen und gehen nicht mehr unter.

In Bezug auf die Trennung und den Ex-Partner frage dich, ob du einen Einfluss auf die äußeren Umstände hast?

Wenn ja: Gut, mach weiter.

Wenn nein: Verändere deine innere Einstellung dazu. Verändere deine Gedanken, beruhige deine Ängste und gib den noch damit verbundenen Gefühlen Raum. Leg den Fokus auf dich.

Das hat wesentliche Vorteile, denn durch die Erweiterung unseres Flussbettes integrieren wir immer mehr von den Erfahrungen und den Heraus forderungen der Trennung – damit beginnt die Verarbeitung. Auch hier nutzen wir wieder bewusst den Zustand zwischen Reiz/Stress und Angstauslöser und bringen uns bewusst in die innere Mitte. In diesem Zustand der Balance oder inneren Mitte empfinden wir wieder:

- Sicherheit, Geborgenheit
- Neugierde, Lebendigkeit
- Offenheit, Zuversicht, Freude
- Entspannung, Ruhe und Regeneration

Hier werden Erfahrungen verdaut, der Körper regeneriert und wir erhalten Zugang zu Lösungsalternativen, die aus Zuversicht und nicht aus Panik oder Resignation entstehen.

Noch mal zur Erinnerung: Wir haben keinerlei Einfluss darauf, wann uns welche Angst »überrollt«. Wir können nur unseren Umgang damit beeinflussen.

Zwischen angstauslösendem Reiz,

- Gedanken,
- Gefühlen,
- Körperempfindungen,
- Triggern,
- Erinnerungen

und automatischer Angstreaktion (Panik oder Lähmung), liegt ein Raum.

Diesen gilt es immer wieder bewusst zu nutzen, um aus dem automatischen Angst-/Stress-Reaktionsmuster in ein bewusstes Agieren zu wechseln.

Der gelungene Umgang mit diesen Herausforderungen ist entscheidend dafür, ob und in welchem Umfang wir Stressreaktionen zeigen oder Ängste empfinden.

Das spiegelt sich auch in der Publikation von Daniel Goleman wider, bekannt für seine Arbeit über emotionale Intelligenz (EI)[8]. In Bezug auf Bewusstsein und Stress können mehrere Kernaussagen aus Golemans Arbeit zu emotionaler Intelligenz abgeleitet werden:
Die eigenen Emotionen zu erkennen und zu verstehen, zeigt einen hohen Grad an Bewusstsein und ermöglicht eine angemessene Reaktion auf stressige Situationen.
Ein hohes Maß an emotionaler Intelligenz kann eigene Impulse und Emotionen besser kontrollieren. Negative Emotionen überwältigen nicht mehr und nach stressigen Situationen tritt eine deutlich schnellere Erholung ein.

Nachdem wir uns ausführlich den auftretenden Gedanken, Gefühlen und Körperempfindungen gewidmet haben, tauchen wir jetzt in das Feld der Erinnerungen ein: alte, unverarbeitete Erinnerungsstücke, die im Rahmen der Trennung wieder aktiviert werden können.

Erinnerungen

Durch die Trennung werden wir sehr häufig erinnert: an vergleichbaren Schmerz, vergleichbare Gefühle und vergleichbare Körperempfindungen. Der Schmerz der Trennung trifft auf alte, noch nicht vollständig verheilte Erfahrungen aus der Vergangenheit.

Vollständige Verarbeitung bedeutet, dass die Erinnerungen an die Vergangenheit keine emotionale Last mehr in sich tragen.

Was hier auftaucht, sind die sogenannten Flashbacks.

Das Aufflammen von Erinnerungsfragmenten bedeutet, die noch nicht verarbeiteten, in unserem Körpersystem gespeicherten Erinnerungen werden durch einen inneren oder äußeren Reiz (Trigger) wieder aktiviert.

Aus der Praxis kann ich sagen, dass 80 bis 90 Prozent dessen, was uns heute triggert, bereits früher entstanden ist. Es sind nicht die Situationen, die uns triggern, sondern die Gefühle dahinter, die daraufhin auftauchen.

Diese sind bereits in der Vergangenheit entstanden und unser Körpergedächtnis erinnert sich lediglich.

Sie sind sehr intensiv und mogeln sich an jedem Schutzmechanismus vorbei in die Wahrnehmung.
Der Auslösereiz kann dabei völlig unterhalb der Wahrnehmungsgrenze liegen. Es ist vielleicht ein Geruch, eine Atmosphäre, ein Geräusch, ein inneres Bild, die Mimik eines Gegenübers, ein Gedanke, der sich ausbreitet, oder ein Gefühl, welches uns überrollt.

Das alles sind Hinweise auf Situationen aus der Vergangenheit, die noch ihre komplette emotionale Energie im Gepäck haben und durch die Trennung als Trigger wieder aktiviert werden.

Was dann passiert, ist, dass man wie scheinbar aus dem Nichts in eine Panikattacke oder einen intensiven Angstzustand katapultiert wird, erstarrt vor Angst oder ein intensives Gefühl der Trauer oder Wut unkontrolliert emporsteigt. Wir werden dann von der Wut-Welle oder dem Tränenmeer in den unpassendsten Momenten überflutet – alles wie aus dem Nichts oder als Reaktion auf eine Handlung eines Gegenübers. Die eigene Reaktion und das eigene Empfinden stehen aber in keinem Verhältnis zu dem auslösenden Reiz. Manchmal ist es auch der berühmte Tropfen, der das Fass zum Überlaufen bringt und die alte Erinnerung aufbrechen lässt.

Aus der Praxis höre ich immer wieder: »Ja, ich weiß schon, das ist so, weil in meiner Kindheit Ereignis XY war. Ja, ich weiß, hier ist die alte Wunde berührt, weil damals …« und: »Ich weiß schon, weil damals das und das passiert ist, verhalte ich mich heute so und so …«

Das Wissen um die Zusammenhänge ist wirklich meist bereits in der Tiefe vorhanden, aber wenn es mich heute noch triggert, dann ist die Erfahrung noch nicht vollständig verarbeitet.

Auch hier gilt wieder: Wir verarbeiten auf den drei Ebenen unseres Gehirns: dem Bewusstsein, dem Fühlen und dem Nervensystem sowie dem autonomen Handeln.

In der Praxis ist der erste Teil im Bereich des Bewusstseins bereits deutlich bekannt und benannt und die eigenen Muster bereits mit den Erfahrungen der Vergangenheit verknüpft.

Was häufig fehlt, ist der nächste Schritt, nämlich die damit verbundenen Emotionen, Ängste und automatischen Überlebensmuster zu transformieren und ein starkes »Anstatt-Dessen« zu entwickeln. Wenn ich dem Gehirn keine Neuausrichtung anbiete, denke, fühle und handle ich immer gleich und die persönliche Entwicklung scheint zu stagnieren.

Dies ist deine Einladung, durch die jetzige Trennung alte emotionale Wunden zu sichten und den seelischen Ballast der Vergangenheit endlich anzugehen.

Was ich dann aber auch immer wieder spüre, ist die Angst: die Angst vor dem Coaching, vor dem Aufarbeiten. Muss ich dann wieder in die Bilder der Vergangenheit eintauchen? Können alte Bilder wieder auftauchen? Muss ich das alles wieder erleben, um es zu bearbeiten?

Ganz klar: nein. Es wird mit dem gearbeitet, was sich jetzt zeigt, also was du jetzt gerade fühlst, welche Angst jetzt gerade in dir ausgelöst wird, welche Körperempfindungen sich jetzt gerade zeigen.

Die Arbeit mit dem, was sich im Hier und Jetzt präsentiert, führt zu einer deutlichen Entlastung der auftretenden Symptome. Die Flashbacks, die Träger der unverarbeiteten Symptome, werden weniger intensiv und dein Umgang damit wird deutlich bewusster, sodass überflutende Zustände als Zeichen der Überforderung immer mehr abgebaut werden.

Es ist also nicht nötig, mit dem zu arbeiten, was damals war. Das, was sich im Hier und Jetzt präsentiert, benötigt die Aufmerksamkeit. Alles, was sich im Hier und Jetzt zeigt und was ich durch den erweiterten Umgang mit Gefühlen, Gedanken und Körperempfindungen besser handhaben kann, beeinflusst parallel die Integration und das Verarbeiten vergangener Erfahrungen. Manchmal erinnern wir uns an vergangene Situationen, die das Unterbewusstsein dann freigibt, um die Zusammenhänge besser einordnen zu können, und manchmal nicht.

In der Praxis erlebe ich aber im Laufe der Begleitung dann eher eine Erleichterung, wenn ich berichtet bekomme: »Ich habe heute Nacht von einem Ex-Partner geträumt und genau die Situation damals hatte dieses Gefühl bereits in mir ausgelöst.« Auch erlebe ich die Freude darüber, dass wieder ein altes Fundstück an Erfahrung integriert werden konnte. Die Freude nimmt zu, je mehr Sicherheit und Stabilität erfahren wird, dass die Erinnerungen verarbeitet werden können. Da sind wir dann wieder am Ausgangspunkt: Das gelingt immer besser, je mehr ich meinen Gefühlen ohne Angst begegnen und meine Körperempfindungen immer besser selbst regulieren kann. Das ist der Weg zu tiefgreifender Transformation.

All die Gefühle, Körperempfindungen und Erinnerungen brechen in der zweiten Phase der Trennung auf, in der Phase der Emotionen.
Noch mal zur Erinnerung: Der Prozess der Trennungsverarbeitung verläuft nicht linear und auch nicht nacheinander, sondern kreuz und quer, und in dem Moment, wo du denkst: »Ach herrlich, nach der Traurigkeit fühle ich gerade unbändige Lebensfreude!« Drei Tage später kommt eine Erinnerung und das Tal der Tränen ist wieder da.
Das ist normal. Hab Geduld mit dir und dem Prozess. So schwer es auch zu begreifen ist, es gibt kein »besser, schneller, weiter«, sondern nur einen Prozess, der sich im eigenen Tempo bestimmt. Es zeigt sich, was sich zeigen möchte – wann und wie, obliegt nicht deiner Kontrolle. Dein einziges Handwerkszeug ist der immer besser werdende Umgang mit überflutenden Situationen aus aufkommenden Gedanken, Gefühlen, Ängsten, Körperempfindungen und Erinnerungen – und damit ein immer kürzer werdender Zeitraum, der in diesen Zuständen verbracht wird.

Damit können wir jetzt den Blick auf die Phase 3, die Neuausrichtung, richten.

Phase 3

Neuausrichtung

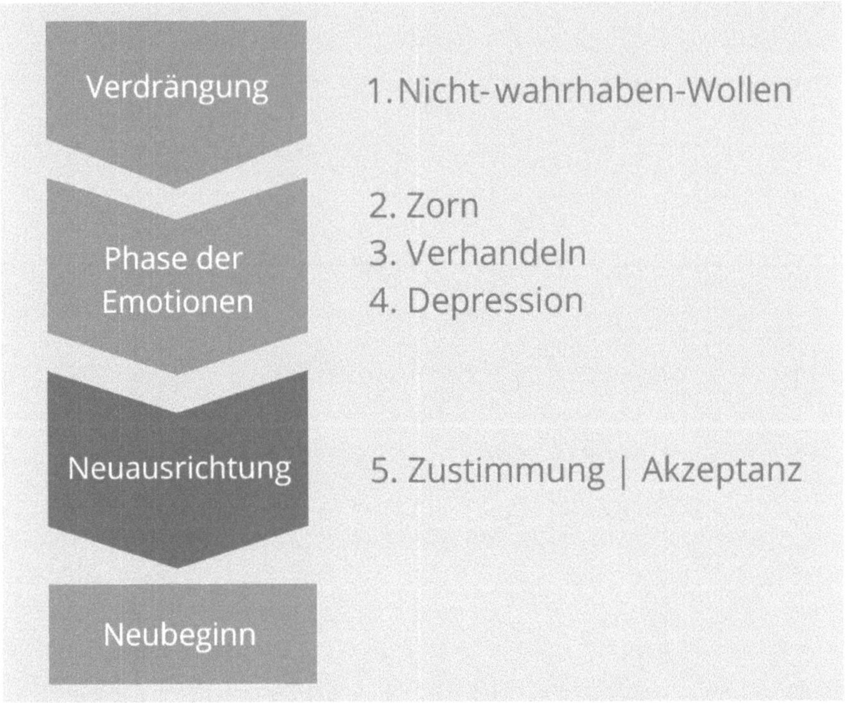

Entwicklungsaufgaben der Trennung

Versteh zunächst die Gründe, die für das Scheitern der Beziehung verantwortlich waren. Das ist die größte Chance, um jetzt wirklich Veränderung herbeizuführen und über alte, nicht mehr dienliche Strukturen hinauszuwachsen.
Alte, überholte Muster, Rollen, Ängste, Überzeugungen, Glaubensmuster, Verhaltensweisen und automatische Reaktionsmuster können jetzt direkt mit über Bord geworfen werden. Die Frage: »Wann ist die Phase endlich vorbei?«, kann daraufhin ausgetauscht werden gegen ein: »Wow, das konnte ich hier über mich lernen!«.

Was alles in deine Beziehungen hineinspielt, nehmen wir jetzt Stück für Stück auseinander. Dabei haben alte, selbstabwertende Gedanken, Ängste und unerfüllte Bedürfnisse eine große Tragweite – auf dich, deinen Selbstwert und dein Verhalten in Beziehungen. Zeit zum Reflektieren!

Das innere Kind

Ich benenne die Arbeit mit den Gefühlen in dem Teil unseres Gehirns gern als »Kind-Modus«, dabei ist es völlig irrelevant, wann und in welchem Alter die Erfahrung dieses Gefühl in dir ausgelöst hat. Es kann im Kleinkind-, im Teenager- oder auch Erwachsenenalter eine Prägung hinterlassen haben.
Die Vorstellung, dass wir es hier mit einem inneren Kind zu tun haben, ist zum einen mittlerweile sehr populär und zum anderen hilft uns die Vorstellung sehr, sich diesen Anteilen, diesem Kind, sehr fürsorglich, liebevoll und verständnisvoll zu widmen.

Die innere Stimme, die dich für das, was du fühlst, abwertet, kann so deutlich leiser werden und der fürsorgliche Anteil, der sich dem inneren Kind zuwendet, wird deutlich größer.
Auch hier gibt es wieder die wundervolle Einladung, uns unserem vergangenen seelischen Ballast zu widmen.

Um den roten Faden zu verstehen, wie wir in Beziehungen agieren, was auf unsere Glaubenssätze einwirkt, wie unser Bindungsstil entsteht, widmen wir uns im ersten Schritt der Entstehungsgeschichte ganz typischer innerer Kinder und der sich daraus möglicherweise entwickelten Art zu denken, zu fühlen und zu handeln.

Als Kinder haben wir Bedürfnisse, Gefühle und sind komplett abhängig von der Fürsorge unserer Eltern. Wir besitzen nicht die Reflektionsfähigkeit, zu unterscheiden, was mit mir als Kind etwas zu tun hat und was der Anteil meiner Bezugsperson ist. Wir beziehen alles auf uns. Die Beziehung zu unseren Bezugspersonen ist uneingeschränkt als wahr und richtig einsortiert. Dementsprechend können wir bei einem sehr fürsorglichen, liebevollen Umgang mit uns die innere Wahrheit abspeichern, dass wir willkommen, geliebt, gewünscht und wichtig genommen werden und so, wie wir sind, richtig empfinden.

Andersherum beziehen wir den kritischen Blick, die laute erhobene Stimme, die schlechte Laune, die emotionale Nichtverfügbarkeit, eine mögliche Kälte oder schlimmstenfalls Gewalt immer auf uns. Mit uns stimmt etwas nicht, wenn wir so behandelt werden.

Es gibt die Aussage: »Kinder hören nicht auf, ihre Eltern zu lieben, sondern sie hören auf, sich selbst zu lieben.«

Diese Prägungen haben Einfluss auf deine Art zu denken, zu fühlen und zu handeln. Das wiederum kannst du verändern.

Welchen Einfluss folgende Verhaltensweisen der Eltern auf deine Art zu denken, zu fühlen und zu handeln haben, sind hier anhand einiger Beispiele dargestellt:

Kritische Eltern: Sie haben dich gewappnet, gut mit den Herausforderungen des Lebens umzugehen. Die Anforderungen, die an dich gestellt wurden, hast du mit Bravour gemeistert. Sie haben dich dein Studium vielleicht mit Bestnoten abschließen lassen und du hast viel aus den Möglichkeiten des Lebens gemacht. Dabei ist aber allzu häufig deine körperliche Grenze überschritten worden und die Fähigkeit, deine Erfolge und das Leben wirklich zu genießen, sind meist nicht ausreichend ausgeprägt, wodurch ungesunde Kompensationsmuster (um den einhergehenden Stress gut zu bewältigen) entstanden sind.

Hier ist häufig ein sehr starker eigener innerer Kritiker entstanden. Du bist dir gegenüber selbstkritisch, hast Verlustangst, wenn du etwas falsch machst oder kannst mit Kritik überhaupt nicht umgehen – der Perfektionist oder Rebell in dir ist hier entstanden. Durch diesen inneren Rebellen trittst du heute die Herausforderungen des Lebens nur schwer an, übernimmst ungern Verantwortung und traust dir wenig zu. Damit bleiben deine Fähigkeiten und Talente jedoch unentdeckt im Raum der Potenziale.

Emotional nicht verfügbare Eltern: Du bist schon früh sehr selbstständig gewesen – tolle Eigenschaften, mit denen du dein Leben gut meistern kannst. Allerdings warst du als Kind oft mit deinen Gefühlen überfordert und allein gelassen. Du hast bereits in frühen Jahren gelernt, sehr viel Verantwortung für dich zu übernehmen. Das Gefühl, allein zu sein, ist

dir zutiefst bekannt. Du hast daraus eine Stärke der Unabhängigkeit entwickelt und bist die verlässliche Säule, weil du es zutiefst kennst, sich auf niemanden verlassen zu können.
Genau das aber macht es dir sehr schwer, insbesondere in sehr emotional schwierigen Phasen, wie jetzt in der Trennung, um Unterstützung zu bitten und vor allem auch Unterstützung anzunehmen.
Du machst viel mit dir allein aus (was auch definitiv gesund ist, wenn man seinen emotionalen Ballast nicht überall verteilt), aber es verhindert: Es verhindert die emotionale Begegnung in der Tiefe, nach der du dich sehnst. Sich abhängig zu machen, ist fast unmöglich. Dabei benötigt eine gesunde Beziehung ein gewisses Maß an Abhängigkeit, sich aufeinander zu beziehen.

Co-abhängige Eltern: Eltern, die sich um den Partner gekümmert und ihm die Verantwortung, sich selbst um Lösungen zu kümmern, abgenommen haben. Ein tolles Vorbild: Hier wurde sich gekümmert und einander versorgt. Die Kehrseite kann hier eine gewisse Retter-Dynamik sein: Eigene Bedürfnisse wurden zurückgestellt, Aufopfern für die Partnerschaft. Sehr häufig haben wir unbewusst die Retter-Rolle übernommen, um uns geliebt und wertvoll zu fühlen, wenn wir gebraucht werden. Sehr häufig finden wir uns dann in Beziehungen wieder, in denen eigene Grenzen zum Wohle des Partners geopfert, eigene Bedürfnisse hintenangestellt werden und viel zu viel Verantwortung übernommen wird. Ich höre dann häufig im Coaching: »Mein Partner war wie ein weiteres Kind, um welches ich mich kümmern musste.« In solchen Beziehungen werden dem anderen Rollen als Retter, Gebende oder Ersatzmutter übertragen. Auch sehr häufige Beziehungsdynamiken mit Suchterkrankten können hier einen Ursprung finden.

Pessimistische Eltern: Die Eltern, für die das Glas immer halb leer war. Zweifel, Ängste und negative »Was-wäre-wenn-Szenarien« waren an der Tagesordnung. Das Gute daran ist, dass du dein Leben unter Kontrolle hast. Du bist abgesichert und auf alle Eventualitäten vorbereitet. Allerdings kann es sein, dass du selbst zu häufig den Blick auf negative Aspekte legst, die Fähigkeiten, positive Erwartungen an das Leben zu haben, voller Vertrauen und Neugierde deinen Neubeginn zu kreieren, sind sehr

eingeschränkt. Kontrolle vermittelt ein hohes Gefühl von Sicherheit, aber gerade in den Trennungsphasen kommen wir an den Punkt, wo uns die Kontrolle entgleitet. Keinen Einfluss mehr auf den Partner und die Situation zu haben, kann sehr beängstigend sein.
Wenn es glückliche Momente gibt, sind diese nur bedingt genießbar, weil man ja schon erwartet, dass auf etwas Positives zwangsläufig etwas Negatives folgen muss. Die Fähigkeit zu genießen, wird immer wieder durch die aufsteigenden Ängste durchbrochen.

Kontrollierende Eltern: Sie wollten dich schützen – schützen vor Fehlern und möglichen Konsequenzen, oft gepaart mit einem hohen Fokus auf Leistung.
Du hast dich angestrengt und mögliche Fehler direkt eliminiert. Dazu hast du dir ein hohes Wissen und viele Fähigkeiten angeeignet, die dir im Leben sehr nützlich sind.
Leider fehlt hier die Erfahrung, dass natürliche Konsequenzen deines Verhaltens eine Folge sind. Konsequenzen wurden hier sehr häufig ersetzt durch Bestrafung.
Das hatte allerdings zur Folge, dass du durch die Angst, etwas falsch zu machen, wenig Selbstbewusstsein entwickeln konntest und ein hoher Leistungsdruck bis hin zum Perfektionismus entstanden sein kann.
Möglicherweise spiegelt sich das in äußeren Beziehungsdynamiken, die dich manipulieren und von einem hohen Macht- und Kontrollgefüge sowie Kampf gekennzeichnet sind. Der Gegenpart ist auch hier die Neigung zur Rebellion. Alles, was sich nach Kontrolle anfühlt, wird unbewusst rebelliert, indem genau das Verhalten an den Tag gelegt wird, welches durch die Kontrolle verhindert werden sollte.

Diese Prägungen definieren den Glauben über uns selbst. Hier ist die Basis von Selbstvertrauen, Selbstwert und den inneren Überzeugungen entstanden.

Diese nehmen wir jetzt Stück für Stück auseinander. Beginnen wir mit dem Glauben über dich selbst.

Glaubenssätze über dich

Es geht auf deinem Weg nicht darum, etwas zu werden. Es geht darum, alles abzuwerfen, was du nicht bist, sodass du das sein kannst, wofür du bestimmt bist.

Paulo Coelho[9]

Glaubenssätze sind die unbewusste Grundlage unseres Handelns. Gebildet haben sie sich aus den Erfahrungen der Vergangenheit. Dies hat zu Gedanken über uns und damit verbundenen Gefühlen geführt. Das Resultat ist damit eine innere Überzeugung unseres Selbst.

Glaubenssätze sind tiefste, unbewusste Überzeugungen. Die Klassiker der Glaubenssätze:

- »Ich bin nicht gut genug.«
- »Ich kann niemandem trauen.«
- »Ich darf nicht wütend/traurig/ärgerlich sein.«
- »Ich darf keine Fehler machen.«
- »Nur, wenn ich etwas leiste, werde ich geliebt.«
- »Ich muss alles allein schaffen.«
- »Ich bin unsportlich/zu dumm/zu dick.«
- »Ich darf anderen nicht zur Last fallen.«
- »Ich schaffe das nicht.«

In den Phasen der Trennung sind diese Glaubenssätze sehr sichtbar, da die Trennung unseren tiefsten Kern berührt und wir verunsichert sind.

Das ist die Chance, bestehende Glaubenssätze unter die Lupe zu nehmen und ungünstige neue Überzeugungen, welche sich durch die Trennung entwickeln könnten, gar nicht erst entstehen zu lassen.

Wie entstehen diese Überzeugungen?
Sie entstehen aus den Erfahrungen deines Lebens. Diese prägen dein Selbstbild und wie du die Welt und andere Menschen wahrnimmst. Prägend ist hierbei das Elternhaus, aber auch das soziale Umfeld und jetzt natürlich die Erfahrung der Trennung. Wie diese Prägungen entstehen, haben wir bereits bei den inneren Kindern beleuchtet. Jetzt gilt es, die vielleicht dadurch entstandenen Überzeugungen zu verändern.

Glaubenssätze sind leider nicht nur Sätze, sondern Systeme oder innere Gesetze, die unsere Gedanken, unsere Gefühle und unser Handeln bestimmen. Wenn wir sie mal genauer unter die Lupe nehmen, dann ist der Blick auf die Chakren, die Energiezentren unseres Körpers, sehr hilfreich, um zu verdeutlichen, wie sich die Glaubenssätze in unserem kompletten Wesen ausbreiten.

Ich nehme hier mal exemplarisch die innere Überzeugung, nicht gut genug zu sein.

Im Bereich des Wurzelchakras, welches für Urvertrauen, innere Sicherheit und Stabilität steht, kann der Glaubenssatz »Ich bin nicht gut genug« dafür sorgen, dass wir kein stabiles Vertrauen in unsere Fähigkeiten und Talente entwickeln. Er löst außerdem aus, nicht zu glauben, dass wir gut sind, wie wir sind, und damit immer wieder an uns selbst zweifeln und uns nicht vertrauen.
Das kann dann in der Praxis so aussehen, dass wir immer mehr Fachwissen anhäufen, um gut genug zu sein, dass wir vor Prüfungen immer in extreme Ängste verfallen, immer 120 Prozent geben oder uns in Beziehungen verlieren, in denen wir uns unsicher fühlen.

Im Bereich des Sakralchakras, in dem der Bereich der Gefühle, emotionalen Fülle, eigenen Grenzen, Kreativität und Sexualität angesiedelt ist und in dem wir vom Perfektionismus angetrieben sind, nur noch die To-do-Listen »abzuarbeiten«, die Genussfähigkeit reduziert ist und wir kaum mehr Raum für Kreativität oder gesundes Chaos haben, kann der Drang, alles kontrollieren zu wollen, sehr ausgeprägt sein. Der Grund dafür ist, dass wir uns vor der Gefahr schützen wollen, nicht »gut genug zu sein«, und damit unseren eigenen Ansprüchen nicht gerecht zu werden. Performance in allen Bereichen steht über »Einfach mal gut sein lassen«.

Im Bereich des Nabel- bzw. Solarplexuschakra, welches für das Bedürfnis nach Distanz und Nähe, den eigenen Selbstwert, Mut und Bewegung außerhalb der Komfortzone steht, kann der Glaubenssatz hindern, zu neuen Ufern aufzubrechen. Der eigene Wert ist gerade durch die Trennung fragil und der Mut, sich auf neue Erfahrungen einzulassen, gegen null. Sehr häufig wird dies auch gespiegelt in Beziehungserfahrungen, in denen wir permanent unseren Wert durch Leistung beweisen mussten oder wo wir uns auf die Erfüllung der Bedürfnisse des Partners konzentriert haben und damit die Nähe zu uns selbst und unseren Bedürfnissen ein Stück weit verloren haben.

Im Bereich des Herzchakras, welches für Verbundenheit, Leben, Lieben, Dankbarkeit, Hingabe, Demut und auch der Aufgabe von Bewertungen steht, findet eine große Selbstverletzung statt. Wenn wir die tiefe Überzeugung in uns tragen, nicht gut genug zu sein, und dieser Glaubenssatz unser Leben bestimmt, dann verletzen wir uns immer weiter. Die Liebe zu uns selbst ist abhängig von der eigenen Bewertung und von dem, was wir erreichen oder leisten und ob wir damit erfolgreich oder »gut genug« sind.

Im Bereich des Halschakras, welches den Ausdruck eigener Wünsche und Bedürfnisse, Authentizität und die Fähigkeit, die eigene Stimme zu nutzen verkörpert, kann das Beste zu geben sehr häufig bedeuten, die Signale unseres Körpers zu überhören und eigene Bedürfnisse nach Ruhe und Pause hintenanzustellen. Da hier auch die Angst vor Ablehnung angesiedelt ist, bleibt uns ein kraftvolles Nein sprichwörtlich »im Halse stecken«.

Im Bereich des Stirnchakras, der intuitiven Wahrnehmung, der inneren Welt und der inneren Stimme kann der Glaubenssatz »Ich bin nicht gut genug« die Wahrnehmung unserer Innenwelt auf ein Minimum reduzieren. Wenn ich die innere Stimme, die innere Welt, wahrnehme und ihr mal lauschen würde, was würde sie mir wohl erzählen? Weiter so wie bisher? Damit ist ein Wegsehen nicht mehr möglich. Mit diesem Glaubenssatz müssen wir »funktionieren«, denn wie soll das gehen, wenn ich der inneren Weisheit folgen würde, ihr überhaupt mal zuhöre, müsste ich dann etwas verändern? Das wäre vollkommen entgegen meinem Wesen.

Dann kann uns das Kronenchakra, unser höheres Selbst, zur Seite stehen, welches eigentlich genau weiß, was gut für uns wäre und uns den Weg leitet. Hier ist auch der Mut zur Einzigartigkeit angesiedelt und der fängt im ganz Kleinen an: nämlich mit dem Mut, mal nach innen zu lauschen und nachzuhören, ob ich mich eigentlich auf dem richtigen Weg befinde oder ob es nicht mal Zeit für einen Mut-Ausbruch ist und mich an die erste Stelle zu setzen, dabei alles aus dem Weg zu räumen, was meinen Glauben, ich sei nicht gut genug, noch in mir aufrechterhält.

Ich denke, hier wird erneut sichtbar, weshalb eine innere Überzeugung nicht nur ein Satz ist und weshalb kleine Reminder am Spiegel, beispielsweise »Ich bin gut so, wie ich bin!«, als positive Affirmation unterstützend, aber nicht ausreichend sind, um das System wirklich von der Wurzel her zu verändern.

Wenn wir verstanden haben, wie diese Überzeugung in uns an ganz anderer Stelle entstanden ist und der Glaubenssatz jetzt in der Trennung vielleicht wieder aktiviert oder ein neuer Glaubenssatz sichtbar wurde, beziehungsweise durch die Trennungserfahrung neue Überzeugungen über dich selbst gebildet werden können, dann gehen wir jetzt den ersten Schritt, um eine neue Überzeugung zu bilden.

Wenn die Überzeugung entstanden ist: »Ich bin nicht gut genug« oder ein anderer Glaubenssatz, dann sind auch hier wieder alle Aspekte unserer Wahrnehmung aktiv.

Mit dieser Überzeugung sind auch wieder unsere Gedanken, Gefühle, Körperempfindungen und Erinnerungen aktiv.

Der Gedanke ist relativ schnell formuliert: Dein Glaubenssatz.
Es ist unmöglich, neue Überzeugungen zu installieren, wenn diese nur aus einem neuen Gedanken heraus entstehen.
Um noch einmal auf den kleinen Zettel am Spiegel zurückzukommen: Schau in den Spiegel, lächle dich an und sag dir, wie wunderbar du bist. Dein neuer Gedanke über dich ist damit sichtbar positioniert. Perfekt.

Funktioniert es? Im ersten Moment nicht, weil wir unser Gefühl nicht betrügen können.
Das heißt, es benötigt noch einen weiteren Schritt, nämlich die aufkommenden Gefühle anzunehmen, wenn wir uns eingestehen, dass wir nicht perfekt sind und auch niemals sein werden. Dann kommt unsere Freude, das Schamgefühl oder die Wut über uns selbst, weil wir vielleicht manches Mal doch nicht alles perfekt gemacht haben oder, oder, oder.

Diese Paarung aus Gedanken und Gefühlen ergibt unsere innere Überzeugung. Diese Mischung muss auf beiden Ebenen aufgelöst werden: in den Gedanken und in den Gefühlen.

Doch Glaubenssätze sind tricky. Sie suchen immer wieder nach Bestätigung, dass wir nicht gut genug sind – völlig verrückt – aber wir suchen unbewusst immer wieder nach Wahrheit. Wahrheit bedeutet in dem Fall, dass du deine innere Überzeugung bestätigt bekommst und daher immer wieder unbewusst Menschen anziehst, die dir gegenüber sehr kritisch eingestellt sind und denen du nicht »gut genug« bist.

Dann wird ein Prozess in Gang gesetzt, denn du möchtest ja immer noch beweisen, dass du gut genug bist. Auf deiner Handlungsebene kann es dann so aussehen, dass du immer 120 Prozent gibst oder zu viel Verantwortung übernimmst und dich um alles kümmerst.

Das kann eine Weile sehr gut funktionieren, auf Dauer überschreitest du allerdings deine eigenen Grenzen, Bedürfnisse und deine Gefühle werden zu häufig hintenangestellt.

Hach, herrlich vertraut fühlt sich das an! Diese Gefühle kennt unser Gehirn ja aus unseren ersten prägenden Erfahrungen, sie sind also sicher und damit vertraut. Aber unser Hirn fragt nicht, ob wir uns wohlfühlen oder ob wir die Grenze zur Selbstaufopferung bereits überschritten haben. Das ist dann der Körper, der antwortet: die Erschöpfung, das Ausgebranntsein, die Müdigkeit, die Frustration, das Gefühl der verlorengegangenen Lebensfreude und Leichtigkeit.

Damit sind wir auf der Ebene der Körperempfindungen.

Das Spiel geht so lange, bis du entweder an deine persönlichen Grenzen kommst oder jetzt in der Trennung die Wut aufkommt: »Ich habe alles gegeben und es hat nicht gereicht!« Du fühlst dich um die »Belohnung« betrogen. Schließlich hast du alles getan und dann hat es doch in einer Trennung geendet.
Dann sind wir an dem Punkt, wo wir nicht mehr wissen, was wir noch tun können, um endlich zu reichen, und dieser Punkt ist so enorm wichtig, weil er uns direkt in die mit den Glaubenssätzen verbundenen Gefühle führt. Das Gefühl der Ohnmacht, Hilflosigkeit, der Fassungslosigkeit, Wut, der Scham und der Schuld – all das zeigt sich jetzt in voller Pracht und das ist perfekt!
Es geht nicht mehr darum, mehr zu machen, sondern sich den Gefühlen zu widmen.

Es geht darum, die Gefühle, die unseren inneren Überzeugungen zugrunde liegen, wahrzunehmen und damit den Raum für neue positivere Überzeugungen zu schaffen.
Aus »Ich bin nicht gut genug«, wird dann ein echtes »Ich bin gut so, wie ich bin!« und »Ich darf Fehler machen!«.

Was kannst du jetzt tun?

Bisherige Glaubenssätze identifizieren:

- Notiere deine Gedanken. Welche Glaubenssätze zeigen sich in deinen Gedanken?
- Kannst du mit absoluter Sicherheit wissen, dass das wahr ist?
- Gab es auch andere Situationen oder Personen, bei denen du dich richtig gefühlt hast?
- Welche Gefühle zeigen sich bei diesen Gedanken?
- Welche Körperempfindungen zeigen sich bei diesen Gedanken?

Gib ihnen Raum und schenke ihnen Aufmerksamkeit.

Neue Glaubenssätze erschaffen:

- Welchen Gedanken möchtest du anstatt dessen glauben?
- Wie wäre dein Leben mit diesem neuen Gedanken?
- Welches Gefühl löst dieser neue Gedanke in dir aus?
- Spüre dieses Gefühl in deinem Körper, gib ihm Raum.
- Wie ändert sich dein Körperempfinden?
- Bei welcher Situation oder Person kannst du dich heute schon so fühlen?

Glaubenssätze sind die Basis unseres Verhaltens, daher dürfen wir hier die Handlungsebene noch ins Visier nehmen.

Wenn diese neue Überzeugung über dich Gültigkeit hat, wie würdest du anders handeln?

Vielleicht würdest du deine Bedürfnisse neu priorisieren, mehr Pausen einlegen, dich mehr deinem Körper widmen, mehr Nein sagen, mehr zu dir stehen oder alte Gewohnheiten loswerden.

- Wie würdest du handeln?
- Wie würdest du dann kommunizieren?
- Welches Gefühl löst diese Vorstellung einer neuen Handlung und Kommunikation in dir aus?

- Spüre dieses Gefühl in deinem Körper, gib ihm Raum.
- Wie ändert sich dein Körperempfinden?
- Wie würdest du dich kleiden und bewegen? Was strahlst du aus?
- Was würde sich dann im Außen für dich ändern?

Wenn wir Glaubenssätze und die Ebene der Handlung verändern möchten, werden tiefe Ängste berührt.

Dann begrüßt uns die Angst vor Ablehnung, Kritik, Fehlern, dem Verlassenwerden und die Angst vor dem Alleinsein.

Welche Angst steht hinter deinen Handlungen?

Handelst du aus Leichtigkeit, Freude und Liebe zu dir selbst oder eher aus Druck, Erwartung oder den oben genannten Ängsten heraus?

Welche Erwartungen haben andere an dich?
Welche Erwartungen entstehen aus diesen Handlungen?
Wie würdest du aus Liebe zu dir selbst handeln?

Welchen Druck machst du dir selber?
Welche Handlungen entstehen aus diesem Druck?
Wie würdest du wiederum aus Liebe zu dir selbst handeln?

Welche Ängste sind in dir aktiv?
Welche Handlungen entstehen aus diesen Ängsten?
Wie würdest du wiederum aus Liebe zu dir selbst handeln?

Ich denke, hier wird erneut deutlich, wie sehr die innere Überzeugung unsere äußere Welt bestimmt.

Das, was jemand
von sich selbst denkt,
bestimmt sein Schicksal.

Mark Twain[10]

Dieses Bewusstsein über die Zusammenhänge lässt uns auch erst die Möglichkeit gewinnen, unsere äußere Welt zu verändern und damit auch den Kreislauf aus ungesunden Beziehungskreisläufen zu unterbrechen oder die Klarheit zu gewinnen, was ich in einer neuen Beziehung nicht mehr erleben möchte.

Damit widmen wir uns jetzt dem nächsten Teil: ungesunde Beziehungserfahrungen und der Wunsch nach Veränderung.

Beziehungserfahrungen unter der Lupe

Oder: »Das passiert mir nie wieder.« In der Praxis hört sich das so an:

- »Ich habe mich für die Beziehung in meinen Bedürfnissen zurückgestellt und fühle mich jetzt, nach dem »Scheitern« der Beziehung, um meine ›Belohnung‹ betrogen.«
- »Ich war immer für ihn da und habe ihn emotional mit Problem XY (sehr häufig bei seinem Alkoholproblem, seiner Depression, beim Umgang mit den Schwierigkeiten auf seiner Arbeitsstelle etc.) unterstützt, fühle mich aber völlig ausgebrannt und habe auch immer gedacht, wenn er endlich seine Probleme meistert, dann kann er für mich da sein.«
- »Ich war immer für ihn da. Dann wollte ich Veränderung und wurde ausgetauscht und ersetzt!«
- »Ich dachte, nach über 15 Jahren Ehe würde ich meinen Mann kennen, aber von jetzt auf gleich war er weg – unfassbar!«

- »Irgendwie habe ich das Gefühl, ich weiß gar nicht mehr, mit wem ich da zusammen war.«
- »Ich habe mich in der Beziehung immer für alles zuständig und mich sehr allein gefühlt. Das war für mich normal.«
- »Ich habe mich immer dafür zuständig gefühlt, dass es meinem Partner gut geht, habe meine Bedürfnisse hintenangestellt und oftmals nur funktioniert.«
- »Ich habe so viel getan und habe dennoch nicht gereicht. Nun stehe ich wieder am Ende einer Beziehung.«
- »Ich habe mich so bemüht und bin einfach ausgetauscht und ersetzt worden. Ich habe das Gefühl, überhaupt nicht gesehen zu werden oder eine Bedeutung hinterlassen zu haben.«
- »Ich fühle mich wie eine total beziehungsunfähige Versagerin!«

Das Dilemma der Reinszenierung oder die unerfüllten Bedürfnisse: Was passiert hier eigentlich?

Wir haben eine Blaupause in uns angelegt, wie Beziehung funktioniert. Die Beziehungserfahrungen mit unseren ersten Bezugspersonen und den ersten Partnern, die wir erfahren haben, sind prägend für das, was wir unter »Beziehung« verstehen. Daraus ist ein Bewusstsein entstanden, was wir als angenehm und funktionierend erlebt haben. Auch haben wir eine Vorstellung davon bekommen, was wir definitiv nicht mehr wiederholen möchten.
Aber weshalb weicht denn dann die Realität unter Umständen deutlich von dem ab, was ich mir eigentlich wünsche, oder weshalb wiederholen sich die Erfahrungen?

Hier gilt es auch wieder, die verschiedenen Ebenen der Verarbeitung zu betrachten. Häufig sind Erfahrungen kognitiv verarbeitet – auf der Ebene des Verstandes. In einer Beziehung sind wir aber immer zu viert. Ich, mein Gegenüber und die jeweiligen inneren Kinder: die inneren Kinder der Gefühle und die daraus entwickelten Ängste auf der Ebene des Nervensystems. Hier ist jede Erfahrung gespeichert und all diese Faktoren wirken auf unbewusster Ebene in jeder Beziehung mit ein.

Die entscheidenden Faktoren sind dann, wie viel Kind in der Beziehung ist, wie bewusst ich mir meiner Prägungen bin und wie ich mit den auftretenden Emotionen umgehe: Wie viel »Schuld« gebe ich meinem Partner, dass ich mich fühle, wie ich mich fühle? Kann ich erkennen, wie viel »Schuld« er wirklich hat? Wie abhängig sind mein Wohlbefinden und die Erfüllung meiner Bedürfnisse von meinem Partner?

Wenn wir uns die Ebene des inneren Kindes ansehen, dann wird es wahrscheinlich sein, dass wir nicht in allen Bereichen unseres Heranwachsens die Erfahrung von Sicherheit und Fürsorge erfahren haben.

Die Entstehung der inneren Kinder, Prägungen und inneren Überzeugungen haben wir bereits durchleuchtet.

Dies ist häufig verbunden mit einem tief verletzten Selbstwert, tiefen Schamgefühlen und einem Haufen unerfüllter Bedürfnisse und Sehnsüchte.

Diese Gefühle, Überzeugungen und Sehnsüchte nehmen wir mit hinein in alle zukünftigen Beziehungen.
Als Erwachsene treffen wir dann auf Partner, die uns unsere Sehnsüchte zu erfüllen scheinen, und eine Beziehung entsteht.
Gleichzeitig ist die Partnerschaft nicht nur der Ort, an dem Bedürfnisse erfüllt werden, sondern auch der Ort, an dem meine kindlichen Gefühlszustände wieder aktiviert werden.

Sigmund Freud, der Begründer der Psychoanalyse, hat den Begriff »Inszenierung«, oft als »Wiederholungszwang« in seinen Schriften bezeichnet, entwickelt, um ein Phänomen zu beschreiben, bei dem wir unbewusst versuchen, bedeutsame Ereignisse aus der Vergangenheit in der Gegenwart zu wiederholen.[11]

Dies ist das Drama der Reinszenierung, der Suche nach sicherer Bindung, ein verzweifelter Versuch, es dieses Mal besser zu machen und die vergangenen Erfahrungen jetzt endlich mit einem guten Ende zu überschreiben.

»Wenn ich mich noch mehr anstrenge ...«, »Wenn ich mich noch mehr zurücknehme ...«, »Wenn ich ...«, »Wenn ich ...«, »Wenn ich ...«, dann werde ich endlich geliebt und gesehen und kann mich daher als wertvoll und liebenswert betrachten und die Beziehung aufrechterhalten – täglich grüßt das Murmeltier! Das machen wir nach der Trennung unendlich lang in unseren Gedanken: Wir suchen den Faktor, an dem wir etwas hätten anders machen können. Absolut sinnvoll, um für die Zukunft zu lernen; absolut sinnlos, damit die Vergangenheit zu ändern und umzuschreiben.

Neben den inneren Kindern und unerfüllten Bedürfnissen, begegnen wir in unseren Beziehungen unseren tiefsten Ängsten: Verlustängste, die Angst vor Ablehnung.

Aber eins nach dem anderen: Im ersten Schritt schauen wir erneut auf die Erfahrungen, die noch aus der aktuellen Trennung wirken und aus früheren Beziehungserfahrungen nachwirken.

Auf der Suche nach den offenen Posten aus der Trennung oder aber auch auf der Suche nach noch auszumistenden Beziehungserfahrungen, sind Vorwürfe dienliche Hinweise auf das, was noch nicht verarbeitet ist.

Vorwürfe

Substantiv, maskulin [der]

Äußerung, mit der jemandem etwas vorgeworfen, jemandes Handeln, Verhalten gerügt wird

Bei den Vorwürfen geht es dabei nicht um politische Korrektheit, sondern nur darum, die Dinge zu benennen. Denn das, was sichtbar wird, kann verändert werden.

*Jemand anderem Vorwürfe zu machen,
ist wie selbst Gift zu trinken,
in der Hoffnung daran,
dass der Andere stirbt.*

Nelson Mandela[12]

Vorwürfe, die noch eine Ladung an Wut, Verbitterung, Trauer, Scham oder Schuld in sich tragen. Das ist das schleichende Gift, welches uns innerlich noch vergiftet. Unbewusst wirken diese Emotionen weiter, wie ein Stachel, der noch nicht gezogen ist. Den dahinterliegenden Schmerz gilt es auf jeden Fall zu vermeiden, um diese Wunden zu schützen.

Es ist erstaunlich, was wir alles dafür tun, um Schmerz zu vermeiden: all die Muster und Verhaltensweisen, die entstehen und die wir in die nächste Beziehung mitnehmen.

Dann lass uns mal eintauchen in die Vorwürfe:

Welche Vorwürfe machst du deinem Ex-Partner?

- Du hattest nie/zu wenig Zeit.
- Du hast mich nicht beschützt.
- Du warst oft distanziert und kalt.
- Ich habe mich nicht wirklich gewollt gefühlt.
- Du hast mich nicht gesehen.
- Du hast mir immer nur was vorgejammert, aber nichts verändert.
- Du hast mich nie richtig umarmt und wenn, dann nur, um Sex zu bekommen.
- Du hast mich mit deinen Problemen belastet.
- Ich sollte keinen Stress machen.

- Du hast alle Probleme unter den Teppich gekehrt.
- Du hast nie den Mund aufgemacht.
- Was die anderen denken, war wichtiger.
- Du hast mein Vertrauen missbraucht und mich verraten.
- Du hast dich kaum für mich interessiert.
- Du warst oft distanziert und eiskalt.
- Ich musste mich immer um alles kümmern: zu zweit allein.
- All die Lasten und Verantwortung für die Beziehung lagen bei mir.
- Ich hatte immer das Gefühl, ich muss um alles kämpfen: Zeit, Aufmerksamkeit etc., nie kam etwas freiwillig.
- Ich hatte nie das Gefühl, dass wir ein Team waren.
- Du hast mich im Stich gelassen.
- Du hast mich oft gedemütigt.
- Du hast mir selten gesagt, dass du gern mit mir in einer Beziehung bist.
- Ich hatte oft das Gefühl, du freust dich nicht darüber, einfach nur Zeit mit mir zu verbringen, meine Nähe zu genießen, ohne dass ich etwas zurückgeben muss.
- Du hast nur die eine Version von mir geliebt, alles andere war nicht willkommen.
- ...

Hier ist jetzt eine große Chance, aufzuräumen und noch eine Etage tiefer zu tauchen.

Komme Erfahrungen auf die Spur, die noch nicht vollständig verarbeitet sind und noch in deinem Gefühlszentrum und Nervensystem abgespeichert sind, Erfahrungen, mit denen du noch nicht zu 100 % im Frieden bist.

Wem machst du noch Vorwürfe? Welcher Ex-Partner oder welches Elternteil taucht vielleicht jetzt gerade ganz kurz vor deinem inneren Auge auf?

Nimm dir eine kurze Pause, atme tief durch und stell dir innerlich die Frage, mit wem du noch nicht wirklich fein bist? Dann vertraue auf den ersten Impuls. Ich bin immer wieder fasziniert, was für alte Kamellen auftauchen, wenn wir das Unterbewusstsein im Coaching mit dieser Frage aktivieren, und welche Wucht an Emotionen noch daran gebunden ist.

Es geht hier in keiner Weise darum, deine Eltern oder Ex-Partner an den Pranger zu stellen. Sie haben vermutlich im Rahmen ihrer Möglichkeiten das Beste gegeben, zu dem sie in der Lage waren. Es gibt aber ein »sowohl als auch«. Du kannst dankbar sein für die Dinge, die sie richtig gut gemacht haben, aber auch die Dinge benennen, die dir immer noch Unfrieden bescheren.
Unter dem Deckmäntelchen »Ach, ist ja vergangen« und »Eigentlich war alles gut«, »Ach, das ist ja schon so lange her, da ist ja schon Gras drüber gewachsen« liegt so viel Potenzial - auch auf der Gefühlsebene - um die gespeicherten Körperempfindungen vollständig zu verarbeiten, damit alte Wiederholungsmuster und Kreisläufe endgültig verlassen werden können.

Was machen wir jetzt mit den identifizierten Vorwürfen?

Um auch hier wieder die Erfahrungen zu Erinnerungen zu verarbeiten, dürfen wir uns auch hier wieder liebevoll den dabei noch aktiven Gefühlen in uns zuwenden.

Welche Gefühle möchten noch gesehen und gespürt werden? Wissen und Kopfarbeit verändert nichts, wenn die emotionale Ladung noch in dir aktiv ist.

Welche Gefühle lösen die Erinnerungen an deine Beziehungen noch heute in dir aus?

Nimm dir Zeit und fühle die dazugehörigen Emotionen und Körperempfindungen. Unterstützend bieten sich hier geführte Meditationen an, die dich in einen entspannten Bereich eintreten lassen, in welchem dein Unterbewusstsein aktiviert wird und der Verstand in den Hintergrund rückt, um die Ebene der Gefühle zu erreichen und die Gefühle damit wahrnehmen zu können.

Oftmals ist dann auch der Punkt erreicht, an dem wir zwar mit dem Verstand die Dinge benennen können, aber die Fähigkeit, diese Gefühle zuzulassen, ist noch eingeschränkt. Hier empfiehlt sich dann eine Unterstützung sowie ein sicherer Rahmen im Coaching, um sich dieser inneren Tiefe zu widmen.

Nein, du benötigst keine Dauertherapie, um aufzuarbeiten, und Nein, du musst die Situationen von damals nicht mehr durchleben. Es geht nur darum, die Emotionen, die heute noch aktiv sind, wahrzunehmen und ihnen Raum anzubieten.

Um die Erfahrungen von sexuellem oder emotionalem Missbrauch oder physischer Gewalt zu verarbeiten und eine Retraumatisierung zu verhindern, ist aus meiner Perspektive eine traumasensible Begleitung unabdingbar, um die Folgen der Erfahrungen und die Auswirkungen auf dein heutiges Empfinden sowie den Einfluss auf dein jetziges Beziehungsleben deutlich zu verbessern.

Auch hier: Nein, es benötigt kein Eintauchen in die Erfahrung von damals. Es bedarf lediglich eines Raumes, wo die Gefühle des Ausgeliefertseins, der Ohnmacht, Hilflosigkeit und Bedrohung Raum finden können und die Anspannung im Körper zugelassen werden kann: einen Raum des »Sich Hinwendens« mit der sicheren Hand der Begleitung.

Aber was steckt denn alles in den Vorwürfen? Auch hier bedarf es einer anderen Perspektive.

Wenn wir die Formulierungen der Vorwürfe verändern, kommen wir unserem Thema dahinter auf die Schliche: Indem wir den Vorwurf umformulieren, mit dem, was wir gerade an Ängsten oder Bedürfnissen empfinden.

Vorwurf: »Du bist nie für mich da!«
Worum geht es? »Ich brauche dich gerade, da ich mich allein fühle.«

Vorwurf: »Du hast mich nicht beschützt!«
Worum geht es? »Ich habe mich sehr allein und verlassen gefühlt und habe Angst, dass du nicht mehr hinter mir stehst.«

Vorwurf: »Ich musste mich immer um alles kümmern: zu zweit allein!«
Worum geht es? »Ich habe nicht mehr das Gefühl, dass die Aufgaben noch gerecht verteilt sind. Mein Bedürfnis, mich zu entspannen, geht verloren, weil ich weiß, dass du die Fäden nicht genauso in der Hand und den Überblick nicht hast. Ich fühle mich nicht unterstützt und das Gefühl von Zusammengehörigkeit geht mir gerade verloren.«

Vorwurf: »Du hast mich mit deinen Problemen belastet!«
Worum geht es? »Ich verbringe sehr viel Zeit damit, eine Lösung für deine Probleme zu finden, und ich verliere das Vertrauen in dich, dass du erwachsen genug und in der Lage bist, für deine Probleme die Verantwortung zu übernehmen und vor allem nach Lösungen zu suchen.«

Die Art der Sichtweise ändert etwas. Wir finden über die Vorwürfe zu unseren Gefühlen und vor allem zu unseren Bedürfnissen.

Ungestillte Bedürfnisse oder auch die Phase des Vermissens

Bedürfnisse, die wir in Beziehungen nicht erfüllt bekommen haben, werden zur Bedürftigkeit. Bedürftigkeit, oder wie es heute so abwertend formuliert wird: der Mangel. Abwertend dahingehend, weil in uns eine wirklich tiefere, innere Not entsteht. Sich nicht geliebt und unterstützt sowie einsam zu fühlen, sind schlimme innere Zustände, die uns an den Rand unserer Verarbeitungskapazitäten bringen. Auch hier bedarf es einer umfassenden Bestandsaufnahme, welche Nöte da eigentlich in uns aktiv sind und wie wir bisher versucht haben, diese Not zu lindern.

Bedürfnisse, die wir in Beziehungen nicht erfüllt bekommen haben, werden zur Bedürftigkeit: Bedürfnisse, die wir in Beziehungen mit anderen nicht erfüllt bekommen haben. Heute sind wir erwachsen und ein weiterer Schritt, Verantwortung zu übernehmen, ist, uns in der Beziehung mit uns selbst um unsere Bedürfnisse zu kümmern.

Das ist auch der Faktor, weshalb wir so lange bleiben und auch nach der Trennung nicht loslassen können. Bedürftigkeit ist hartnäckig. Wir sind nicht in der Lage, zu gehen, wenn wir feststellen, dass unsere Bedürfnisse hier nicht erfüllt werden können. Die Hoffnung auf die Erfüllung hält uns viel zu lange an diesem Ort fest, lässt uns nicht ganz loslassen und die innere Not lässt uns relativ »blind« in die nächste Beziehung »stolpern«. Das ist, als würde man hungrig einkaufen. Am Ende ist der Wagen ziemlich voll, aber ob es uns wirklich nährt und guttut, stellen wir erst später fest.

Bedürftigkeit entsteht aus der Hoffnung heraus, dass unsere unerfüllten Bedürfnisse mit diesem oder dem nächsten Partner erfüllt werden. Wir sind im »Haben-wollen«-Modus, der uns blind für Fakten macht.

Welche Bedürfnisse gibt es denn so? Wonach hungert es uns wirklich? Welche Sehnsucht ist jetzt in der Trennung am aktivsten?

Wir sehnen uns nach einer Umarmung, Geborgenheit, einem offenen Ohr, dem Wunsch, unser Leben mit jemandem zu teilen, nach Momenten der Gemeinsamkeit, Lachen, Leichtigkeit, tiefer Verbindung, Unterstützung und Beistand, nach echter Nähe, einem Gefühl von Zugehörigkeit.

- Verbindung | Kontakt
- Liebe zu geben und zu empfangen
- Umarmung, Geborgenheit, Mitgefühl
- Zuhören, jemand ist für mich da
- Freiheit, mit einem Partner »durchbrennen«
- Unterstützung und Beistand
- Wohlbefinden
- Gemeinschaft, das Leben mit jemanden teilen
- Sicherheit durch gelebte Partnerschaft
- Leichtigkeit durch das Teilen mit einem Partner
- Vergnügen, welches mit einem Partner intensiver empfunden wird
- Neue Erfahrungen kreieren
- Verständnis und Wohlwollen, Mitgefühl durch einen Partner
- Leidenschaft: körperlich und durch gemeinsame Interessen
- Genuss, welcher mit einem Partner intensiver empfunden wird
- Abwechslung
- Wertschätzung, gesehen und gehört werden

- Anerkennung, jemand, dem es wichtig ist, dass es uns gibt
- Lebendigkeit, die mit einem Partner intensiver empfunden wird

Was ist denn jetzt so fies an diesen Bedürfnissen – das sollte ja eigentlich Standard in Beziehungen sein?

Sollte es, genau. Hierin liegt die Krux. Wenn wir dieser Bedürfniserfüllung im Außen hinterherjagen, dann übernehmen wir nicht die Verantwortung, diese Bedürfnisse selbst zu erfüllen, und damit begeben wir uns in eine Form der Abhängigkeit: Abhängigkeit dahingehend, dass andere sich um unsere Bedürfnisse kümmern müssen. Diese Abhängigkeit hält uns nach der Trennung auch noch lange in der Sehnsucht. Es geht hier in den meisten Fällen in der Phase des Vermissens nicht mehr um den Ex-Partner oder die Ex-Beziehung. Es geht um die schönen Gefühle, denen wir hinterhertrauern.

Wenn wir diesen Kreislauf durchbrechen möchten, dürfen wir im ersten Schritt Verantwortung für die Erfüllung unserer Sehnsüchte und Bedürfnisse übernehmen und das ist in erster Linie die Verantwortung für unsere Gefühle. Alle Sehnsüchte und Bedürfnisse sind mit zwei Gefühlen verknüpft: dem Gefühl, welches wir in uns tragen, weil wir das Bedürfnis nicht erfüllt bekommen haben, und die Sehnsucht nach dem Gefühl, welches sich einstellen würde, wenn das Bedürfnis erfüllt ist. Beides können wir in uns wahrnehmen und kreieren.

Wie sieht das in der Praxis aus?

Nach der Trennung bin ich allein, Single. Dann können vermehrt Gefühle der Einsamkeit auftauchen. Das Bedürfnis nach Kontakt und Verbundenheit mit jemand anderem entsteht.

»Wenn ich erst wieder in einer Partnerschaft bin, dann fühle ich mich nicht mehr einsam.«

Jetzt gibt es zwei Varianten, damit umzugehen:
Ich suche mir im Außen jemanden, der mir das Gefühl der Einsamkeit

nimmt – damit ist die Chance groß, dass ich wieder das gleiche Muster anziehe. Oder ich verliere mich in den Erinnerungen der Vergangenheit und fülle die Einsamkeit mit den Bildern des Ex-Partners. All das sind Versuche, das Gefühl der Einsamkeit aufzulösen. Sie hindern aber das Loslassen beziehungsweise die Wunscherfüllung.

Die zweite Variante ist hier auch wieder das Hinwenden:
Bewusst den Kontakt und die Verbundenheit zu dem Gefühl der Einsamkeit zu suchen, es wahrzunehmen und den damit verbundenen Körperempfindungen Raum zu schenken.

Ich sehne mich nach einer Umarmung, Geborgenheit und Körperkontakt. Variante eins ist auch hier wieder, das Bedürfnis im Außen zu stillen oder mich dem Mangel in mir zu widmen, das Gefühl der Einsamkeit wahrzunehmen und es in mir zu stillen.

»Wenn ich in einer Partnerschaft bin, fühle ich mich geborgen.«

Geborgenheit entsteht durch die Ausschüttung von Oxytocin. Aber was tun, wenn kein Partner vorhanden ist? Embodiment ist hier das Stichwort. Ich wiederhole mich hier noch einmal gerne. Dein Körper unterscheidet nicht, ob die Berührung von einem Partner, von dir oder einer Massage kommt. Es gibt wunderbare Körperübungen wie die Selbstumarmung, die dir helfen, ein Gefühl von Geborgenheit in dir zu kreieren. Damit verliert das Tinder-Match an Bedeutung.

Vergnügen, Genuss, Leichtigkeit.
Oft höre ich: »Allein macht das Leben keinen Spaß. Ich fühle mich gar nicht lebendig ohne Partner, so unvollständig. Allein kann ich das Leben gar nicht genießen.«
Daran ist zwar etwas Wahres, doch ist das Leben nicht nur in einer Partnerschaft lebenswert. Zu zweit kann das Leben sehr bereichernd und inspirierend erlebt werden. So sollte es in einer gesunden Beziehung sein, die mich bereichert. Das ist der Punkt: Die Partnerschaft sollte mich dann bereichern und mir nicht die Fähigkeit abnehmen, das Leben auch ohne Partner als lebenswert, lebendig und wunderschön zu empfinden. Die

Partnerschaft ist das Goldnugget obenauf, aber nicht der ganze Goldbarren.

In der Praxis sind dann ans Festhalten Bedürfnisse verknüpft – eine Sehnsucht, die erlöst werden möchte.

- »Wertschätzung, wenn er zurückkommen würde oder sich dieser »Vermeider-Typ« endlich für mich entscheidet, dann habe ich das Gefühl, doch etwas ganz Besonderes zu sein, mich wertvoll und begehrt zu fühlen.«
- »Eine Partnerschaft gibt mir Sicherheit und Stabilität. Ich war noch nie ohne Partner.«
- »Wenn er sich melden würde, dann ...«
- »Wenn ich loslasse, dann fehlt mir ...«

Genau, was dann? Das gilt es zu erforschen. Welches Gefühl würde sich dann in uns einstellen und welches Bedürfnis wäre erfüllt? Das können wir in uns kreieren, indem wir die Bedürftigkeit in ein Bedürfnis verwandeln. Dann kleben wir nicht mehr an einer Person fest und können immer mehr loslassen.

Wie wird denn jetzt aus der Bedürftigkeit ein Bedürfnis?

Indem wir im ersten Schritt erkennen und benennen, welches Bedürfnis sich gerade in uns nach Erfüllung sehnt.

Und indem wir die Gefühle der Nichterfüllung wahrnehmen. Da ist gerade eine tiefe Traurigkeit, weil ich mich so sehr nach Geborgenheit sehne und sie keiner erfüllt. Da ist gerade eine tiefe Wut, weil ich nicht wertgeschätzt wurde. Da ist gerade ein tiefer Schmerz, weil ich mich nie wirklich geliebt gefühlt habe.

Durch das Betrauern und Anerkennen lösen wir den Schmerz, der an dem Bedürfnis klebt, und wandeln so die Bedürftigkeit in ein Bedürfnis.

Auch hier: Nimm einen tiefen Atemzug und gib dem Gefühl dahinter, welches sich vielleicht jetzt gerade zeigen möchte, den Raum. Nimm es wahr und beobachte deine Körperempfindungen.

Steigt da eine tiefe Traurigkeit empor? Oder Wut? Oder auch Scham, weil du nie das Gefühl hattest, geliebt oder wertgeschätzt zu werden?

Was auch immer sich zeigen möchte, kann sehr tief gehen, und auch hier bietet sich dann wieder eine Begleitung an, die den Raum hält, damit du in Sicherheit deine Gefühle erforschen kannst.

Auch bei dem Thema der Bedürfnisse gibt es wieder eine große Chance, aufzuräumen und noch eine Etage tiefer zu tauchen.

Es gibt die Chance, noch einmal zu erforschen, unsere Ex-Beziehungen und ersten Bezugspersonen unter die Lupe zu nehmen und zu erkennen, welche Bedürfnisse vielleicht noch nie erfüllt wurden und mit welcher unerfüllten Sehnsucht wir aus der Kindheit oder den Ex-Beziehungen weiter im Leben umherirren, auf der Suche nach der Erfüllung im Außen.

Was hast du vermisst in der Beziehung zu deinen Eltern und in deinen Ex-Partnerschaften beziehungsweise was vermisst du am meisten seit der Trennung?

Welche Bedürfnisse sind nie erfüllt worden?

Dann, im zweiten Schritt, gilt es zu erkennen, ob wir uns dieses Bedürfnis selbst erfüllen.

Wir wünschen uns Respekt, Wertschätzung, Liebe und Geborgenheit.
Beginne zu reflektieren, wie sehr du dieses Bedürfnis selbst für dich lebst.

Wie stark wertschätzt du dich selbst, deine Gefühle, deine Wünsche und Bedürfnisse?
Wo stellst du deine Bedürfnisse für andere zurück? Wo ignorierst du deine Gefühle?

Du wünschst dir Anerkennung? Das Verb »anerkennen« ist die Verdeutlichung des Verbs »erkennen«. Wie stark erkennst du dich selbst mit allen Ecken und Kanten an? Wie sehr kannst du erkennen, dass es in dir eine Sehnsucht gibt? Nimm wahr, was in dir ist, und sichte die Teile in dir, die du vielleicht ablehnst oder nicht wahrnimmst, weil der Fokus zu sehr im Außen ist. Erkenne dein Inneres, deine Gefühle und Bedürfnisse.

Du wünschst dir Geborgenheit? Wie geborgen fühlst du dich in dir, in deinem Zuhause, in deinem Körper?

In dem ganzen Thema der unerfüllten Bedürfnisse liegt auch ein großer Ursprung der inneren Glaubenssätze. Weil meine Bedürfnisse als Kind oder in Beziehungen nicht erfüllt wurden, habe ich die Überzeugung mitgenommen, es nicht wert zu sein. Mit mir war irgendetwas nicht in Ordnung. Das hat eine tiefe Verletzung des Selbstwertgefühls zur Folge, welches wir auch noch ganz intensiv erforschen werden.

Welcher Glaube ist über dich entstanden, weil deine Bedürfnisse nicht erfüllt wurden?

Jetzt geht es in die Selbstermächtigung. Es geht darum, deine Verantwortung zu übernehmen und dich selbst um die Erfüllung der unerfüllten Bedürfnisse zu kümmern.

Wie kannst du selbst zur Erfüllung beitragen?

Ein Wort zu Verletzungen und Bedürfnissen: Sehr häufig, wenn wir von Bindungsverletzungen und prägenden einschneidenden Erlebnissen in der Kindheit sprechen, die uns heute noch belasten, sind wir innerlich bei dem Gedanken: »Ach, das betrifft mich nicht. In meiner Kindheit war alles gut, es gab keine Gewalt.« Bindungsverletzungen sind noch sehr stark an das Thema Gewalt geknüpft. Auch hier gilt es, immer mehr umzudenken. Entwicklungstraumata entstehen nicht nur in dem, was uns angetan wurde, sondern viel mehr in dem, was uns vorenthalten wurde: Zuwendung, Geborgenheit, Unbeschwertheit, bedingungslose Liebe ...

Das Hinwenden zu den unerfüllten Bedürfnissen ist für mich einer der wichtigsten Schlüssel zu einem sicheren Bindungsstil. Nutze die Einladung, dich mit den unerfüllten Bedürfnissen sowie den dahintersteckenden alten Wunden und altem Schmerz intensiv auseinanderzusetzen. Damit transformieren wir Bedürftigkeit in ein echtes Bedürfnis.

Dann, und erst dann, wenn alles benannt, betrauert und durchfühlt wurde und wir für die Erfüllung und das Gefühl dahinter Verantwortung übernommen haben, wird aus der Bedürftigkeit ein Bedürfnis. Dann entsteht Wahlfreiheit. Du kannst entspannt »Nein« sagen und vor allem immer mehr loslassen, was nicht mehr dienlich ist. Die pure Vorstellung von etwas, das Hinterhertrauern, die verlockenden Möglichkeiten, die dich nur mit »Krümeln« abspeisen; der Typ, der sich nicht für dich entscheiden kann, Ja sagen, obwohl du Nein meinst – nicht mehr deins.

Noch einmal zur Verdeutlichung:

Bedürftigkeit

- Entsteht aus nicht erfüllten Bedürfnissen
- Drückt eine tiefe innere Not aus
- Ausgedrückt oft in einem Schuldgefühl, dass wir dem Anderen bei Erfüllung unseres Bedürfnisses etwas zurückgeben müssen
- Ausgedrückt in einem schlechten Gewissen, etwas anzunehmen, ohne dass wir uns innerlich verpflichtet fühlen, etwas zurückzugeben
- In abhängigen Mustern: »Ich gebe immer das, was von mir erwartet wird, damit ich ein Bedürfnis erfüllt bekomme.«
- Ist eng verknüpft mit dem Gefühl der Sehnsucht

Bedürfnisse

- Sind uns bewusst
- Können erfüllt werden
- Erlauben es uns, ohne Gegenleistung annehmen und empfangen zu können
- Können angstfrei genossen werden, wenn sie erfüllt sind, weil kein

Druck der Gegenleistung mehr besteht
- Versetzen uns in die Lage, uns von Partnerschaften und Freundschaften zu trennen, die unsere Bedürfnisse nicht erfüllen

Aber wir gehen noch einen Schritt weiter: Diese unerfüllten Bedürfnisse haben etwas mit dir und deinem Beziehungsverhalten gemacht: deine »Um zu´s«. Du hast dir Verhaltensweisen angelegt, die dir deine Bedürfnisse erfüllt haben, oder aus unerfüllten Bedürfnissen viel zu viel toleriert in der Hoffnung, dass deine Bedürfnisse doch noch Erfüllung finden, oder weil ein Bedürfnis erfüllt wurde, auf die Erfüllung der anderen Bedürfnisse verzichtet.

Wie handelst du, um Wertschätzung, Anerkennung, Liebe, Aufmerksamkeit etc. zu erhalten oder die Beziehung nicht zu gefährden?

- Ich opfere mich auf.
- Ich sage häufig Ja, obwohl ich Nein meine.
- Ich stelle die Bedürfnisse anderer Menschen vor meine.
- Ich passe mich an.
- Ich mache mir sehr häufig Gedanken, was die anderen denken könnten, wenn ich A oder B mache.
- Ich lehne keine Überstunden ab, obwohl mein Körper nach Erholung schreit.
- Ich fühle mich wertvoll, wenn ich gebraucht werde, und trage dadurch zu viel Verantwortung.
- ...

Was meintest du bisher tolerieren zu müssen, um Wertschätzung, Anerkennung, Liebe und Aufmerksamkeit zu erhalten oder die Beziehung nicht zu gefährden?

- Ich habe toleriert, dass ich nicht wertschätzend behandelt werde.
- Ich habe toleriert, dass ich meine Meinung zurückhalten musste.
- Ich habe toleriert, dass meine Grenzen überschritten wurden.
- Ich habe toleriert, dass ich allein für die Kindererziehung zuständig war.

- Ich habe toleriert, dass ich allein zum Gelingen der Beziehung beigetragen habe.
- Ich habe toleriert, dass Kompromisse immer zulasten meiner Bedürfnisse vereinbart wurden.
- Ich habe Alkohol und andere Süchte toleriert.
- Ich habe toleriert, dass ich betrogen werde.
- Ich habe toleriert, dass ich angeschrien werde.
- ...

Zeit, etwas zu ändern, oder?

Wozu möchtest du innerlich Nein sagen und anders handeln?

Was tust du ganz konkret heute, um einem Bedürfnis deine volle Aufmerksamkeit zu schenken?

Warum ist das so wichtig? Nun ja, die Ratgeber über toxische Beziehungen schießen nicht ohne Grund aus dem Boden und der Nährboden für diese ungesunde Anziehungskraft liegt unter anderem in unseren unerfüllten Bedürfnissen.

Das Drama der Reinszenierung

Vorwürfe und damit verbundene aktive Gefühle können sich wie ein roter Faden in Beziehungserfahrungen wiederholen. Hinter den Vorwürfen steckt eine Sehnsucht.

Unerfüllte Bedürfnisse und eine tiefe innere Sehnsucht sind der Antrieb für eine Partnerschaft.

Diese unerfüllten Bedürfnisse können im Laufe der Beziehung Schwierigkeiten verursachen, wenn die Verantwortung für die Erfüllung komplett in die Partnerschaft gelegt wird, beziehungsweise fällt uns in der Trennung in voller Wucht vor die Füße, wenn die Partnerschaft nicht mehr vorhanden ist.

Die Sehnsucht scheint uns innerlich zu zerrreißen.

Wenn die Erfüllung dann eng mit dem Wunsch an einen neuen Partner gekoppelt wird, dann geben wir die Verantwortung für unser Wohlbefinden ab und damit kann ein Nährboden für unerfüllte Beziehungen oder schwierige Beziehungsmuster entstehen, beziehungsweise landen wir vielleicht wieder in einer nicht erfüllenden Beziehung.

Wenn wir uns jetzt noch einmal die unerfüllten Bedürfnisse und die Not des inneren Kindes aus der Sicht unseres Gehirns ansehen, dann wird auch hier wieder verdeutlicht, wie die Erfahrung der nicht erfüllten Bedürfnisse sich in unser Verhalten webt.

Um zu überleben, benötigen wir als Kind nicht nur Nahrung und ein Zuhause, sondern vor allem emotionale Fürsorge in Form von Liebe, Wertschätzung, liebevolle Begleitung in all unseren Gefühlszuständen, Geborgenheit, körperliche Berührung, Anregung und das Gefühl, willkommen zu sein.

Diese Bedürfnisse sind häufig nicht vollkommen erfüllt worden. Um als Kind aber zu überleben, haben wir gelernt, wie wir Anerkennung, Lob und Aufmerksamkeit erhalten. Wir haben uns also Handlungsmuster und Denkmuster angeeignet, wie wir über uns denken, weil wir Anerkennung, Lob und Aufmerksamkeit nicht einfach nur so erhalten haben.

Wenn wir das aus der Sicht des Nervensystems betrachten, haben wir ja diese vier evolutionär in uns angelegten Überlebensmechanismen des Kampfes, der Flucht, der Anpassung und der Erstarrung.

Um das jetzt noch einmal auf die unerfüllten Bedürfnisse zu übertragen, bedeutet dies für den Überlebensmodus »Fight« – »Kampf«, dass wir um Liebe und Aufmerksamkeit kämpfen mussten. Wenn du auch heute noch das Gefühl hast, in deinen Beziehungen kämpfen zu müssen, dann können folgende Verhaltensweisen ein Hinweis auf den Kampf-Modus sein:

- Wutausbrüche, um seine Wünsche erfüllt zu bekommen
- Kontrollzwang: den anderen kontrollieren, damit eigene Bedürfnisse gestillt werden
- Reizbarkeit, wenn Bedürfnisse nicht erfüllt sind
- Aggression, endlich gesehen und gehört zu werden

Der Überlebensmodus »Flight« – »Flucht« ist aktiviert, wenn ich hier mein Bedürfnis nach Anerkennung, Wertschätzung und Liebe nicht erfüllt bekomme und der Schmerz dahinter nicht gefühlt werden kann, dann

- Flüchte ich in die Arbeit und bekomme dort Anerkennung – Workaholic.
- Flüchte ich in meine Gedanken, um nicht fühlen zu müssen – Overthinking.
- Perfektioniere ich bei mir selbst – wenn ich perfekt genug bin, dann erhalte ich Lob und Anerkennung.

Wenn die Bedürfnisse nicht gestillt werden und die Aussicht, diese woanders zu finden (was als Kind schlicht unmöglich ist) und der Kampf nicht erfolgreich sind, dann wird die Überlebensstrategie »Fawn« – »Nachgeben« aktiviert.
Du weißt, wie du funktionieren musst, damit du Anerkennung, Wertschätzung und Zuwendung erhältst, beziehungsweise wie du dich verhalten musst, um dich vor Kritik und Gewalt in dysfunktionalen Elternhäusern zu schützen.

Wir geben um des lieben Friedens willen nach und unterdrücken dabei unsere Bedürfnisse oder unsere innere Stimme – Harmonie um jeden Preis. Typische Merkmale sind dabei

- Eine ausgeprägte Harmoniebedürftigkeit,
- Keine Grenzen – eigene Bedürfnisse werden unterdrückt, um die Anforderungen zu erfüllen,
- Der Wunsch, es allen recht zu machen, um dadurch Anerkennung, Wertschätzung und Liebe zu erhalten.

Wenn das alles nicht funktioniert, dann spalten wir uns ab von unseren Bedürfnissen, es folgt der Überlebensmodus »Freeze« – »Einfrieren«. Wenn wir im Funktionsmodus unterwegs sind und unser Radar immer bei den anderen haben, dann fällt es uns immer schwerer

- Entscheidungen zu treffen
- Aus Angst, Fehler zu machen

Damit verbunden ist dann immer das Gefühl der Ausweglosigkeit, wir werden empfindungslos, eine innerliche Erstarrung unserer Lebendigkeit, bis wir irgendwann in eine völlige Erschöpfung hinübergleiten und der Körper streikt.

Um diese Muster zu ändern, benötigt es die Fähigkeit, seine eigenen Bedürfnisse und eigene Grenzen wahrzunehmen, sowie die Fähigkeit, Nein zu sagen. Nein zu den Bedürfnissen anderer und somit Ja zu deinen Bedürfnissen.

Ein NEIN zu anderen ist ein JA zu dir

Wenn ich sehr hilfsbereit, verständnis- und liebevoll zu anderen bin und ich jetzt Nein sagen möchte, hat das Konsequenzen – für dich und für den anderen.

Welche Situation, Verhaltensweise oder Person benötigt gerade dein Nein?

Was nimmst du wahr, aus welchem Grund der andere dich bittet?

In der Praxis höre ich dann:

- »Ich fühle, er ist unsicher, daher benötigt er immer meinen Rat.«
- »Ich spüre, dass er zu schwach ist, sich selbst um seine Probleme zu kümmern.«
- »Irgendwie ist es selbstverständlich geworden, dass ich immer da bin und mich um alles kümmere – Wertschätzung gleich null.«

Welche Auswirkung hat das für den anderen, wenn du Nein sagst?

- »Er kommt nicht mehr allein klar.«
- »Er muss sich dann selbst um seine Probleme kümmern.«
- »Er wird wütend auf mich.«
- »Er fühlt sich dann von mir abgelehnt.«

Was passiert dann in dir?

- »Ich fühle mich, als ob ich jemanden im Stich lasse.«
- »Ich komme mir wie ein Verräter vor.«
- »Ich fühle mich schuldig, weil ich das Gefühl habe, noch etwas zurückgeben zu müssen, denn er war ja auch immer für mich da.«
- »Ich habe Angst vor der Wut.«
- »Ich habe Angst, jemanden zu verletzen.«

Genau darum geht es: diese Ängste an die Hand zu nehmen.

Welche Konsequenzen hat es für dich, wenn du Nein sagst?

- »Ich werde dann nicht mehr geliebt.«
- »Ich bin dann allein.«
- »Ich fühle mich schuldig.«
- »Ich komme mir »böse« vor.«
- »Ich habe ein schlechtes Gewissen.«

So oder ähnlich sind die Dialoge, die ich wahrnehme, wenn wir dieses kleine Wort mit den vier Buchstaben, »NEIN«, im Coaching näher beleuchten.

Wenn wir dann in dem Coaching diesem Nein mal auf der Körperebene entgegengehen, dann kommt auf einmal ein Brechreiz, eine Wut, das Erstarren, nicht einen Zentimeter kann man sich auf einmal vom Fleck bewegen. Es fließen Tränen, weil man das Gefühl hat, dann ganz allein zu sein. Ein Schwall von Wut kommt auf, weil man sich selbst nie wichtig genommen hat. Man hat Herzrasen, eiskalte Hände und ist kurz vor der gefühlten Panikattacke. Der Hals wird eng, die Last auf den Schultern erdrückt auf einmal.

Genau das ist die Arbeit mit den Ängsten in Kooperation mit deinem Nervensystem. Um Veränderung zu bewirken, benötigt es im ersten Schritt den Gedanken an dein Nein, im zweiten Schritt das Erkennen der damit verbundenen Gefühle und im dritten Schritt das Wahrnehmen deiner Körperempfindungen.

Erst wenn alle Ebenen sich sicher mit dem Nein fühlen, kann Veränderung eintreten. Das Nein ist mit einer immer mehr zunehmenden Leichtigkeit und ohne schlechtes Gewissen dein neuer Begleiter.

Ein gezwungenes JA zu anderen ist ein NEIN zu dir – das hat nur etwas mit Angst zu tun und nichts mit der Liebe zu dir selbst.

Nein, das ist kein Egoismus, das ist gelebte Selbstliebe, zu entscheiden, wann du Ja sagst, und du wirst es auch wieder gern tun, aber erst, wenn dein Akku wieder gefüllt ist. In den Trennungsphasen ist der Akku ziemlich leer und dann ist das NEIN ganz elementar für deine Selbstfürsorge.

Ja, es wird nicht jedem gefallen. Was ich dann in der Praxis höre:
»Ich habe so Angst, Nein zu sagen, weil dann die Masken fallen und ich erkenne, dass das nie auf Gegenseitigkeit beruht hat und dass es nur um das geht, was ich zu geben habe, aber wenn ich Hilfe benötige oder etwas ablehne, stoße ich auf völliges Unverständnis oder Wut oder stehe auf einmal allein da. Ich habe Angst vor dem Nein, weil damit eine riesige Enttäuschung verbunden sein wird.«

Enttäuschung = das Ende der Täuschung

Das ist oft der Punkt, wo wir uns dann näher mit toxischen, ungesunden Beziehungen beschäftigen. Diese sind der Turbo und Antrieb, seine Muster endlich zu durchbrechen.

Ungesundes Beziehungsverhalten

Was kennzeichnet ungesunde Beziehungen?

Der Start war doch so verheißungsvoll. Lovebombing. Hurra, endlich jemand, der mich begehrt, der mich will, der ...
Das Glück ist kaum zu fassen: jemand, der so kompatibel ist, meine tiefsten Sehnsüchte und Bedürfnisse erkennt und sie mir quasi von den Lippen abliest und sich für die Erfüllung zuständig fühlt. Viel Aufmerksamkeit, Komplimente, ein schnelles Wir.

Dann kommen die inneren Kinder. Auch das Gegenüber hat ungestillte Bedürfnisse.

Aus Lovebombing werden dann auf einmal Kritik, Abwertung und Unzufriedenheit. Das Tauschgeschäft – ich gebe und ich erhalte – scheint auf einmal eine Mogelpackung zu werden. Man bekommt nicht das zurück, was man sich erhofft hat, oder die Aufmerksamkeit wird immer weniger.

Abwertung, Manipulation, tiefe Verunsicherung.
Die eigenen Fehler stehen auf einmal im Mittelpunkt: Kritik und Abwertung, subtil und in Humor verpackt.

Permanenter Wechsel zwischen Abwertung und Lovebombing finden statt – on und off – diese Dynamik aktiviert eine extreme Dynamik im Belohnungssystem des Gehirns, hohe Dosen Dopamin werden ausgeschüttet und erzeugen damit ein Verhalten, welches sich immer wieder auf die Dopaminausschüttung fokussiert.
Was kann ich tun, um wieder diesen Anfangszustand und die damit verbundenen Glücksgefühle zu kreieren? Was muss ich tun, damit mein Partner mir wieder diese Aufmerksamkeit schenkt?
Dein Gedankenkarussell ist aktiv. Die einzige Frage beherrscht dich: Was kannst du tun, um den Anfangszustand wiederherzustellen?

Bis zu dem Punkt der tiefen Resignation: Du weißt gar nicht, was hier wirklich passiert. Du versuchst, Dinge zu klären und zu kitten, aber Klärungen finden nicht wirklich statt, anstatt dessen massive Schuldumkehrungen. Statt deines Verhaltens wird nur deine Reaktion thematisiert.

- »Du bist viel zu empfindlich.«
- »Wie oft sollen wir das noch diskutieren?«
- »Du nervst!«

Alles ganz normale Verhaltensweisen, die in allen Beziehungen auftauchen, gerade wenn es aufs Ende zugeht. Keine Frage, aber wenn wir gleich in die konkreten Verhaltensweisen einsteigen, macht die Dosis das Gift.

Du verlierst den Zugang zu dir, da du permanent den Fokus auf ihn hast und deine Kraft verschwindet.

Im Coaching höre ich dann:

- »Ich kann nicht mehr, ich bin völlig ausgelaugt.«
- »Wir haben uns jetzt seit Jahren im Kreis gedreht.«
- »Irgendwie sind wir über einen Punkt nicht mehr hinausgewachsen.«

Aber was kennzeichnet denn jetzt ungesundes Beziehungsverhalten? Hier sind einige typische Verhaltensweisen aufgeführt, die ich in der Praxis immer wieder zu hören bekomme:

- Wenn du im Mittelpunkt stehst, bekommt eine andere Person schlechte Laune.
- Es werden immer wieder Themen wiederholt, die dich verletzen.
- Schuld hast nur du oder die anderen.
- Es wird nur über deine Reaktion auf das Verhalten gesprochen, nie über das Verhalten an sich.
- Ghosting (nicht mehr melden)
- Entschuldigungen ziehen kein verändertes Verhalten nach sich.
- Du erklärst, erklärst und erklärst, um endlich verstanden zu werden.
- Probleme werden unter den Teppich gekehrt.
- Deine Gefühle, Bedürfnisse, Wünsche und Gedanken sind irrelevant.
- Dir wird nichts gegönnt.

- Vorwurf an dich, dass du es immer kompliziert machst
- Wenn du für deine Bedürfnisse einstehst, bist du die Spaßbremse oder wieder »so empfindlich«.
- Du spürst intuitiv, dass etwas nicht stimmt, vertraust aber den Worten.
- Worte ohne Taten?
- Es gibt nur eine gültige Sichtweise. Zwei Meinungen können nicht nebeneinander bestehen.
- Fehlende Selbstreflexion
- Drama, Kampf, Kontrolle
- Du möchtest etwas klären, am Ende habt ihr über ganz andere Themen gesprochen.
- Fehlende Empathie
- Kritikfähigkeit gleich null
- Unrechtsbewusstsein gleich null
- Scham- und Schuldgefühle gleich null
- Du kannst es nie recht machen.
- Du fühlst dich erschöpft von der Beziehung, sie saugt Energie.
- Die Person gibt nur das zu, was du nachweisen kannst.
- Die Person verdreht die Augen oder seufzt, wenn du etwas besprechen möchtest.
- Es geht nie darum, Dinge und Standpunkte auszutauschen, sondern recht zu haben.
- Du wirst geliebt, wenn du so bist, wie es dem anderen passt.
- Du bekommst das Gefühl, austauschbar und ersetzbar zu sein.
- Zuckerbrot und Peitsche, Belohnung und Bestrafung, on-off
- Er ist Opfer, du bist Täter.
- Du fühlst dich verpflichtet, um Erlaubnis zu bitten.
- ...

Auch hier gibt es jetzt eine wunderbare Einladung, wieder eine Etage tiefer zu tauchen. Ungesundes Beziehungsverhalten in hohen Dosen nehmen wir häufig erst mit einem gewissen Abstand wahr oder wenn wir etwas darüber gelesen haben. Vorher sind wir blind. Blind, weil wir dieses Verhalten kennen und es uns als Normalität erscheint – normal, weil wir damit aufgewachsen sind.

An dieser Stelle können wir noch mal erforschen, welche Punkte auf deine Ex-Beziehung zutreffen und welche Punkte du bereits aus vorherigen Beziehungserfahrungen beziehungsweise aus dem Elternhaus kennst.

So häufig erlebe ich dann im Coaching: »Ach herrje, das war mir gar nicht klar – mein Ex-Partner hat ja das gleiche Verhalten wie meine Mutter/mein Vater.«

Vertrauen bedeutet Sicherheit und Sicherheit ist für unser Gehirn die erste Priorität. Wenn wir mit dem Vertrauten in der Vergangenheit bereits überlebt haben, dann signalisiert das unserem Gehirn: »Hey super, hier kennen wir uns aus. Hier können wir überleben. Hier wissen wir, wie wir uns verhalten und anpassen müssen.« Die Blaupause, die in uns angelegt ist, kennen wir.
Überleben bedeutet in dem Fall nicht, dass unser Gehirn uns fragt: »Ach, fühlst du dich geborgen? Wirst du wertgeschätzt? Werden deine Bedürfnisse erfüllt? Fühlst du dich wohl? Geht es dir gut?«

Aber auch hier gilt: Alle Beziehungen, in denen das innere Kind noch voll aktiviert ist, haben ein hohes Potenzial an ungesunden Beziehungsverläufen. Was einst verheißungsvoll begann, entpuppt sich immer mehr als Abwärtsspirale.

Nein, du bist nicht schuld und mit dir ist auch nichts falsch. Das passiert in so vielen anfänglich wunderbaren Beziehungen, bis man erkennt, dass hier irgendwas falsch läuft. Die Fähigkeit, die Dinge zu benennen, überhaupt die Dynamiken wahrzunehmen, ist völlig eingeschränkt.

Das ist die Krux an ungesundem Beziehungsverhalten. Vertraut bedeutet sicher, und durch das permanente On/off-Wechselbad der Gefühle wird auch noch das Belohnungssystem im Gehirn durch die Dopaminausschüttung aktiviert – das Belohnungszentrum im Gehirn oder auch das »Suchtzentrum« im Gehirn. Zuwendung = Dopamin, Abwendung = Dopaminmangel, eine Spirale aus: »Was muss ich tun, um wieder Dopamin zu erhalten?«

Sicherlich kennen wir alle die »eine Freundin«, die schon 20 mal ausgezogen ist, weil er immer noch spielt, trinkt etc. und dann doch wieder zurückgekehrt ist.
Ich glaube, die Zahl liegt aktuell bei sieben oder acht Versuchen, bis man wirklich in der Lage ist, sich von ungesunden Beziehungen zu trennen.

Die Aktivierung unseres Belohnungszentrums hängt sehr eng mit dem Empfinden von Glück zusammen. Wenn die Beziehung auseinanderbricht, ist damit auch die Zufuhr von Glück abgebrochen und unser Glücksgefühl ist noch sehr eng an diese Person gebunden. Auch das darf zurückerobert werden: das eigene Glück nicht mehr an den Ex-Partner zu koppeln, beziehungsweise überhaupt an eine Beziehung zu koppeln.

Das bedeutet in erster Linie, die bewusste Wahrnehmung von glücklichen Momenten in deinem Körpersystem sowie den Körper wieder auf andere »Glücksquellen« zu trainieren und deine ungestillten Bedürfnisse selbst zu erfüllen.

Kurzer Reminder zur Phase der Verdrängung?

Welche Momente schenken dir Glücksgefühle?

Welche »ungünstigen« Kompensationsstrategien verschaffen dir Glücksgefühle?

All diese ungesunden Beziehungsverhalten haben einen Einfluss, wobei erst einmal völlig irrelevant ist, ob diese bereits früher oder in der letzten Beziehung massiv aufgetreten sind: einen Einfluss auf deinen Bindungsstil und deinen Selbstwert. Diesen Einfluss auf deinen Selbstwert werden wir im nächsten Kapitel ausführlich beleuchten.

Aber bevor wir unseren Blick darauf werfen, beleuchten wir zunächst ein Thema, über das aktuell viel gesprochen wird und an dem kaum ein Weg vorbeiführt.

Ein Wort zum Thema Narzissmus und Co.

Diagnose: Narzissmus | Persönlichkeitsstörung. Das Handbuch der Weltgesundheitsorganisation hat zum 01.01.2022 in dem neuen Katalog der statistischen Klassifikation der Krankheiten und verwandter Gesundheitsprobleme die bisherigen Persönlichkeitsstörungen aus dem Katalog genommen. Dort existieren kein Narzissmus und keine paranoide oder dissoziale Persönlichkeitsstörung mehr. Es gibt nur noch die allgemeine Diagnose »Persönlichkeitsstörung« und dazu Kriterien, die umschreiben sollen, wie viel Hilfe jemand braucht.

Ich kann das aus der Praxis nur begrüßen, wo ich Folgendes erlebe: Gefühlt jede zweite Frau kommt mit der Diagnose, dass ihr Ex-Partner ein Narzisst und sie in einer toxischen Beziehung war.

Es ist wirklich hilfreich, sich mit den Dynamiken in Beziehungen auseinanderzusetzen, zu erkennen und auch zu benennen, wenn ich unter dem Verhalten meines Ex-Partners viel Leid in der Beziehung erfahren habe.

Dann geht es los: Wie viel Verhalten war narzisstisch? War er ein Voll-Narzisst oder nur ein bisschen toxisch? War ihm bewusst, was er da macht? Macht er das absichtlich? »Ich weiß ja, er ist ja aufgewachsen in einem Haushalt, da war der Vater ...« Und so weiter und so weiter. Der Ex ist bis ins kleinste Detail untersucht, die Themen, an denen er arbeiten kann, sind erkannt – und nun?

Damit beginnt ein Drama.
Nicht jede Trennung ist toxisch und nicht jeder Ex-Mann ein Narzisst. Es gibt jede Menge ungesunde Verhaltensweisen, die natürlich zum Ende der Beziehung beigetragen haben, aber dadurch wird der Ex-Mann nicht automatisch zum Narzissten und die Beziehung nicht automatisch toxisch.

Ich war mit einem Narzissten zusammen. Diese Erkenntnis verändert den Blick auf die Vergangenheit und den Blick auf den Ex-Partner. Das ist gut, um die Dinge zu benennen, die verletzend und toxisch sind, aber es gibt noch eine andere Seite.

Die Vergangenheit wird dann häufig nur noch durch die toxische Brille betrachtet. Das beraubt uns der Fähigkeit, die schönen Dinge der gemeinsamen Vergangenheit wertzuschätzen und zu würdigen. Es kann eine enorme Kraftquelle darstellen, wenn ich auf die gemeinsamen Kinder, auf das, was gemeinsam erlebt wurde, und auf die gemeinsame Zeit als wertvollen Teil des eigenen Lebens in Dankbarkeit zurückblicken kann.

Noch verheerender ist, wenn ich dir die Frage stelle: Wie geht es dir damit, dass du einen Narzissten geliebt hast? Wie schuldig fühlst du dich? Wie sehr schämst du dich, diesen doch laut Fachliteratur völlig narzisstischen Mann geliebt zu haben, und wie sehr unterdrückst du die Gefühle, die immer noch da sind? Die tiefe Liebe, die du empfunden hast ...? Die Befürchtung vieler Frauen in der Praxis: Das war ja nur das Trauma-Bonding. So wie sie gefühlt haben, war falsch. Und dann kommt ganz schnell die Essenz: »Ich bin falsch«.

Dann beginnt eine innere Hexenjagd, in der man sich selbst verurteilt, abwertet, Sehnsucht und das Gefühl der Liebe hat sowie doch noch auf ein gutes Ende hofft.
Dann wird rückwirkend das Gefühl von Liebe angezweifelt und dazu gesellen sich dann Scham und Schuld, einen solch »toxischen« Mann geliebt zu haben.

STOP, STOP, STOP

An deiner tiefen Liebe gibt es nichts zu zweifeln und dein Herz fragt nicht, wen und ob es lieben darf.

Das ist, woran die Frauen im Coaching am meisten leiden, wenn sie sich mit dem Thema Narzissmus beschäftigt haben: Am Gefühl, falsch zu sein, weil sie den falschen Mann geliebt haben, und wenn dann noch Gefühle der Liebe vorhanden sind, fängt eine unerträgliche Spirale der Selbstabwertung an.

ALLES DARF SEIN, SOWOHL ALS AUCH

Du musst dich nicht entscheiden, welches Gefühl gewinnt. Alle Gefühle (so ambivalent sie auch sind) dürfen da sein. Du musst dich auch nicht entscheiden, welche Diagnose er jetzt erhält. Oft passt die Kategorie laut Verstand – Narzisst – nicht zu dem, was trotzdem an tiefen Gefühlen vorhanden ist. Du musst dich nicht entscheiden in einem Kampf zwischen Verstand und Gefühl. Beides darf sein.

Nein, es bedeutet nicht, die ungesunden Verhaltensweisen zu beschönigen und zu vergessen, es erlaubt ein »sowohl als auch«.

Wenn Kinder auf einmal als Fehler gesehen werden, weil sie Züge des Ex-Mannes tragen, oder es überhaupt ein Fehler war, mit diesem toxischen Mann eine Familie zu gründen, dann hinterlässt dieser Stempel des Narzissmus Folgen – auch für die nachfolgende Generation.

Ich wiederhole mich gern erneut: Nicht jede Trennung ist toxisch und nicht jeder Ex-Mann ein Narzisst. Sind hier nur zwei Entwicklungswege auseinandergegangen oder lag wirklich eine missbräuchliche Beziehung vor? Der Grad ist schmal und die Gedanken kreisen permanent um diese Frage.

Trennungen wirken nach, sie erschüttern unseren tiefsten Kern. Ich kreise in meinen Coachings nicht um die Frage, was und wie der Ex war, sondern bin mit meinem Fokus bei dir. Wir beleuchten alle Ecken, die uns beschäftigen und auf die die Trennung in dir einen Einfluss ausübt.
Von der dahinterliegenden Dynamik her ist es völlig irrelevant, ob die Beziehungsdynamik, aus der du ausgestiegen bist oder »getrennt wurdest«, eine »normale« Trennung war, wo Entwicklungswege auseinandergegangen sind, oder ob eine ungesunde, missbräuchliche oder sogar gewalttätige Beziehungsdynamik hinter dir liegt.

Es geht immer nur um deinen Schmerz, deine Ängste, den Einfluss auf dein Selbstwertgefühl und auf deinen Bindungsstil.
Der Weg der vollständigen Verarbeitung geht immer über die Ebene des Bewusstseins, der Gefühle und des Nervensystems – dabei ist der Ursprung der Erfahrung völlig irrelevant.

Emotionaler Missbrauch bezieht sich auf ein Verhaltensmuster, bei dem eine Person die Emotionen einer anderen Person systematisch und wiederholt manipuliert, kontrolliert oder schädigt – oft mit dem Ziel, Macht und Kontrolle über das Opfer auszuüben. Emotionaler Missbrauch kann genauso schädlich sein wie körperlicher und hat oft langfristige, negative Auswirkungen auf die psychische Gesundheit und das Selbstwertgefühl des Opfers.

Insbesondere wenn ein Kind in einem

- Direktiven, strengen oder gefühlskalten Elternhaus aufwächst,
- Chaotischen Elternhaus aufwächst,
- Zuhause voller (sexueller) Gewalt aufwächst,
- Elternhaus direkt oder subtil abgelehnt oder gedemütigt wird,
- Zuhause mit psychisch kranken Eltern (meist depressive Eltern, Alkoholiker oder Eltern mit einer Persönlichkeitsstörung) aufwächst,

dann ist die Gefahr der Reinszenierung sehr hoch und die Wiederholung, sich immer wieder in missbräuchlichen Beziehungen wiederzufinden, signifikant erhöht.

Während sexueller und physischer Mißbrauch noch relativ eindeutig zu benennen sind, verhält es sich mit dem emotionalen Missbrauch schon deutlich schwieriger.

Einige Merkmale und Verhaltensweisen, die mit emotionalem Missbrauch verbunden sind, umfassen:

- Abwertung: Der Missbrauchende kann das Opfer ständig kritisieren, beleidigen oder lächerlich machen.
- Kontrolle und Dominanz: Der Missbrauchende kontrolliert Aspekte des Lebens des Opfers, einschließlich dessen, wem es begegnen darf, wohin es gehen und was es tun kann.
- Isolation: Das Opfer wird oft von Familie, Freunden und anderen sozialen Kontakten isoliert, was seine Abhängigkeit vom Missbrauchenden erhöht.

- Manipulation: Der Missbrauchende kann das Opfer durch Schuldgefühle, Scham, Einschüchterung oder Drohungen manipulieren.
- Verweigerung und Verleugnung: Der Missbrauchende leugnet oft, dass irgendetwas Falsches vor sich geht, oder schiebt die Schuld auf das Opfer.
- Gaslighting: Eine Form der Manipulation, bei der der Missbrauchende das Opfer dazu bringt, seine eigene Wahrnehmung, Erinnerungen oder Emotionen infrage zu stellen.
- Entwertung: Der Missbrauchende kann das Opfer entwerten oder dessen Erfolge und Errungenschaften herabsetzen.
- Einschüchterung: Der Missbrauchende kann das Opfer durch Drohungen, lautes Schreien oder aggressive Gesten einschüchtern.
- Emotionale Entbehrung: Der Missbrauchende verweigert emotionale Unterstützung, Zuneigung oder Verständnis.
- Finanzielle Kontrolle: In einigen Fällen kann der Missbrauchende die finanziellen Ressourcen des Opfers kontrollieren, um seine Abhängigkeit zu erhöhen.

Emotionaler Missbrauch hinterlässt Spuren im Gehirn. Diese »Narben« sind im Gehirngewebe nachweisbar: limbische Narben. Das hyperreaktive Angstzentrum im Hippocampus und der Amygdala ist aktiviert. Der Cortisolspiegel ist zum Teil bis um das Dreifache erhöht.
Typische Symptome:
Stress- und Gefühlsverarbeitung sind nur noch eingeschränkt möglich.
Brainfog: Auf Deutsch bedeutet Brainfog »Gehirnnebel«, was den Zustand schon sehr anschaulich erklärt. Es wird allgemein angenommen, dass kleine Entzündungen im Gehirn dieses diffuse Gefühl erzeugen, das dich einfach nicht klar denken lässt. Das kann ein Zustand sein, der dich schon lange begleitet oder durch die Trennungsdynamik auftritt. Auch hier geschieht Verarbeitung, indem das Angstzentrum im Gehirn abgebaut und das Nervensystem reguliert wird.

»Trauma-Bonding« (manchmal auch als »Stockholm-Syndrom« bezeichnet) bezieht sich auf eine intensive emotionale Bindung zwischen Täter und Opfer, die oft in missbräuchlichen Beziehungen auftritt. In solchen Beziehungen entwickeln sich starke emotionale Bindungen, trotz (oder

aufgrund) des erlittenen Missbrauchs oder der Gefahr – für Außenstehende absolut unverständlich. Diese Art der Bindung kann dazu führen, dass das Opfer den Missbrauch rechtfertigt, den Täter verteidigt oder Schwierigkeiten hat, die missbräuchliche Situation zu verlassen.
Ein Grund für das Entstehen von »Trauma-Bonding« kann darin liegen, dass der Missbrauchende abwechselnd liebenswürdige und grausame Verhaltensweisen zeigt, was zu einer verwirrenden Mischung aus Furcht und Dankbarkeit beim Opfer führt.
Diese Aktivierung von Belohnung und Bestrafung hinterlässt einen tiefen Eingriff in unser Belohnungszentrum und eine Form von Sucht und emotionaler Abhängigkeit entsteht.

Wie kann ich eine Wiederholung vermeiden?

Ungesundes Beziehungsverhalten erkennen:
Eine klare Auseinandersetzung mit ungesundem Beziehungsverhalten und damit, was typisch ungesunde Verhaltensweisen eigentlich sind, ist wichtig. Die Realisierung derer lässt uns zunächst wahrnehmen, dass das, was wir im Elternhaus oder früheren Beziehungen kennengelernt haben, zwar »normal« war, aber nicht gesund. Wie gesagt, normal bedeutet für unser Gehirn vertraut, also sicher.

Werte | Standards und Red Flags definieren
Deine Werte und Standards für eine Beziehung sind der Gradmesser. Übersetzt heißt das: Wertschätzung, Respekt, Treue und Loyalität gehen vor dem Gefühl der Liebe und Anziehungskraft. Liebe wird lebensfähig in Form einer Beziehung, wenn die Werte stimmen. Ein Gefühl allein reicht nicht aus, um ein Leben miteinander zu teilen.
Sitzen deine Werte on point? Verkörperst du sie bereits?

Die Narben im Gehirn »reparieren«:
Das limbische System kann reguliert, das Angstzentrum kann abgebaut und Vertrauen und innere Sicherheit können wiederhergestellt werden.

Die gespeicherte Energie im autonomen Nervensystem transformieren:
Das autonome Nervensystem kann reguliert werden. Die Kette an Re-

aktionen, die von dort ausgelöst wird, kann bewusst und sichtbar gemacht und somit auch beeinflusst werden.

Das Bewusstsein ist die erste Ebene, zu verstehen: Dynamiken zu verstehen, Kreisläufe zu verstehen, die Gefühle zu verstehen, die ungestillten Bedürfnisse zu verstehen. In der zweiten Ebene gilt es dann aber, die Gefühle, die noch nicht verarbeitet wurden, und ihre Dynamik wahrzunehmen. Insbesondere die Gefühle der Bedrohung, des Ausgeliefertseins, der Ohnmacht und der Hilflosigkeit, die vermehrt aus missbräuchlichen Beziehungen entstanden sind, können in der Wucht deutlich ausgeprägter sein. Daraus resultierende, im Nervensystem abgespeicherte Energien können auch hier deutlich »wuchtiger« sein.
Diese Fähigkeiten können erlernt werden. Die Frage, ob und wie viel toxisch, ungesund oder missbräuchlich eine Beziehung war, spielt für dein Gefühlszentrum und Nervensystem keine Rolle. Hier ist nur die Fähigkeit gefordert, mit dem, was sich im Hier und Jetzt präsentiert, oder den aktivierten Erinnerungen und Bildern umgehen zu können.

Sehr häufig werde ich in der Praxis damit konfrontiert, dass derjenige ja der Seelenpartner sein muss, weil er uns so mit unseren eigenen Themen konfrontiert, und uns nichts anderes als persönliche Entwicklung unserer tiefsten Kernthemen übrigbleibt, wenn wir diese schmerzhafte Erfahrung nicht wiederholen möchten bzw. nicht davon zerstört werden wollen.

Ja, diese Idee mit dem Seelenpartner KANN unterstützend sein, weil sie uns trägt und uns vor dem schützt, was wir nicht in voller Gänze verarbeiten können. Sie ist insoweit hilfreich, als dass sie uns die Chance zuspielt, persönlich zu wachsen. Das beinhaltet aber auch die Fähigkeit, am Ende des Wachstumsprozesses nicht an der Hoffnung festzuhalten, dass er am Ende derjenige sein wird, mit dem das Universum uns für unsere eigene Transformation belohnt.

Das ist die Kehrseite des Glaubens: seine Zwillingsflamme, Dualseele oder seinen Seelenpartner gefunden zu haben – das ewige Festhalten, Hoffen und Warten.

Da wird viel zu lang zu viel Toleranz für das schädigende Verhalten aufgebracht, weil es unserer seelischen Entwicklung dient und mit zusätzlicher Vergebungsarbeit häufig vergessen wird, starke Grenzen zu ziehen. Nach wie vor wird »vergeben« so häufig mit »vergessen« gleichgesetzt.
Der Glaube an die bedingungslose Liebe wird zu oft mit »Ich toleriere alles« übersetzt. »Da ich ihn ja bedingungslos liebe, kann ich alles ertragen und bin so tief liebesfähig.« Egal ob sie jetzt Seelenpartner, Narzisst oder einfach nur toxisch oder ungesund sind: Sie können dein Booster für deine eigene persönliche Entwicklung sein. Ein Ja zu dir und ein Nein zu den ungesunden Verhaltensweisen, trotz dieser immensen Anziehungskraft und Sehnsucht, ist die Königsdisziplin und dein Booster in die Selbstliebe.

Also egal wo der Ursprung deiner jetzigen Beziehungserfahrungen liegt, alle Beziehungen beeinflussen dich und verändern deine »Blaupause«. Deine Blaupause des Selbstwertes und was es damit auf sich hat, schauen wir uns im nächsten Kapitel gemeinsam an.

Dein Selbstwert

Zusammengesetzt aus den Begriffen Selbst und Wert

Selbst ist ein allgemeinsprachliches Verständnis von ‚selbst'. So bezeichnet man das zur Selbstbeobachtung fähige, scheinbar fühlende, denkende und handelnde Wesen des Ichs als Selbst.

Damit sind wir wieder bei unseren drei Gehirnteilen, dem denkenden, dem fühlenden und dem handelnden Teil. Wie bewusst bin ich mir meiner Gedanken, Gefühle und Handlungsmuster?

Unter Selbstwert (auch: Selbstwertgefühl, Selbstwertschätzung, Selbstachtung) versteht man in der Psychologie die Bewertung, die man über sich selbst vorgenommen hat. Bedeutet: Wie denke ich über mich? Wie sehr verurteile ich mich für meine Gefühle, meine Bedürfnisse, meine Handlungen? Wie sehr bin ich mir dessen bewusst?

Der zweite Teil des Begriffes Selbstwert, also der Begriff Wert, ist sehr eng verbunden mit dem Begriff der Würde.

Im Duden wird das Wort Würde mit den folgenden Worten definiert: »Achtung gebietender Wert, der einem Menschen innewohnt, und die ihm deswegen zukommende Bedeutung«.
Der Selbstwert ist das Gefühl für den eigenen Wert.

Also zusammengesetzt: Wie bewusst bin ich mir meiner Selbst, meiner Gedanken, Gefühle, Handlungen und Bedürfnisse und wie sehr bin ich es mir wert, diesen zu folgen?

Dem Teil der Wahrnehmung, des »Selbst«, kommen wir in der Trennung immer näher: den eigenen Gedanken, Gefühlen, Handlungsmustern und Bedürfnissen. Wir verbinden uns wieder mit uns selbst und stellen die wichtigste Verbindung unseres Lebens, die zu uns selbst, wieder her.

Durch den Umgang und die Auseinandersetzung mit unseren Gedanken, Gefühlen, daraus resultierenden Glaubenssätzen und Mustern, haben wir schon ein starkes Fundament für den Teil der (SELBST-)Wahrnehmung gelegt.

Jetzt geht es um den Teil des Wertes.

Es geht um den Wert, der durch eine Trennung oder ungesunde Beziehungserfahrungen zutiefst berührt und erschüttert wird – wenn wir vermeintlich ausgetauscht und ersetzt, ignoriert, geghostet oder schlicht und einfach verlassen werden. Keinen Wert mehr für den Partner zu haben, schmerzt und verletzt zutiefst unseren Selbstwert und damit unsere Würde.

Mit diesem verletzten Selbstwert können wir schnell Gefahr laufen, dass wir anfangen zu glauben, dass wir zu dünn, zu dick, zu fehlerhaft, zu klein, zu groß, zu chaotisch, zu sensibel, zu unperfekt, zu kompliziert, zu anstrengend und deswegen nicht liebenswert sind.

Diese Geschichte fügt sich vielleicht zu einer anderen Geschichte hinzu, die wir uns auch schon seit Jahren erzählen. Zusätzlich ist hier ein weiteres Geschenk in der Trennung, vielleicht den einen oder anderen selbstabwertenden Gedanken, der sich jetzt nach der Trennung oder über die Jahre bereits eingeschlichen hat, über Bord zu werfen.

Dein Geschenk ist, dich zu erinnern, dass du ein wundervolles, liebenswertes Wesen bist, so, wie du bist – ob zu dünn, zu dick, zu fehlerhaft, zu klein, zu groß, zu chaotisch, zu sensibel, zu unperfekt, zu kompliziert, zu anstrengend.

Damit rückt die Beziehung zu dir selbst in den Fokus.

Wie wertvoll, wundervoll, liebenswert empfindest du dich selbst? Obwohl du jetzt vielleicht wieder in deiner Beziehung gescheitert bist, obwohl du dich vielleicht schuldig fühlst, weil du nicht die perfekte Frau warst, obwohl ...

Nein, jetzt zu Beginn der Trennungsphasen wirst du nichts davon fühlen können, das ist der »normale« Verlauf der Trennungsphasen. Erst wenn wir uns durch die Phase der Emotionen »gewühlt« und die möglichen Scham- und Schuldgefühle gesichtet haben, kann sich der Blick wieder liebevoll auf dich selbst richten.

Dann gilt es, wieder zu entdecken, dass du doch eigentlich ganz liebenswert bist.

Weil ich weiß, wie viele Frauen das in meinem Coaching vergessen haben – vergessen, dass sie trotz aller möglichen Makel, Schwächen und Fehler liebenswert und wundervoll sind.

Ich möchte dir gern einige Impulse geben, was du konkret tun kannst, um dich wieder als wertvoll und liebenswert zu empfinden.

Behandle dich selbst, als wärst du der kostbarste, wertvollste und liebenswerteste Mensch auf der Welt.

Welche innere Haltung pflegst du im Umgang mit dir selbst?

Wertschätzung – willkommen sein
Wertschätzung ist dieses Gefühl von Warmherzigkeit, dir in allen Belangen, deinen Bedürfnissen, inneren Gefühlen und auch Ängsten und Sorgen wohlwollend zu begegnen.
Es geht darum, uns selbst wertschätzend und wohlwollend zu begegnen, mit allem, was da ist. Wo wertest du dich noch ab, für das, was du empfindest, denkst? Wo wertest du dein Erscheinungsbild, deinen Körper ab? Oder ist alles willkommen, was sich zeigen möchte?

Verbindung
Mit Verbindung ist deine Verbindung zu dir selbst gemeint. Bist du gut und liebevoll mit dir, deinen Gefühlen und deinem Körper in Kontakt? Bist du in Kontakt mit deinen Wünschen und Bedürfnissen?

Verlässlichkeit
Bist du verlässlich zu dir selbst? Hier ist der Umgang mit dem eigenen Körper und deinem seelischen Wohlbefinden ein guter Spiegel der eigenen Verlässlichkeit. Kann sich dein Körper darauf verlassen, dass du ihn in seinen Bedürfnissen nach Pause, Nahrung und Bewegung wahrnimmst? Kann deine Seele sich darauf verlassen, dass du dich gut um dich selbst kümmerst? Können sich deine Wünsche und Bedürfnisse darauf verlassen, dass du ihnen Priorität einräumst?

Offenheit
Sie spiegelt deine innere Haltung wider: Wie offen und neugierig, ohne Bewertung und Verurteilung, begegnest du dir selbst? Wie stark ist dein innerer Kritiker aktiv?

Freundlichkeit | Verständnis
… ist eigentlich selbstverständlich, sollte man meinen. Aber schau mal genau hin, wie du mit dir selbst sprichst. Meist sprechen wir mit guten Freunden deutlich freundlicher und verständnisvoller als mit uns selbst. Wie freundlich und verständnisvoll begegnest du dir?

Respekt
Respektierst du deine eigenen Grenzen? Wo stiefelst du über deine eigenen körperlichen und mentalen Grenzen hinweg?

Diese innere Haltung spiegelt dir deine Liebe zu dir selbst.

Exkurs: Täterintrojektion oder der innere Kritiker

Auch hier gibt es wieder die Einladung, tiefer zu tauchen: in das »Täterintrojekt« oder den »inneren Kritiker«.

»Kinder hören nicht auf, ihre Bezugspersonen zu lieben, sie hören auf, sich selbst zu lieben.«

Introjektion: Unter Introjektion (vom Lateinischen »intro« = »hinein«, »herein« und »iacere« = »werfen«) versteht man in der Psychologie die Aufnahme und Verinnerlichung unverarbeiteter, meist aversiver, äußerer Realitäten, fremder Anschauungen, Motive, Werte und Normen etc.

Was bedeutet es konkret, dass wir faktisch die Worte, Beurteilungen, Bewertungen, Kritik und das Verhalten unserer Bezugspersonen als Wahrheit übernehmen? Diese Wahrheit findet sich in unseren Glaubenssätzen und unserem Selbstwertgefühl wieder. Diese gebildete Introjektion ist dann ein innerer Anteil, der sich gegen dich selbst richtet. Der innere Kritiker ist dann quasi die Stimme dieses Anteils. Das zeigt sich dann vermehrt in selbstverletzenden, selbstsabotierenden und abwertenden Gedanken, bis hin zu einem totalen Selbsthass. Hass wird definiert als feindselige Abneigung. Wir lehnen dann sehr viel an uns ab. Auch die bewusste Auseinandersetzung und das Erkennen, wann der innere Kritiker wieder aktiv ist, kann oft nur an der Oberfläche »verändert« werden, wenn die damit verbundenen Gefühle der Scham, Wut und Traurigkeit nicht durchfühlt und der damit verbundene Stress und die entstandenen Ängste noch im Nervensystem gespeichert sind. Dies sind auch wieder Erfahrungen, die noch nicht vollständig in allen drei Gehirnbereichen verarbeitet wurden.

Noch einmal zur Erinnerung: Auch hier gilt wieder, es wird mit dem gearbeitet, was sich im Hier und Jetzt zeigt. Wenn wir zum Beispiel in der Trennung mit viel Wut, Hass, Traurigkeit oder anderen Gefühlen konfrontiert sind, die vom Ausmaß überhaupt nicht mehr zur Trennung passen, dann kann es sein, dass wir mit Gefühlen in Kontakt kommen, die bereits viel früher entstanden sind.

Der Raum im Hier und Jetzt ist dann der Weg, diese Gefühle anzunehmen, und die Trennung ist dann der Stellvertreter für die Gefühle, die bereits viel früher entstanden sind und die dann jetzt, »angeteasert« durch die Trennung, verarbeitet werden können - quasi umsonst auf dem Silbertablett mitgeliefert.

Um diese Wut oder all die anderen Begleiter gut handhaben zu können, ist wiederum die Arbeit mit dem Nervensystem und der Umgang mit Gefühlen die wichtigste Voraussetzung. Dies ist die Gelegenheit, deine Liebe zur dir selbst auf ein neues Fundament zu stellen.

Aber neben der inneren Haltung gibt es auch deine Werte, die sich in deinen Handlungen verkörpern.

Was sind deine Werte?

Unsere Werte bestimmen 90 Prozent unseres Tuns, Handelns und Denkens. Wer also in seinem Leben nicht mit seinen Werten im Einklang ist, wird das Leben immer als anstrengend empfinden.
Deine Werte dürfen sich mit dir und deinem Leben immer mehr vereinen und weiterentwickeln.
Die Bewusstwerdung deiner Werte und das Ausrichten nach deinen Werten geben deinem Leben einen tieferen Sinn, bringen dich weg aus den Rollenbildern, wie du zu sein hast, und hin zu dem, was du verkörpern möchtest. Anders ausgedrückt:
Welcher Mensch möchte ich sein? Je bewusster du dir darüber bist und je mehr du das lebst, umso wertvoller empfindest du dich, dein Handeln und damit deinen Selbstwert.

Kannst du auf Anhieb fünf Werte nennen, die dich ausmachen, und nochmals je drei Handlungen, an denen ich erkennen kann, dass du diesen Wert auch lebst und verkörperst?

Welche Top-5-Werte zeichnen dich aus? Markiere deine fünf wichtigsten Werte.
Wenn du dich nicht entscheiden kannst, markiere die, die dich ansprechen, und entscheide dann immer zwischen beiden, welcher dir mehr entspricht, bis du auf fünf Werte reduziert hast.

☐ Mut	☐ Humor	☐ Verbundenheit
☐ Fleiß	☐ Wissen	☐ Liebe
☐ Autonomie	☐ Neugier	☐ Respekt
☐ Herausforderung	☐ Leidenschaft	☐ Großzügigkeit
☐ Disziplin	☐ Rationalität	☐ Mitgefühl
☐ Tugendhaftigkeit	☐ Einfachheit	☐ Frieden
☐ Aufrichtigkeit	☐ Spiritualität	☐ Gerechtigkeit
☐ Zuverlässigkeit	☐ Tradition	☐ Hilfsbereitschaft
☐ Abenteuerlust	☐ Engagement	☐ Freundlichkeit
☐ Kreativität	☐ Verantwortlichkeit	☐ Sanftmut
☐ Offenheit	☐ Vergnügen	☐ Sicherheit
☐ Wachstum	☐ Muße	☐ Kompetenz
☐ Gesundheit	☐ Echtheit	☐ Loyalität

☐ Bedachtsamkeit ☐ Unabhängigkeit ☐ Wahrheit

☐ Ausgeglichenheit ☐ Vertrauen

Was liebe und schätze ich am meisten an mir?
Was schätze ich daran, ich selbst zu sein?

Schreibe hier direkt deine Top-5-Werte auf und die drei Handlungen, die diese Werte verkörpern.

Wert 1: ______________________________

Verkörpere ich durch diese Handlungen:

____

____

Wert 2: ______________________________

Verkörpere ich durch diese Handlungen:

____

____

Wert 3: ______________________________

Verkörpere ich durch diese Handlungen:

____

____

Wert 4: ______________________________

Verkörpere ich durch diese Handlungen:

____

____

Wert 5: ______________________________

Verkörpere ich durch diese Handlungen:

____

____

Lebst du diese Werte auch für dich oder nur für andere?

Ein Beispiel zur Verdeutlichung:

Wenn zum Beispiel Treue und Loyalität große Werte für dich sind, kann es passieren, dass du sehr lange an Beziehungen festhältst, in denen du schon lange keine Wertschätzung erfährst. Durch deinen hohen Wert der Treue und Loyalität fühlst du dich verpflichtet. Ein typischer Wertekonflikt, der nach einer Trennung auftritt, wenn du vielleicht eine Beziehung beendet hast.

Du kannst den Wertekonflikt in dir auflösen, indem du dir und deinen Werten treuer und loyaler gegenüber bist, als der Treue und Loyalität einer möglicherweise endenden Beziehung.

Hier kommen dann die Selbstachtung und die Selbstwertschätzung zum Tragen. Wie ausgeprägt sind diese vorhanden?
Wenn du Respekt, Wertschätzung und Treue als Werte für dich definiert hast und dein Gegenüber das nicht zu schätzen weiß, bist du dir gegen-

über respektvoll, wertschätzend und treu, indem du das Spielfeld verlässt?
Dazu bedarf es aber einer bewussten Auseinandersetzung mit deinen Werten und Ängsten. Die Angst vor Verlust oder die Angst vor dem Alleinsein können hier die Bremsen sein, die dich hindern, dir und deinen Werten treu zu bleiben.

Gibt es zu deinen Werten mögliche Wertekonflikte?

...

Wenn wir uns selbst für diese Werte als wertvoll empfinden möchten, dann gilt es, auch hier wieder den Weg vom Gedanken zum inneren Empfinden zu beschreiten und zu fühlen, dass du dieser wertvolle Mensch bist. Wenn du diesen Gedanken über dich fühlen kannst, dann wird der Gedanke in Kombination mit dem Gefühl zu deiner neuen inneren Überzeugung.

Du kennst die Spiegelübungen, in denen du dich morgens ansiehst und dir sagst, wie wundervoll du bist. Es bleibt aber immer nur auf der Ebene der Gedanken, wenn wir dieses »wundervoll« nicht in uns selbst fühlen können.

Um das zu fühlen, sprich die Werte aus und fühle in deinen Körper hinein, ob es eine Körperstelle gibt, die warm oder ruhiger wird oder die du mit einer Farbe ausleuchten kannst, wenn du wirklich über dich glauben kannst, dass du einzigartig bist.
In dieser Körperstelle können wir das Gefühl verankern. Je mehr du das wiederholst, umso mehr kann sich das Gefühl in dir ausbreiten. Damit veränderst du deine Energie der Emotionen von Scham und Minderwertigkeit zur eigenen Größe.

Noch einfacher und wirksamer sind dabei die Möglichkeiten im Yoga. Ich bin immer wieder fasziniert, wenn meine Yogalehrerin in den Workshops die Einheiten vorbereitet, wie sich die Teilnehmer fühlen sollen, und dann die entsprechenden Positionen einfließen lässt, um das innere Gefühl zu erwecken. Zum Beispiel, wenn die Pose der Kriegerin dir auf einmal das Gefühl von Stärke einhaucht, die Goddess-Pose dich in einen Zustand der Erhabenheit bringt oder die Kind-Stellung dir ein Gefühl von Geborgenheit vermittelt.

Auch hier ist das Stichwort »Embodiment«, Verkörperung, wieder ein großes Element, welches weit über die Verstandesebene hinausgeht.

Dazu sind noch geführte Imaginationsreisen ratsam, weil dein Gehirn nicht zwischen Realität und Imagination unterscheidet und du dich immer mehr in deinem Unterbewusstsein mit deinen Qualitäten verbinden kannst.

Das gelbe Zettelchen am Spiegel wird dann immer mehr zur Realität.

Manchmal fällt es uns sehr schwer, unsere eigenen »normalen« Werte wie Hilfsbereitschaft, Verständnis oder die Fähigkeit, liebevoll zu sein, als »besonders« wertvoll zu betiteln.

Nimm gern stellvertretend deine Tochter, deinen Sohn oder eine Bezugsperson, die du sehr gern magst. Was würdest du dir wünschen, wie sie über sich denkt und welche Überzeugung sie von sich hat? Erlaube dir auch einmal, in die Rolle der Tochter zu schlüpfen: Wofür wärst du gern von deinen Eltern wertgeschätzt worden?

Vielleicht fällt es dir dann schon etwas leichter, dich mit deinen »selbstverständlichen« Qualitäten wertzuschätzen.

Eine kleine Übung, um deinen Wert mehr wahrzunehmen und ihn zu verkörpern.

- Wie fühlt es sich an?
- Was denkst du über dich, wenn du dich als wertvoll empfindest?
- Wie würdest du dich fühlen, wenn du deinen Wert mehr verkörpern könntest?
- Wo in deinem Körper kannst du das spüren?

- Wie würdest du handeln?
- Wie würdest du dann kommunizieren?
- Wie würdest du dich kleiden, bewegen, was strahlst du aus?
- Was würde sich dann im Außen für dich ändern?

Werte sind eine grundsätzliche Lebenseinstellung. Sie sollten bewusst sein und sich in deinem Leben und Beziehungen widerspiegeln.
Wenn du deine Werte achtest, wirst du deine eigenen Grenzen respektieren und diese liebevoll kommunizieren können. Du wirst deine Bedürfnisse wahrnehmen und ihnen Raum schenken. Werte sind der Schlüssel zu gelebter Selbstliebe.
Wenn du dich, deinen Körper, deine Bedürfnisse und Wünsche wertschätzt, wird deine Beziehung zu dir selbst immer nährender und liebevoller.

Nein, das bedeutet überhaupt nicht, egoistisch zu sein oder die Bedürfnisse anderer zu ignorieren. Wenn wir uns gut um uns selbst kümmern, dann können wir viel besser, kraftvoller und liebevoller für andere da sein und sie unterstützen, weil wir in unserer Kraft sind. Es laugt uns dann nicht mehr aus. In der Phase der Trennung benötigst du erst mal all deine Kraft, dein Verständnis, deine Unterstützung und deine Hilfsbereitschaft für dich, um gestärkt aus der Trennung hervorzugehen.

Warum mir das so wichtig ist? Weil ich in der Praxis immer wieder eines erlebe: funktionieren. Ich funktioniere. Ich hatte noch gar keine Zeit zum Verarbeiten. Ich merke, dass es mir immer schlechter geht. Ich bin schlaflos, bekomme Heulattacken in den unmöglichsten Momenten, Panikattacken, Rückenschmerzen und bekomme schon Beruhigungstabletten. Dann sind da noch die Weiterbildung, zu der ich mich angemeldet habe, die Überstunden, die Personen, die ich unterstütze, in der Zeit der Trennung ist auch noch meine Mutter verstorben und, und, und ... – die Liste ist endlos lang.

Wann ist die Zeit zum Verarbeiten? Nie, wenn wir uns nicht bewusst dazu entscheiden. Einschneidende Erlebnisse zu verarbeiten und zu verdauen, benötigt unseren Parasympathikus – der Teil im Nervensystem, der Er-

fahrungen verdaut und Selbstheilungskräfte aktiviert. Dieser benötigt vor allem Ruhe und Zeit.
Oder wie eine Kundin es mir zurückgemeldet hat:

»Ich habe mir das sehr zu Herzen genommen. Ich werde noch einiges zu Ende bringen im Unternehmen, nicht wegen des Unternehmens, sondern wegen der Kunden, die ich betreue, und dann mache ich einen längeren Ausstieg. Es geht so nicht mehr weiter. Du hast mir wirklich die Augen geöffnet.«

Gönn dir die Auszeit, sag am Wochenende alles ab und leg dich ins Bett, nimm dir den Krankenschein, nach dem dein Körper schon so lang schreit. Funktionieren ist out, Ruhe und Zeit sind das neue Sexy. Sei es dir wert!

Hier sind einige Kommunikationsbeispiele, die Frauen für sich im Coaching entwickelt haben. Vielleicht unterstützen sie dich dabei, für dich einzustehen. Ein Nein zu anderen ist immer auch ein Ja zu dir. Oder anders formuliert: Ein ausgesprochenes Ja, welches nicht mit deiner inneren Überzeugung übereinstimmt, ist ein NEIN zu dir.

- »Ich nehme gerade meine Bedürfnisse mehr wahr und benötige heute Raum für mich. Das hat nichts mit dir zu tun.«
- »Ich würde den Termin gern auf XY verschieben, passt das bei dir?«
- »Das freut mich, dass du an mich gedacht hast, aber das passt gerade nicht zu meinen Zeitplänen.«
- »Ich habe gerade eine anspruchsvolle Zeit, die mich herausfordert, ich komme gern wieder auf dich zu.«

Der andere darf das doof finden, muss es aber respektieren! Gesteh ihm die Verantwortung für seine Gefühle zu. Auch er kann vielleicht mit Ablehnung nicht gut umgehen und möchte dieses Gefühl vermeiden. Das wiederum hat aber nichts mit dir zu tun.
Aber zurück zu deinem Selbstwert: Wenn wir uns unseren Wert immer mehr zugestehen und ihn immer mehr verkörpern und fühlen, dann

ist das erst mal ein wunderschönes Geschenk, aber mit einer heftigen Nebenwirkung.
Wenn wir dann zurücksehen und erkennen, wie sehr wir unseren eigenen Wert mit Füßen getreten haben, wie lieblos wir zum Teil mit uns selbst umgegangen sind oder was wir vielleicht toleriert haben ...
... dann kommt der Schmerz: der Schmerz des verletzten Selbstwertes, der dann nochmal voll aufblüht. Da kommt dann eine Wut auf sich selbst, eine Traurigkeit und ein tiefes Schamgefühl, aber genau diese Gefühlszustände sind so wichtig, um den Selbstwert auf tiefster Ebene zu transformieren. Genau diese Wut und Traurigkeit wurden schon so lang unterdrückt, nämlich seit unser Wert durch uns selbst oder durch andere verletzt wurde und wir dadurch beschämt wurden. All das kommt dann ans Tageslicht und so unangenehm es sich auch anfühlt, so transformierend ist das Zulassen. Die Wut zulassen, die sich immer gegen uns selbst gerichtet und diese Überzeugung kreiert hat, dass wir nicht gut genug und nicht liebenswert sind. Diese Wut will Veränderung, und Kali, die hinduistische Göttin der Zerstörung und Transformation, möchte genau das bewirken: eine tiefe Veränderung deiner Denk-, Glaubens- und Verhaltensmuster.

Aber für sich selbst einzustehen, seine Bedürfnisse zu kommunizieren, um Unterstützung zu bitten und jemanden in seinem Wunsch abzulehnen, weckt tiefe Ängste zusätzlich zu den Ängsten, die ja bereits durch die Trennung auftreten. Diesen Ängsten schauen wir jetzt einmal ins Auge.

Ängste

Es gibt so viele Ängste im Rahmen der Trennung:

- Die Angst, dass der Trennungsschmerz nie wieder aufhört
- Die Angst, dass der Ex-Partner nie wieder aus dem Gedankenkarussell verschwindet
- Die Angst, nicht abschließen zu können
- Die Angst, ob man überhaupt wieder lieben kann und ob man überhaupt liebenswert ist
- Die Angst vor einer neuen Beziehung und dann vielleicht wieder verlassen zu werden
- Die Angst, wieder an den »falschen« Mann zu geraten
- Die Angst, wieder ausgetauscht und ersetzt zu werden
- Die Angst vor dem Alleinsein
- Die Angst, völlig abhängig zu sein
- Die Angst vor dem, was »die anderen« denken
- Die Ängste vor den eigenen Gefühlen
- ...

Begleitet von all den Symptomen der Angst wie Unruhe, Ängste, schlaflose Nächte, Rastlosigkeit, Schwere, depressive Gefühle, Antriebslosigkeit bis hin zur völligen Apathie, Zittern, Schwindel, Herzrasen und Schweißausbrüche.

Die häufigsten körperlichen und psychischen Symptome, von denen meine Kundinnen berichten, wenn sie Ängste im Rahmen der Trennungsphasen verspüren, sind:

- Schwindel
- Herzstolpern, Herzrasen
- Übelkeit, Bauchschmerzen
- Druck auf der Brust, das Gefühl, zu ersticken
- Kopf- und Nackenschmerzen
- Innere Unruhe
- Benommenheit (Brainfog)
- Kloß im Hals, Schluckbeschwerden
- Hohe innere Unruhe mit der Unmöglichkeit, zu entspannen

- Nicht enden wollendes Gedankenkarussell
- Massive Angstgefühle
- Sorgen und Zweifel bis hin zu
- Selbstmordgedanken

Die Folge nicht gut ausgebildeter Fähigkeiten und Ressourcen, mit der Trennung und den dabei auftretenden Angstzuständen gut umgehen zu können, wird in der Praxis auch gern als Angst- oder Anpassungsstörung bis hin zur posttraumatischen Belastungsstörung diagnostiziert.

Die Regulation des Nervensystems wird dann sehr häufig an sehr hilfreiche Medikamente »ausgelagert«, die für eine Übergangszeit Unterstützung liefern, gleichzeitig aber auch wieder neue Ängste in den Raum treten lassen wie: »Werde ich abhängig?«, »Brauche ich die Medikamente lebenslang?« oder »Was passiert, wenn ich die Medikamente absetze?«

Wenn das Ziel ist, seine Ängste und damit sein Nervensystem selbst wieder regulieren zu können und damit die Möglichkeit zu schaffen, die Medikamente wieder schrittweise abzusetzen, dann ist es unabdingbar, sich mit der Funktion seines Nervensystems auseinanderzusetzen und den Raum für die regelmäßige Umsetzung in der Praxis zu schaffen.
Grundsätzlich dürfen wir uns noch mal vor Augen führen, dass Angst ein wunderbarer Schutzmechanismus ist. Sie möchte dich beschützen vor einer Wiederholung von schmerzhaften Erfahrungen.

Dies kann auch durchaus sehr hilfreich und unterstützend wirken. Sie schützt uns, im Straßenverkehr aufzupassen, und sie schützt uns, das Haus abzuschließen. Sie erweckt also eine Wachsamkeit in uns, uns selbst und unser Eigentum zu schützen.

Wenn es aber darum geht, uns vor sich wiederholendem Schmerz zu schützen, dann ist die Angst sehr oft hinderlich. Sie wirkt dann wie eine Schutzmauer um unser Herz, welches bitte nicht mehr verletzt werden möchte – absolut nachvollziehbar und verständlich. Aber sie hält uns auch in einem Wachsamkeitsmodus. Es gibt immer die Gefahr im Nervensystem, da es permanent checkt, ob es Anzeichen gibt, dass ich verlassen werden könnte, hier abgelehnt und kritisiert werde, ob ich ihm vertrauen kann und sicher in der Beziehung bin.

Anstrengend, oder? Vor allem läuft das auf einer Ebene ab, die wir bewusst gar nicht wahrnehmen. Es läuft auf der Ebene unseres Nervensystems ab, welche sich nicht wirklich sicher in Beziehungen fühlt und sehr schnell bei kleinsten Warnsignalen in den Wachsamkeitsmodus fällt. Das Stirnrunzeln, der kritische Blick, der tadelnde Tonfall: All das können dann Auslöser sein, die deutlich unter unserer Wahrnehmungsschwelle liegen, aber in uns den Wachsamkeitsmodus aktivieren.

In diesem Wachsamkeitsmodus beißen wir dann eher unbewusst den Kiefer zusammen und bauen Spannung im Körper auf, bis wir uns dann wundern, weshalb der Nacken oder Rücken wieder so verspannt sind.

Dazu gehört auch die Angst, wieder so zu fühlen wie damals. Bloß dieses Gefühl nicht mehr erleben müssen. Die Angst vor den eigenen unerträglichen Gefühlen wird immer größer und damit auch die Anstrengung des Wachsamkeitsmodus, diese zu vermeiden.

Wie befinden uns immer mehr im Dauerstress.

Wie die Verletzung der Trennung unseren Selbstwert, unsere Gefühlswelt, unsere Wahrnehmung und unser Körperempfinden beeinflusst, erlebst du gerade hautnah. Nichts in dir wird nach Wiederholung schreien.

Wiederholung vermeiden wir, wenn eine Verarbeitung vollständig erfolgt, also neben unserem Bewusstsein auch die Ebene der Gefühle und des Nervensystems einbezogen wird.

Hier liegt auch wieder die Chance, alte Verletzungen, die jetzt durch die Trennung mit gesichtet werden können, tiefgreifend auf der Ebene der Gefühle und des Nervensystems zu transformieren.

Wenn wir uns nochmal dem Begriff der Verletzung widmen, dann wird hier nochmal deutlich: Verletzung = Wunde = Trauma.

Das Wort »Trauma« kommt aus dem Griechischen und bedeutet allgemein »Verletzung«.

Ich verwende den Begriff »Verletzung«, der aber synonym mit dem Begriff »Trauma« übersetzt werden kann. Mit dem Wort »Trauma« bin ich dann doch deutlich sparsamer in diesem Buch, einfach weil wir Traumata in unserer Gesellschaft immer noch sehr mit Kriegsverbrechen, Opfern von Gewalt, Missbrauch oder sonstigen wirklich schlimmen Erfahrungen verbinden.

Dies bedarf dringend einer Korrektur. Wenn wir bei dem Wort »Verletzung« bleiben, wird schon deutlicher, dass wir alle verletzt wurden und wahrscheinlich auch andere Menschen verletzt haben. Häufig verbinden wir viele Symptome, die aus den Folgen dieser Verletzungen entstanden sind, überhaupt nicht mehr mit den Ursprungserfahrungen: unsere Glaubenssätze und Verhaltensmuster, unser Empfinden für Stress, unser Umgang mit Gefühlen, die selbstabwertenden Selbstgespräche ...

Daher noch einmal explizit die Einladung an dieser Stelle: Deine jetzige Trennungserfahrung ist eine so wunderbare Gelegenheit, diesen Ursprüngen auf die Schliche zu kommen, den Ballast der Vergangenheit zu sichten und die Ursprünge von damals mit den Auswirkungen von heute zu verbinden und damit beeinflussen und verändern zu können.

Unsere Fähigkeit, die Trennung zu verarbeiten und somit in der Folge das Risiko zu minimieren, Ängste, ungünstige Glaubenssätze oder Selbstzweifel zu entwickeln, geht einher mit der Fähigkeit, den inneren Zuständen liebevoll zu begegnen – also das Hinwenden, Zuwenden, das Gegenteil von »weghaben wollen«.

Wir wollen etwas weghaben, was uns nervt, stört oder unangenehm ist.

Gerade zu Beginn der Trennung ist jede Situation häufig noch mit sehr viel Schmerz und Gefühlsausbrüchen verbunden. Wenn dann noch ein Cocktail aus unverarbeiteten Erfahrungen aus der Vergangenheit hinzukommt, dann ist unser Nervensystem in völligem Aufruhr. Die begleitenden Zustände sind die Panik, Ängste, schlaflosen Nächte, die Unruhe ... dann wieder die Traurigkeit und Wut sowie die Schuldgefühle. Der Katalog ist lang.

Wenn wir nochmal an die Phase der Verdrängung erinnern, so haben wir alle Mechanismen entwickelt, damit umzugehen.

Wir kämpfen gegen das, was ist. Wir flüchten vor dem, was ist. Wir geben im Zweifel nach, wenn Kampf und Flucht nicht möglich sind, oder drücken die Wut und Tränen einfach weg.

Das gelingt gut und ist auch notwendig. Wenn wir gerade im Meeting sitzen und die Tränen hochkommen, macht es Sinn, diese in dem Zeitraum zu unterdrücken, oder wenn uns die Wut packt und wir im wahrsten Sinne des Wortes die Zähne zusammenbeißen müssen, um nicht völlig auszuflippen.

Diese Energie staut sich in unserem Körper: die Wut, die im Kiefer gespeichert ist, die Tränen, die sich auf der Lunge festgesetzt haben.
Diese Energie gilt es wieder freizusetzen und der Wut, den Tränen und den dahinterliegenden Botschaften zu lauschen. Dann beginnen Verarbeitung und Integration.

Aus dem »Weghaben-Wollen« wird ein bewusstes Zuwenden. Dann entstehen aus Kampf und Flucht Ruhe und innerer Frieden sowie ein Gefühl der Entspanntheit.

Um sich aber hinzuwenden, benötigt es essenziell die Fähigkeit, die aufkommenden Gefühle und Körperempfindungen handhaben zu können.
Also ist die wichtigste Fähigkeit in der Trennung die Fähigkeit, Gefühlen angstfrei zu begegnen und sich selbst mit dem Stress, den die Gedanken, Gefühle und Körperempfindungen auslösen, regulieren zu können.

Dazu gibt es jede Menge Handwerkszeug, welches ich im praktischen Teil noch näher vorstellen werde. Um hier kurz die Fachbegrifflichkeiten zu erläutern: Der Stress spielt sich im Nervensystem zwischen dem Parasympathikus und dem Sympathikus ab. Für die Verarbeitung ist der entscheidende Strang der parasympathische Ast und dabei der Vagusnerv, der in Ruhe und Entspanntheit die für die in der Trennungsphase so notwendigen Selbstheilungskräfte aktiviert und mobilisiert und die Erfahrungen integriert und verarbeitet. Entspannt sein können wir aber nur, wenn wir keine Angst haben, den Blick nach innen zu richten, und die Angst vor dem, was wir wahrnehmen, verlieren.

Wenn ich auf einmal meinen Herzschlag so deutlich spüre, die Unruhe im Bauch, ein Zittern oder einen Druck wahrnehme, dann kann das erst einmal sehr beängstigend sein und Gedanken wie: »Oh, ich habe da vielleicht eine Herzkrankheit. Was stimmt hier nicht? Ist das ein Geschwür?« können sich dann auch noch zeigen.

Die Fähigkeit, sich mit sich selbst und seinen Gefühlen und Stresszuständen zu beschäftigen, ist sehr stark abhängig von der Fähigkeit, meinen Körper zu spüren. Es kann ziemlich herausfordernd sein, wenn ich diese Verbindung schon sehr lange »verloren« habe oder wenn ich sehr sensibel auf meine Körperempfindungen reagiere. Dann kann bereits jede Wahrnehmung ein gefühltes Krankheitsbild diagnostizieren.

Sehr häufig kann diese Übersensibilität entstanden sein, wenn wir als Kinder körperliche Schmerzen erlitten haben, sei es durch Krankheit oder durch Gewalt. Dann war es überlebensnotwendig, nicht mehr alles wahrzunehmen. Dieses »Nach-innen-Wenden« kann tiefe Ängste berühren.

Von daher ist auch hier der Weg das Ziel: sich immer mehr mit seinem Körper zu verbinden und Vertrauen zu entwickeln. Das kann auch manchmal bedeuten, dass man sich gern vorher noch mal ärztlich abchecken lässt, um die Gedanken aus dem Kopf zu bekommen, dass sich hier hinter der Wahrnehmung eine ernsthafte Krankheit versteckt.

Diese »Unentspanntheit« zeigt sich dann an unserem Level von Stress, der Übererregung oder Untererregung.

Übererregung

Sympathikus unter Stress
gestresst, hibbelig, nervös, sorgenvoll, unruhig

Untererregung

Parasympathikus unter Stress
depressive Verstimmungen, hoffnungslos, antriebslos

Parasympathikus in Entspannung aktiviert den ventralen Vagusnerv

entspannt, ruhig
Verarbeitung
Integration
Selbstheilungskräfte

Wenn die Angst also anklopft, lade sie ein und höre mal zu, was denn gerade so ängstlich oder wütend macht. Dann erfährt man, dass man so ängstlich ist, weil man Angst vor dem Alleinsein hat oder sich überfordert fühlt oder, oder, oder.

Nehmen wir die Ängste doch noch einmal etwas genauer unter die Lupe.

Die Angst vor Kritik

Sie kann uns in der Trennung begegnen, wenn wir für unsere Entscheidung, uns getrennt zu haben, kritisiert oder als egoistisch betitelt werden.

Sie kann uns begegnen, wenn wir getrennt wurden und spüren, dass uns vielleicht kein Verständnis entgegengebracht wird, sondern eher eine subtile Kritik wie: »Das musste ja so kommen, weil so, wie du bist, war das ja klar. Mit dir kann man es ja nicht aushalten.« Und häufig ist es gar keine Kritik, die von außen kommt. Viel häufiger wird sie uns von unserem eigenen inneren Kritiker erzählt.

Oder sie kann uns begegnen, wenn wir für uns und unsere Bedürfnisse einstehen und dafür kritisiert werden.

Kritik fühlt sich wie ein persönlicher Angriff an. Wir werden bewertet und verurteilt, meist auch noch ohne eine Chance auf Richtigstellung oder dem wirklichen Interesse an unserer Sichtweise. Bei destruktiver Kritik fehlen zwei Dinge: Wohlwollen und Verständnis. Es geht nur um das Verurteilen und meistens nicht nur das des Verhaltens, sondern die Kritik an der kompletten Person.
Daher berührt Kritik einen tiefen Kern. Wenn ich für mein Verhalten kritisiert werde (konstruktive Kritik), habe ich die Chance, über das Gesagte nachzudenken und zu entscheiden, ob ich mein Verhalten ändere. Wenn ich als komplette Person kritisiert werde, dann betrifft es mein Sein und damit wieder die Wunde, falsch oder nicht genug zu sein. Eine Kritik berührt daher tief und das zeigt sich in den auftretenden Gefühlen.

Auch hier gilt es, die Situationen, in denen wir kritisiert werden, erst einmal wahrzunehmen und die damit verbundenen Gefühle der Scham, der Reue, aber auch der Ohnmacht, Hilflosigkeit und Wut wahrzunehmen und ihnen einen beobachtenden Raum anzubieten.

Wir haben keinen Einfluss darauf, ob und wann uns jemand kritisiert. Die einzige Einflussgröße ist deine Reaktion.
Wenn wir Kritik als Ablehnung oder Angriff interpretieren, folgt in der Regel ein »Gegenangriff«, weil wir uns verletzt fühlen. Hier wird die Wunde der Ablehnung berührt, die in den Trennungsphasen noch sehr offen ist.

Auch hier gilt es, den Moment zwischen Reiz (jemand äußert Kritik an deinen Entscheidungen und Handlungen) und Reaktion (Scham, Gegenangriff, Angst) wahrzunehmen, bei dir zu bleiben und den Gefühlen, die sich zeigen, Aufmerksamkeit zu schenken.

Aber auch bei dem Thema Angst vor Kritik bietet sich natürlich wieder die Möglichkeit, tiefer zu tauchen. Gab es diese Angst vor Kritik vielleicht schon länger in dir?

Häufig hat diese Angst ihren Ursprung in den Bindungserfahrungen der Vergangenheit. Die Angst möchte dich beschützen: vor Bestrafung, vor Abwertung, vor ...!

Mögliche Ursachen, die eine Angst vor Kritik gebildet haben können:

Wenn jemand in der Vergangenheit wiederholt kritisiert oder lächerlich gemacht wurde, kann dies zu einer anhaltenden Angst vor Kritik führen. Die Ursachen können kritische, missbilligende Eltern, kritische Lehrer, eine erhobene Stimme, ein harter Gesichtsausdruck oder in ihren Reaktionen unberechenbare und damit angsteinflößende Autoritäten sein.

Hohe Erwartungen wurden an dich gestellt: Mit einem »Befriedigend« nach Hause zu kommen, war schon ein Versagen. Fehler wurden immer wieder korrigiert, in der gut gemeinten Absicht, dass du lernst, es besser zu machen. Wenn das aber ein Dauerzustand war, konnte sich das Gefühl, dass du etwas richtig machst, nicht wirklich gut einstellen, oder du hast das Gefühl bekommen, dass du erst etwas richtig machen kannst, wenn du alles zu dem Thema gelernt hast und dir alles beigebracht wurde. Ein neugieriges, spielerisches Ausprobieren, welches die Erlaubnis beinhaltet, an den Erfahrungen zu wachsen, ist schon fast ausgeschlossen. Du trittst erst an, wenn du perfekt mit der Materie vertraut bist.

Wenn dir jemand gesagt hat, was du zu tun hast und du kontrolliert wurdest, wenn du keine eigene Meinung haben durftest oder für deine Meinung bestraft wurdest, fehlt das Vertrauen in dich selbst und damit auch wieder das Vertrauen in deine Fähigkeiten, neue Dinge »unbelastet« und mit einem Anfängergeist auszuprobieren.

Aus dieser Gemengelage bildet sich die Angst vor Kritik. Sie möchte dich vor Situationen schützen, in denen du abgelehnt, bewertet, verurteilt werden oder für Fehler bestraft werden könntest, und das kann sich in deinen Verhaltensweisen widerspiegeln.

Mögliche Verhaltensweisen, die die Angst vor Kritik kennzeichnen:

Die Angst vor Fehlern oder Kritik kann uns daran hindern, neue Aufgaben oder Herausforderungen anzunehmen. Dies ist für die Phase des Neubeginns natürlich, die uns definitiv vor neue Herausforderungen stellen wird – eine zusätzliche Hürde.
Aber auch Schwierigkeiten bei der Annahme von Feedback im Allgemeinen, Komplimenten und positivem Feedback können auftreten, weil ständig hinterfragt wird, ob das stimmen kann, oder weil man es von vornherein nicht annimmt, da das eigene Selbstbild so negativ ist, dass die Meinung anderer nicht der Wahrheit entsprechen kann.

Die Angst vor Kritik kann den stärksten inneren Kritiker aktivieren – und dieser kann ganz schön hart zu dir selbst sein.

Aus Angst, kritisiert zu werden, wird erst gar kein Anlass gegeben: Der Perfektionismus ist geboren und Situationen, in denen wir fürchten, nicht gut genug zu sein, werden vermieden. Hierzu zählen insbesondere Situationen, in denen wir bewertet oder beurteilt werden könnten, z. B. das Vortragen vor Gruppen oder das Einreichen von Arbeiten können massive Ängste auslösen.

Wenn wir uns die Angst vor Kritik noch mal aus der Sicht des Nervensystems anschauen, dann wird hier folgender Mechanismus aktiviert:

Denken, bewusstes Reagieren ist eingeschränkt.
Fühlen, Angst wird aktiviert.
Handeln, unser Autopilot übernimmt.

Wenn wir kritisiert werden oder die Gefahr von Kritik droht, dann kennt unser Stammhirn nur vier Überlebensreaktionen:

Kämpfen, flüchten, anpassen, erstarren.

Ein Beispiel: Wenn wir in der Beziehung kritisiert werden oder Wünsche nach Veränderung am Verhalten geäußert werden, dann können, wenn die Wunde der Kritik noch in uns aktiv ist, folgende Reaktionsmuster anspringen:

- Kampf: Ich bekämpfe die andere Person mit ihrer Kritik oder dem Wunsch nach Veränderung. Ich mache dicht. Ich werde wütend.

- Flucht: Die ständige Kritik oder der Wunsch nach Veränderung drängen mich aus der Beziehung. Ich fühle mich nicht wohl, weil die alte Wunde berührt wird, und »flüchte« aus der Beziehung.

- Anpassen: Im Modus der Anpassung nehme ich mir die Kritik so zu Herzen, dass ich in vorauseilendem »Gehorsam« mein Verhalten anpasse, um nicht mehr kritisiert zu werden.

- Starre: Ich erstarre, das heißt: Bei Kritik bin ich völlig gelähmt, treffe keine Entscheidung mehr, aus Angst, wieder etwas falsch zu machen, drehe mich im Kreis und fange an, mich auf Eierschalen zu bewegen.

Damit passiert eines: Wir können mit dieser Wunde überhaupt nicht mehr reflektieren, um was es wirklich geht, ob die Veränderungswünsche die Beziehung wachsen lassen und ob der kritisierte Punkt berechtigt ist. Die Fähigkeit zum Reflektieren ist in dem Moment sehr eingeschränkt.

Wenn dann noch eine Portion großer Unbewusstheit mit hineinspielt, dann endet diese Diskussion in gegenseitigen Vorwürfen.
Weil du ..., fühle ich mich ... und deswegen habe ich ...

Es entsteht eine Dynamik, die sich destruktiv auf das Vertrauen in der Beziehung auswirken kann.

Hier zeigt sich nun wieder der rote Faden, aus dem Gefühl, es nie recht machen zu können, spielt wieder unser Glaubenssatz hinein, nicht gut genug zu sein. Das geringe Selbstwertgefühl, welches entstanden ist, lässt wieder grüßen und die Schuld- und Schamgefühle oder die Wut lassen ganz herzlich grüßen.

In den letzten Wochen, Monaten oder Jahren vor der Trennung ist die gegenseitige Kritik mit Sicherheit nur hin und her geflogen und ein Ausstieg aus der Dynamik war nicht mehr möglich. Das Unterscheiden, was berechtigte Kritik ist, was zum Wachstum und Veränderung in der Beziehung einlädt, was in meiner Verantwortung liegt und was zum Gegenüber gehört und wo einfach nur eine Wunde berührt wird – dieses Reflektieren ist nicht mehr möglich, sobald Verletzungen und daraus resultierende Ängste aktiviert werden.

Was hier fehlt, ist das klare Statement: »Ja, ich nehme mir deine Kritik zu Herzen. Ich möchte die Beziehung nicht gefährden. Du bist mir wichtig, die Beziehung ist mir wichtig und ich werde an dem Verhalten arbeiten, das die Beziehung gefährdet.« Das gilt selbstverständlich für alle Beteiligten – der Griff an die eigene Nase bleibt dabei nicht außen vor.

Das ist erneut eine wunderbare Möglichkeit, sich von den alten Zöpfen der Vergangenheit zu trennen und sich weiterzuentwickeln.

Die Angst vor Ablehnung

Die Angst vor Ablehnung oder auch die Angst, nicht akzeptiert zu werden, wie wir sind, schlummert in jedem von uns. Wir alle erfahren Ablehnung, das ist ein Bestandteil menschlichen Daseins. Noch einmal sei zur Erinnerung gesagt: Unser Gehirn möchte Sicherheit, also den Ausschluss aus der Gemeinschaft verhindern. Wenn wir Ablehnung erfahren oder jemanden in seinen Bedürfnissen ablehnen, dann kann uns das in einen inneren bedrohlichen Zustand versetzen.

Diese Erfahrungen können dazu führen, dass wir uns unsicher fühlen und befürchten, erneut abgelehnt zu werden oder wenn wir jemanden in seinen Wünschen ablehnen, dafür bestraft zu werden.

Gerade in der Trennung ist die dahinterliegende Wunde der Ablehnung natürlich voll aktiviert – wenn wir verlassen wurden. Aber wenn wir jemanden verlassen haben, dann kann in uns die Angst vor Ablehnung aktiviert werden, weil wir für unsere Ablehnung des anderen hart bestraft werden. Die toxische Trennung lässt grüßen.

Hier hast du dann in die Wunde der Ablehnung bei jemand anderem gepickt, der aber, wie bei der Angst vor Kritik, nicht den Raum zwischen Reiz und Reaktion nutzt, sondern seine in ihm aktivierte Wut in einem völligen Gegenangriff auf dich zurückprojiziert und so versucht, sie zu verarbeiten.

Daraus kann in dir eine Angst entstehen, nochmal jemanden abzulehnen und dich an die »erste« Stelle zu setzen, weil die Angst vor Bestrafung gerade hautnah in der Praxis erlebt wird.

Was ich aus der Praxis sagen kann, ist, dass die Situationen, die aus der Ablehnung hervorgerufen werden, zum Teil wirklich sehr bedrohliche Ausmaße annehmen. Auch hier gilt wieder, dass deine Sicherheit und dein Schutz absolute Priorität haben.
Es gibt Anwälte, die sich gerade in Sachen Trennung sehr auf diese destruktiven Verläufe spezialisiert haben. Vielleicht ist es mal an der Zeit, sich Unterstützung zu holen?
Aber zurück zur Angst vor Ablehnung: Sie möchte dich schützen – schützen vor einer erneuten Verletzung, nicht willkommen zu sein und sich fehlerhaft zu fühlen.

Gerade, wenn wir uns in unserem Neuanfang ausrichten und vielleicht für eine neue Beziehung, neue Begegnungen oder einen neuen Freundeskreis öffnen, wird diese Angst noch einmal enorm verstärkt.

Hier ist der Moment zwischen Reiz (jemand bittet dich um einen Gefallen oder du triffst neue Menschen) und Reaktion (dein Spüren, ob du das wirklich willst, das Treffen aus Angst absagen zu wollen) enorm wichtig, um die Angst überhaupt an die Hand nehmen zu können, das Nervensystem zu beruhigen und deine Bedürfnisse wahrzunehmen.

Verhaltensweisen, die diese Angst widerspiegeln können, sind zum Beispiel:

Aus Angst vor Ablehnung meidest du vielleicht im Vorfeld bereits Situationen, in denen du möglicherweise kritisiert oder abgelehnt werden könntest. Der Rückzug dient dazu, dich zu schützen. So kannst du keine Fehler machen und folglich nicht abgelehnt oder auch kritisiert werden. Gerade für die Perfektionisten ist dies ein notwendiger Schutzmechanismus.

Es wird Überwindung kosten, aber das Aufsuchen der Orte oder Situationen, die wir vermeiden, ähnlich wie bei der Angst vor der Kritik, kann unsere Angst mildern und eine neue Erfahrung kreieren. Die Erfahrung, dass wir, wenn wir uns zum Beispiel für einen Gruppenkurs anmelden, nicht perfekt sein müssen, um dort teilzunehmen, und dass wir in Sicherheit sind, wenn uns nicht jeder mag.

Aber auch bei der Angst vor Ablehnung können wir gern noch mal auf vergangene Erfahrungen zurückschauen, wo die Wunde der Ablehnung noch in dem hintersten Winkel unseres Unterbewusstseins aktiv ist und die Angst damit befeuert.

Sie ist sehr häufig in dem gleichen Ursprung entstanden wie die Angst vor Kritik, oft durch negative Erfahrungen in der Vergangenheit, zum Beispiel durch Zurückweisung, Kritik oder Mobbing. Wo gibt es noch Ex-Partnerschaften, die dich verlassen haben und wo der Schmerz noch nicht vollständig verarbeitet wurde?

Auch in der Praxis ist immer wieder spannend, wenn wir durch geführte Meditationen oder Imaginationsreisen das Unterbewusstsein aktivieren, welche »ollen Kamellen« sich dann zeigen, wo man dachte, dass diese doch bereits ad acta gelegt sind.

Nimm gern einen tiefen Atemzug, schließ die Augen und vielleicht möchte dir dein Unterbewusstsein direkt ein Bild anbieten, wo du noch eine Erfahrung der Ablehnung verarbeiten möchtest? Vertraue dem Impuls von der Person, die sich gerade vor deinem inneren Auge zeigen möchte. Die Zusammenhänge zeigen sich meist erst mit den noch damit verbundenen Gefühlen.

Das tiefere Eintauchen in die Angst der Ablehnung ist dahingehend so spannend, weil uns diese Angst tief verändern kann. Sie kann den Überlebensmechanismus der Unterwerfung aktivieren. Wir alle besitzen die lebensnotwendige Fähigkeit, uns anzupassen – anzupassen an äußere Umstände.

Aus Angst vor Bewertung und Verurteilung möchte ich es natürlich beim nächsten Mal besser machen. Das ist Lernen und Wachsen. Wenn es aber aus einer Angst heraus geschieht, weil ich weiß, wenn ich es beim nächsten Mal nicht besser mache, dann werde ich bestraft, dann ist das Lernen und Wachsen mit ganz viel Druck und Stress verbunden. Das ist das Gegenteil von Wachsen und Lernen aus Neugierde, Wissbegierde und Freude. Zwei völlig unterschiedliche Qualitäten, die im Output wahrscheinlich das gleiche Ergebnis bringen. Der Weg dahin wird allerdings völlig unterschiedlich verlaufen.

Wir versuchen also, aus Angst das gewünschte Ergebnis zu liefern. Druck und Anspannung begleiten den Weg.

Bei der Erfahrung von Mobbing oder Ausstoß aus der Gruppe kann ich mich häufig nicht anpassen. Dies wird mir in der Praxis häufig am Beispiel von Familiendynamiken geschildert, wo es das »Lieblingskind« gab und ich nichts tun konnte, um den Status auch zu erreichen. Dann bringt Anpassung nichts – in meinem Versuch der Anpassung scheitere ich also. Dieses Gefühl des Scheiterns kann zu einer tiefen Resignation führen und natürlich wieder die ganze Kette der Glaubenssätze und des verletzten Selbstwerts in Gang setzen.

Ganz genau so fühlen wir uns oft in der Trennung: ungeliebt, abgelehnt oder sogar bedroht. Aus diesem Cocktail kann dann wieder der Zustand einer tiefen Hilflosigkeit oder Resignation entstehen. Das kann verändert werden.

Wenn die Wunde der Ablehnung und ein verletzter Selbstwert zusammentreffen, dann kann es auch passieren, dass wir, wenn wir uns abgelehnt fühlen, dies zum Anlass nehmen, jemand anderen von uns überzeugen zu wollen, dass wir doch wertvoll genug sind. Verbunden mit dem Wunsch, dass unsere Wunde der Ablehnung geheilt und unser Selbstwert wiederhergestellt wird, wenn der andere das erkennt und sich uns endlich zuwendet. Das kann der Grund sein, warum wir nach der Trennung noch sehr lange in der Hoffnung verweilen, dass die Trennung vielleicht doch wieder aufgehoben und alles gut wird.

Neben der Angst vor Ablehnung begleitet uns in der Trennung auch häufig die Angst vor dem Alleinsein.

Die Angst vor dem Alleinsein

Sie begegnet uns in der Trennung als reale Erfahrung. Wir sind allein.

Wir sind wieder Single, alleinerziehend, geschieden. Bääm. Single. Unvollständig, Makel, den Richtigen noch nicht gefunden, gescheitert oder, oder, oder. Singledasein ist nicht nur Singledasein. Es beinhaltet eine Aussage gesellschaftlichen Charakters, nämlich dass Single sein oft lediglich als Übergangsstatus zur nächsten Beziehung gilt, eine Art Wartezeit auf Mr. Right darstellt. Je nachdem, welcher Glaubenssatz in dir aktiv ist, werden hier natürlich noch mal »Ich bin nicht gut genug« und »Ich bin nicht liebenswert« verstärkt. Wenn du Single bist und dann auch noch lange, dann stimmt ja etwas nicht mit dir. Schließlich versprechen die verschiedensten Dating-Portale, nur einen Klick vom Traummann entfernt zu sein – und du bist wieder Single.

In der Trennungsphase bist du kein Single. Du bist auf dem Weg, die Trennung zu verarbeiten, die Emotionen aufzulösen, die Verbindung zu lösen, die Zeit zum Reflektieren der Beziehungserfahrung zu nutzen und um die Erfahrung zu verdauen.
Du fühlst dich allein, du bist allein – aber noch nicht wirklich –, weil viele Gedanken und Emotionen noch mit dem Ex-Partner verbunden sind.

Aber es kommt der Tag, an dem du akzeptiert und losgelassen hast, und dann bist du Single. Und dann? Bist du frei. Das macht Angst – Angst, es könnte ja eine neue Beziehung auf dich zukommen oder keine neue

Beziehung auf dich zukommen, schließlich stimmt ja etwas nicht mit dir.

Aber wie gehe ich mit dem Alleinsein um, diesem Alleinsein in der Trennungsphase? Noch verbunden und doch allein.

Die Fähigkeit, das Leben allein zu genießen, ist noch eingeschränkt. Die Sehnsucht, die Lücke zu füllen, lässt dich dich vielleicht auf die Suche begeben – alles, um dem Gefühl des Alleinseins zu entkommen.

Du meidest Veranstaltungen oder suchst oberflächliche Treffen, um deinen Terminkalender gefüllt zu haben, stürzt dich in die Arbeit und in die Affären, aber ist dein Herz auch dabei? Oder dient es nur dem Auslöschen bzw. Verdrängen?

Warum fürchten wir das Alleinsein, die Stille und Ruhe? In der Stille werden sich deine Gedanken und Gefühle ganz laut bemerkbar machen. Solange es in dir nicht still ist, keine innere Ruhe und kein innerer Frieden vorhanden sind, wird das Alleinsein zur Qual. Um das auszuhalten, benötigt es wieder die Fähigkeit, die Gedanken zu managen, den Gefühlen einen Raum anbieten zu können, und das dürfen wir lernen. Dann wird das Alleinsein in der Trennung dein Segen.

Deine Energie wieder bei dir zu halten und zu schützen und die Trennung zu verarbeiten, benötigt Zeit, Raum und all deine Kraft – all die Kraft und Energie, die du bisher in deine Beziehung investiert hast. Wenn du genau diese Energie jetzt in dich steckst, bringst du dich deutlich schneller durch die Trennungsphasen.

Du solltest deine Bedürfnisse wahrnehmen, deine Grenzen spüren, Gefühle wirklich wahrnehmen und formulieren.
Es benötigt einen uneingeschränkten Fokus auf dich und deine wertvolle Zeit, um zu reflektieren, was du nicht mehr möchtest, und dich neu auszurichten auf das, was du anstatt dessen willst.

Es braucht Mut, seinen Ängsten, Gefühlen und Gedanken in der Stille zu begegnen.

Die Angst vor dem Alleinsein beinhaltet auch die Angst vor der Einsamkeit. Diese Leere der Einsamkeit, die wie aus dem Nichts auftauchen kann, in dir wirklich zu spüren, erfordert Mut.

Alleinsein ist zuallererst ein Zustand, Einsamkeit hingegen ist ein inneres Empfinden. Einsamkeit löst sich auf, wenn ich mich mit mir, meinen Gedanken, Gefühlen und nicht erfüllten Bedürfnissen sowie Sehnsüchten konfrontiere. Damit verbinde ich mich mit mir.
Ich bin mit allem in mir eins, verbunden mit der Tiefe meines Seins.

Wie mir die Angst vor dem Alleinsein in der Praxis begegnet:

- »Ich bin immer von einer Beziehung in die nächste, ich war noch nie längere Zeit allein.«
- »Ich habe mir so viel gefallen lassen und obwohl ich wusste, dass die Beziehung mir total meine Kraft raubt, konnte ich nicht gehen.«
- »Obwohl wir schon zwei Jahre getrennt sind, bin ich gedanklich und gefühlstechnisch immer noch in dieser Beziehung. Ich habe noch nicht wirklich losgelassen, weil dann nichts mehr da ist – kein Neuer, einfach nur nichts. Das macht mir Angst.«
- »Ich bin nur noch unterwegs, um mich abzulenken, und flüchte mich in Arbeit, aber diese leeren Lückenfüller und das Zuviel an Arbeit brennen mich langsam aus.«

Dir selbst zu begegnen, erfordert Mut und Handwerkszeug, damit du mit dem, was so lange schon unterdrückt war, umgehen kannst.

In seltenen Fällen können dann auch eine Todessehnsucht oder Selbstmordgedanken auftreten. Hier möchte ein Teil von dir ganz liebevoll angenommen und gesehen werden, der dann aber einen äußeren Rahmen benötigt, um diese verwundeten Anteile wieder zu integrieren.
Die Telefonseelsorge ist da, wenn du nicht zurechtkommst: 0800-1110222.

Wie genau kann ich denn jetzt die Angst vor dem Alleinsein überwinden?

Im Inneren: Dich mit dir, deinen Gedanken und Gefühlen beschäftigen – mit dem, was in der Trennungsphase aufkommt und gesehen werden möchte.

Im Außen: Deine sichere Komfortzone verlassen, die Angst an die Hand nehmen.
Allein in den Urlaub reisen, allein einen Kaffee trinken gehen, allein essen gehen. Niemand guckt dich komisch an, alle sind mit sich selbst beschäftigt. Es sind nur deine Gedanken, die sich beobachtet und bewertet fühlen.

Such etwas, was dir Freude bereiten kann und womit du diese Situation des Alleinseins in der Öffentlichkeit wirklich genießen kannst. Sich nicht unterhalten zu müssen, kann ein Segen sein, sich nur auf das Essen konzentrieren zu können oder beim Kaffeetrinken die Sonnenstrahlen im Gesicht zu spüren, ohne sich um jemand anderen kümmern zu müssen, ist purer Genuss. Such das Positive an der Situation, sodass dein Körper nicht nur das Gefühl hat, sicher zu sein in der Situation, sondern sich auch so weit entspannen kann, dass er genießen kann. Das muss ein bisschen geübt werden.

Es geht nicht darum, deine Angst loszuwerden, sondern sie zu verstehen. Sie möchte dich beschützen. Sobald du sie bekämpfst, vermehrt sie sich. Versuch, sie zu verstehen und ihre Botschaft zu entschlüsseln.

Auch hier bietet die Angst vor dem Alleinsein wieder die Chance, tiefer zu tauchen: tiefer in alte Erinnerungen, wann wir uns allein und verlassen gefühlt haben.

Diese Angst kann jetzt nach der Trennung entstehen, weil wir ja häufig jahrelang nicht mehr allein waren, oder auch bereits in früheren Jahren entstanden sein. Auch hier lohnt es sich hinzusehen, weil die Angst uns vielleicht in Beziehungen hält, die uns nicht mehr guttun, aber genau diese Angst ist es, die uns an einer Entscheidung hindert.

Die Angst vor dem Alleinsein ist sehr häufig mit der Verlustangst verkoppelt.

Die Verlustangst

In der Trennungsphase ist der Supergau natürlich eingetreten. Wir sind verlassen worden oder haben jemanden verlassen.

Verlust möchte betrauert werden, damit diese Erfahrung vollständig integriert wird und keine Verlassenheitswunde hinterbleibt, die dann im späteren Verlauf eine neue Verlustangst hervorrufen kann.

Trauern heißt Abschied nehmen:

- Abschied vom gemeinsamen Weg
- Abschied vom Partner
- Abschied von der vielleicht existierenden Kleinfamilie
- Abschied von gemeinsamen Plänen
- Abschied von Hoffnungen
- ...

Das ist der komplette Prozess der Trennungsphasen: akzeptieren und loslassen.

Wenn wir der Wunde der Verlassenheit nicht die Möglichkeit geben, ihr zu begegnen, kann sich daraus ein Schutzmechanismus entwickeln, der sich dann auf zukünftige Beziehungen auswirken kann.

Die Angst vor erneutem Verlust kann dazu führen, dass du dich vor einer solchen Erfahrung zum wiederholten Male schützen möchtest.

Es kann sich ein ängstlicher Bindungsstil entwickeln, der klammerndes oder übermäßig kontrollierendes, eifersüchtiges Verhalten an den Tag legt. Weiterhin kann sich ein Bindungsstil entwickeln, der sich gar nicht mehr wirklich in der Tiefe in eine Beziehung einbringt, um nicht wieder Gefahr zu laufen, einem Schmerz des Verlassenwerdens ausgesetzt zu werden.

Auch hier bietet sich wieder die Möglichkeit, tiefer zu tauchen. Gibt es vielleicht eine Verlusterfahrung aus der Vergangenheit, die noch nicht vollständig verdaut ist?
Verlustangst, die schon lange in dir aktiv ist und dadurch dein Verhalten in Beziehungen maßgeblich, unbewusst beeinflusst hat?

Hier sind einige mögliche Ursachen und Verhaltensweisen im Zusammenhang mit Verlustangst:

Frühere Verluste: Wenn du bereits früher wichtige Beziehungen oder geliebte Menschen verloren hast, kann dies zur Verlustangst geführt haben.

Ebenso kann die Verlustangst dadurch ausgelöst sein, dass du in deiner Kindheit in unsicheren oder instabilen Beziehungen aufgewachsen bist.

Die Verlustangst befürchtet, verlassen oder abgelehnt zu werden.

Auch kann sich hier ein zu geringes Selbstwertgefühl spiegeln, indem du dich selbst ungeliebt oder nicht wertvoll genug für diese Beziehung fühlst. Der verminderte Selbstwert kann die latente Angst auslösen, immer verlassen zu werden, da man sich selbst als nicht gut genug empfindet.

Das ängstliche Bindungsverhalten kann ausgelöst werden, wenn dein Partner sich in der Vergangenheit Zeit oder Rückzug für sich genommen hat. Dann wird diese Angst möglicherweise stark getriggert und kann zu Spannungen und Konflikten führen.

Du vermeidest Beziehungen, ziehst dich zurück und vermeidest Nähe, bevor andere die Chance haben, dich zu verlassen.

Eine hohe ungesunde Toleranz kann sich entwickelt haben, die folgende Merkmale aufweist: ertragen, durchstehen, aushalten, dulden, zulassen, nur aus Angst, ansonsten verlassen zu werden. Die Angst hindert dich auch hier, Grenzen zu setzen.

Wie mir die Verlustangst in der Praxis begegnet:

- »Nach einem Streit hat er den Kontakt komplett abgebrochen. Ich komme nicht mehr an ihn ran und das macht mich gerade zutiefst fertig.«
- »Ich verliebe mich nur noch in gebundene, verheiratete oder emotional nicht verfügbare Männer. Auf der einen Seite weiß ich, da droht mir keine Gefahr, auf der anderen Seite wünsche ich mir nichts sehnlicher als eine erfüllende Beziehung.«
- »Ich habe jemanden kennengelernt und ich spüre, aus Angst wieder verlassen zu werden, lasse ich mich gar nicht erst ein.«
- »Ich merke, dass mir überhaupt kein Mann mehr gefällt und ich bin mir unsicher, ob ich nur die falschen Männer kennenlerne oder ob ich mich selbst sabotiere, in dem Versuch, mich gar nicht erst einzulassen.«

Es geht nicht darum, deine Angst loszuwerden, sondern sie zu verstehen. Sie möchte dich immer beschützen. Versuch, sie zu verstehen und ihre Botschaft zu entschlüsseln.

Hier ist der Moment zwischen Reiz (jemand wendet sich ab) und Reaktion (Angst, Hilflosigkeit, Klammern) enorm wichtig und diesen zu erkennen, um die Angst überhaupt an die Hand nehmen zu können.

Ängste und Gefühle werden aktiviert durch Trigger – Trigger, die etwas in uns auslösen. Wundervolle Menschen, die uns sprichwörtlich auf die Palme bringen, sind eine tiefe Einladung, den Blick nach innen zu richten: der Ex-Partner, aber auch der Chef, das eigene Kind, der Nachbar, die Schwester oder die Eltern, um nur einige Beispiele zu nennen. All diese Trigger und das, was diese so im Gepäck haben, schauen wir uns jetzt genauer an.

Ghosting oder ein ganz besonderer Trigger

- »Ich sitze auf der Couch, starre auf das Handy und hoffe, dass er mir schreibt. Wenn ich sehe, dass er »online« ist und nichts kommt, macht mich das wahnsinnig.«

- »Wenn wir doch nur noch einmal gemeinsam sprechen könnten, dann ...«

- »Nach einem Streit hat er den Kontakt abgebrochen und mich blockiert. Ich kann den Vorfall nicht mehr mit ihm aufarbeiten.«

- »Ich verfolge ihn in den sozialen Medien und gucke, ob er Bilder mit einer »Neuen« postet.«

- »Ich kann ihn seit zwei Jahren nicht wirklich loslassen. Wenn ich mir dann Bilder ansehe, will ich ihn nicht, aber was bindet mich noch?«

So oder ähnlich lauten die Situationen auf dem Weg zum Loslassen. Was passiert hier beim Warten oder Hoffen? Was wird hier getriggert?

Beim Ghosting oder dem Warten auf Antworten sind gefühlt alle Verletzungen aktiv und gleichzeitig sind die Erlösung und Heilung zutiefst mit der auslösenden Person verknüpft.

Das Prüfen der Social-Media-Accounts oder des Online-Status kann ein Wunsch nach Kontakt sein, aber auch ein Schutzschild sowie ein Versuch, uns vor dem Schmerz zu schützen, wenn er vielleicht ein Bild mit einer »Neuen« postet: Kontrolle, um sich vor Schmerz zu schützen.

Bei dem Wunsch nach Kontakt fühlen wir uns in den Momenten des »Stalkens« wieder verbunden, häufig aber auch gleichzeitig abgelehnt, wenn wir dann nicht kontaktiert werden.

Was wird hier getriggert? Auf der einen Seite die Wunde der Ablehnung: Wenn er sich meldet, dann wäre alles gut und unser Schmerz würde sich auflösen.

Dann gibt es noch die Wunde des verletzten Selbstwerts: Wenn er sich meldet, dann sind die Wunde des verletzten Selbstwerts und der damit verbundene Schmerz geheilt. Er würde uns durch das auf uns Zugehen signalisieren, dass wir ihm wichtig sind.

Er könnte Ängste mildern: Die Angst vor dem Alleinsein wäre wie weggeblasen, wenn er wieder Teil unseres Lebens wäre.

Er könnte uns von Schuld- und Schamgefühlen befreien: Wenn er sich meldet und wir reden könnten, dann kann er mir bestätigen, dass ich keinen Fehler gemacht habe in unserem Streit, der zum Kontaktabbruch geführt hat.
Ich würde mich dann nicht so schuldig und falsch fühlen.

Ein Kontaktabbruch, Blockieren oder Ignorieren verletzt tief. Es verletzt die eigene Würde, die im Duden wie folgt beschrieben wird: »Achtung gebietender Wert, der einem Menschen innewohnt, und die ihm deswegen zukommende Bedeutung«.

Würde ist also eng verknüpft mit unserem Wert. Es verletzt unseren Wert, denn der Mensch, dem wir einen Teil unserer Lebenszeit geschenkt, für den wir tiefe Gefühle empfunden und den wir in unser Leben gelassen haben, ignoriert uns.
Was uns durch die Ignoranz gespiegelt wird, ist, dass wir von jetzt auf gleich keine Bedeutung mehr für ihn haben und unsere Verbindung für ihn anscheinend nicht die gleiche wertvolle Bereicherung war, wie für uns.
Daraus schlussfolgern wir, dass wir nicht wertvoll und wichtig genug für diese Person waren. Das Gefühl, keine Spuren bei diesem Menschen hinterlassen zu haben, trifft tief. Diese Erfahrung kann uns tief in unserem Selbstwert verunsichern.

Aber was kann ich jetzt tun, wenn sich von außen keine Lösung mehr zeigt?
Zum einen kannst du die emotionalen Schmerzen und die damit verbundenen Gefühle, die diese Ignoranz in uns auslösen, fühlen, wahrnehmen und integrieren.

Welches Gefühl würde sich in dir einstellen, wenn er sich meldet und dir Antworten gibt? Was würdest du gern hören?

All diese unausgesprochenen Dinge und die fehlende Klärung tragen dazu bei, dass uns ein Abschluss vorenthalten blieb. Wenn Dinge oder Situationen sich nicht abgeschlossen anfühlen, dann liegt es in der Natur des Menschen, für ein Ende zu sorgen. Das Ende der Situation oder auch das Auflösen einer Stagnation wird hier mit dem Kontakt verknüpft.

Schreib dir selbst einen Brief, mit den Antworten, die dir fehlen. Notiere dir, was du von einem Kontakt erwartest. Unser Gehirn unterscheidet nicht zwischen Realität und Fantasie. In dem Fall können wir uns das zunutze machen, indem du dir die Situation vorstellst, wo das Hoffen, Warten, der Kontakt oder die Antworten Erfüllung finden. Dann spüre hinein: Was verändert sich in dir, in deinem Körper? Was entspannt sich? Welche Angst wird dadurch aufgelöst?

Dann lass dieses Gefühl in dir aufsteigen, nimm es wahr und lass es durch deinen Körper fließen. Es entsteht häufig ein Gefühl von Leichtigkeit, Zuversicht, Weite und innerer Ruhe. Das kannst du bereits jetzt unabhängig von den äußeren Umständen in dir kreieren.

Das Festhalten, Warten und Hoffen gibt uns noch die benötigte Sicherheit, um mit allem, was der Trennungsprozess mit sich bringt, umgehen zu können. Jeglicher Druck, jetzt doch mal loslassen zu müssen, verdeckt das Bedürfnis nach Sicherheit, welches uns das Festhalten noch vermittelt. Diese Sicherheit darf sich entwickeln und hängt stark von unseren Verarbeitungskapazitäten ab.

Trigger

Um den Triggern auf die Schliche zu kommen, geht es weniger darum, die Situation zu analysieren, sondern den Fokus auf die in uns entstehenden Gefühle und Gedanken zu richten.

Trigger, die Gefühle, Ängste und Empfindungen in uns auslösen, helfen uns dabei, die Trennung zu verarbeiten und Erinnerungen, die noch nicht komplett verarbeitet wurden, wahrzunehmen, zu akzeptieren und letztlich zu integrieren.

Wenn du getriggert wirst, wird ein Gefühl oder eine Angst in dir ausgelöst, ist der Fokus nach innen die spannende Entdeckungsreise, dich näher kennenzulernen.

Dabei sind die Gefühle (inneres Kind) und Ängste (Nervensystem), die in dir auftreten, der Schlüssel zur Auflösung.

Erst einmal gilt es, nur wahrzunehmen, welche emotionalen Erinnerungen zusätzlich zum Trennungsschmerz der Gegenwart in dir ausglöst werden.

Trigger, die eine Reaktion und Schmerzen in uns auslösen, beziehen sich sehr häufig auf Wunden, die in der Beziehung zu unseren Eltern oder Ex-Partnern bereits entstanden sind und nur mit einem Pflästerchen abgedeckt wurden.

Alles, was uns im Außen stört,
muss mit uns zu tun haben,
sonst könnte es uns gar nicht stören.[13]

Was ist dein Automatismus? Welche Situation lässt dich Rot sehen und welches Gefühl ist damit verbunden? Wie gehst du mit der Person oder Situation um? Der Automatismus: Es gibt einen Auslöser und der muss

weg. Damit sind wir immer im Außen und meinen, uns schützen, fliehen oder kämpfen zu müssen. Das ist die klassische Projektion: Ich bin wütend und du hast das verursacht. Ich bin verletzt und du hast mir diesen Schmerz zugefügt.
Übliche Reaktion: Wenn uns jemand verletzt, schlagen wir zurück.
Wenn wir uns hilflos fühlen, suchen wir den Retter. Wenn wir uns schuldig fühlen, versuchen wir, recht zu haben.

Wir suchen den Schuldigen im Außen, der uns uns schließlich wütend, hilflos, ohnmächtig, klein oder beschämt fühlen lässt. Projizierst du den Schmerz deiner Gefühle nach außen oder wendest du dich nach innen, dorthin, wo die Wunde steckt?
Das ist der Weg der Heilung, des Reflektierens, des Sich-selbst-verstehen-Wollens. Es ist wertvoll, dich um dich und deine Wunden und Ängste zu kümmern.
Du hast keinen Einfluss darauf, wann ein Trigger auftaucht!
Du kannst nur beeinflussen, wie du mit ebendiesem umgehst.

Trigger bringen uns mit unseren eigenen verdrängten Schmerzen und Verletzungen in Berührung, aber auch mit den Seiten, die wir an uns ablehnen, unseren Schatten.

Bei den Triggern, die uns ärgerlich oder wütend machen oder bei welchen wir andere verändern möchten, kommen wir in Berührung mit unseren eigenen Schattenanteilen – dem, was wir an uns selbst auch nicht leiden mögen. Es erfordert wahnsinnig viel Mut und eine radikale Ehrlichkeit, sich einzugestehen, wo wir in Teilen ähnlich sind und das in uns und damit auch an anderen ablehnen.

Was kritisierst du, welchen Vorwurf machst du anderen?

Welche Eigenschaften und welches Verhalten lehnst du bei anderen ab?
Haben Berzugspersonen aus der Vergangenheit sich ähnlich verhalten?

Wo lebst du ähnliche Eigenschaften und ein ähnliches Verhalten?
Welcher Schmerz, welches Gefühl wird hier berührt?

Wie ist deine typische Reaktion?

Die einzige Einflussgröße zur Veränderung ist unsere Reaktion: Wir haben niemals Einfluss darauf, ob jemand anderes sein Verhalten ändert. Wenn wir aber unsere Reaktion ändern, kann es passieren, dass jemand anderes sein Verhalten ändert, weil es uns nicht mehr triggert.

Wie könntest du völlig anders reagieren als bisher?

Bei den Triggern, die uns ärgerlich oder wütend machen oder bei welchen wir andere verändern möchten, können wir auch in Berührung mit unseren eigenen Anteilen kommen, jenen, die wir nicht leben und daher an anderen kritiseren.
Wo lebst du diesen Teil nicht in dir und verurteilst ihn deshalb an anderen?

Welcher Schmerz, welches Gefühl in mir wird hier gerade berührt?

Wie ist deine typische Reaktion?

Wie könntest du völlig anders reagieren als bisher?

Jetzt darfst du Verantwortung übernehmen für die Gefühle, die in dir entstehen, wenn du etwas an anderen kritisierst, was du an dir ablehnst oder nicht lebst und deshalb den anderen dafür verurteilst. Das Fühlen ist auch hier wieder der Schlüssel: die Gefühle, die ausgelöst werden, zu beobachten und ihnen einen Raum der Wahrnehmung zu schenken.

Bei den Triggern, die uns verletzen, wird eine Wunde berührt und/oder ein dahinterliegendes emotionales Bedürfnis nicht erfüllt.

Was kritisiert dein Gegenüber an dir?

Was verletzt dich daran?

Es kann schwierig sein, die Verletzung zu benennen. Was uns hilft, ist, unsere Reaktion und Gedanken in Bezug auf die Situation unter die Lupe zu nehmen, um den dahinterliegenden Verletzungen eher auf die Schliche zu kommen.

Wie reagierst du typischerweise auf das Verhalten deines Gegenübers, wenn dich etwas verletzt?

Wenn diese Situation passiert, was glaubst oder denkst du dann über dich, was der andere dann über dich glaubt?

Welcher Schmerz, welches Gefühl, welche Angst in mir wird hier gerade berührt?

Welches Bedürnis (Bedürfnis, wahrgenommen, gesehen, anerkannt, geliebt, wichtig genommen, respektiert, gehört zu werden) wird hier gerade nicht erfüllt?

Typische emotionale Verletzungen, die wir alle im Laufe des Lebens mehr oder weniger ausgeprägt erfahren, sind:

- **Ablehnung:** Das Gefühl, nicht gewollt, geschätzt oder geliebt zu werden
- **Verrat:** Ein Vertrauensbruch durch jemanden, den man liebt oder dem man vertraut
- **Vernachlässigung:** Das Fehlen von notwendiger Fürsorge, Aufmerksamkeit oder emotionaler Unterstützung
- **Verlust:** Der Verlust eines geliebten Menschen, sei es durch Tod, Trennung oder auf andere Weise
- **Entwertung:** Ständige Kritik, Herabsetzung oder Demütigung
- **Überforderung:** Das Gefühl, ständig überwältigt oder überfordert zu sein, auch durch die Erwartungen anderer und das Gefühl, diesen nicht entsprechen zu können
- **Schuld und Scham:** Jemand anderes lässt uns mit einem Gefühl von Schuld oder Scham zurück. Das hinterlässt das Gefühl, versagt zu haben.

Anzuerkennen, dass wir verletzt sind, diese Verletzung bewusst wahrzunehmen und sie zu würdigen, ist der erste Schritt zur Integration dieser Verletzung.
Der zweite Schritt zur Integration ist das Annehmen und Würdigen der Gefühle, die dadurch wiederum ausgelöst werden.
Das Fühlen ist auch hier wieder der Schlüssel: Die Gefühle, die ausgelöst werden, zu beobachten und ihnen einen Raum der Wahrnehmung zu schenken.

Je mehr du dich um dich und deine inneren Gedanken, Gefühle und Körperempfundungen kümmerst, umso deutlicher erlebst du, dass dich Trigger nicht mehr berühren. Es trifft und betrifft dich dann auch nicht mehr, weil du dich um die betroffenenen und verknüpften Anteile gekümmert hast und die damit verbundenen Verletzungen und Gefühle immer mehr integrierst und dich gleichzeitig um die emotionalen Bedürfnisse dahinter kümmerst.

Auch hier wieder: Durch das Hinwenden zu dir schenkst du dir Respekt, Aufmerksamkeit, Wertschätzung, Wohlwollen; du wirst gehört und gesehen und schenkst deinem inneren Kind volle Präsenz.

Du kannst dann immer klarer erkennen, was deines und was meines ist.

Zwischen Reiz (Trigger) und Reaktion (Verantwortung übernehmen) liegt erneut ein Raum und du erkennst immer mehr, was dich berührt und was das Thema des anderen ist, weil es in dir gesehen wird. Dadurch können die Trigger, wenn du ihnen deine volle Aufmerksamkeit schenkst, immer mehr als Pfad der Erkenntnis genutzt werden. Wenn du dann immer weniger mit dem Trigger in Berührung gehst und merkst, wann ein anderer seine Themen auf dich projiziert, dann kommen die erkenntnisreichen Momente, die Schlüsselmomente, nach der Bearbeitung der Trigger.
In der Praxis hören sich die Schilderungen dann so an:

- »Das war magisch: Ich war am Wochenende bei meinen Eltern und habe die Unzufriedenheit meiner Eltern gespürt und gesehen und habe mich nicht mehr dafür verantwortlich gefühlt.« Dann dreht sich tief im Inneren die alte Überzeugung, nicht gut genug zu sein, weil man ja die Erwartungen der Eltern nicht erfüllen konnte, weil die Unzufriedenheit nichts mit einem selbst zu tun hatte und man von sich selbst die Überzeugung mitgenommen hatte, versagt zu haben als Kind.

- »Ich bin gestern wieder von meinem Ex-Mann kritisiert worden und bin ganz bei mir geblieben, habe nur geatmet und nicht reagiert, dabei konnte ich feststellen, dass er immer noch eine Angriffsfläche für seine Wut sucht, die aber überhaupt nichts mit mir zu tun hat, und ich mich nicht mehr zur Verfügung stelle.«
- »Ich war mit meiner Mutter essen und habe wieder diese tiefe Traurigkeit gespürt. Dieses Mal konnte ich sie dort belassen. Ich habe mich nicht mehr zuständig gefühlt, sie zu retten, indem ich ihr wie sonst aus Pflichtgefühl einen gemeinsamen Ausflug vorgeschlagen hätte.«
- »Zum ersten Mal habe ich Nein gesagt, als meine Freundin mir wieder in stundenlangen Monologen ihre Probleme schildern wollte. Ich habe zum ersten Mal erkannt, dass sie gar nicht wirklich an einer Lösung interessiert ist, sondern nur daran, ihren Ballast bei mir abzuladen.«
- »Seitdem ich anfange, meine Trigger aufzulösen, wird das Verlangen, meinen Ex zu analysieren, immer weniger, da ich mich jetzt viel besser verstehe und immer besser verstehe, dass sein Verhalten nichts mit mir zu tun hat.«
- Oder wie eine Kundin es so schön formuliert hat: »Nicht mein Affe, nicht mein Zirkus!«

Hier sind einige Kommunikationsbeispiele, die Frauen für sich im Coaching entwickelt haben. Vielleicht unterstützen sie dich dabei, auf eine andere Art zu kommunizieren, wenn du dich getriggert fühlst:

- »Was, glaubst du, hat dich dazu veranlasst, so zu reagieren?«
- »Du, ich spüre gerade, dass die Situation mich triggert. Lass uns gern später sprechen, ich spüre gerade Wut in mir aufsteigen.«

- »Ich möchte dich verstehen und nicht verurteilen für das, was in dir vorgeht, aber in mir läuft gerade ein eigener Film. Lass uns später noch einmal sprechen.«
- »Ich kann dich und deine Worte momentan gar nicht wahrnehmen, da in mir gerade ein ungutes Gefühl ausgelöst wird. Ich kümmere mich jetzt darum und komme später auf dich zu.«
- »Ich möchte jetzt nicht überreagieren, da kommt gerade Ärger hoch. Ich prüfe jetzt erst einmal für mich, was mich hier an der Situation so aufregt.«

Noch mal zusammengefasst: Auch hier ist wieder dein liebevolles Hinwenden gefragt.

Im ersten Schritt: wahrnehmen, beobachten.
Die körperlichen Reaktionen beobachten: die Enge in der Brust, der Kiefer, der sich anspannt. Bleib dort und atme. Dein Nervensystem, welches sich gerade gestresst und angegriffen fühlt, benötigt deine innere Ruhe.

Eine bewusste Pause zwischen Reiz und Reaktion einräumen.
Zwischen Reiz = Trigger und deiner üblichen Reaktion liegt ein Moment. Den gilt es zu nutzen.

Im dritten Schritt, zu einem späteren Zeitpunkt, reflektieren. Nimm die Situation und finde heraus, worum es wirklich geht.

»Die Antworten sind in dir«. Diesen oder ähnliche Aussprüche hast du bestimmt auch schon oft gelesen und gehört. Sie sind so wahr, denn wir finden die Antworten tatsächlich am besten dann, wenn wir uns in einem Moment der Ruhe bewusst nach innen wenden.

All diese Muster, Überzeugungen und Ängste, die in der Trennung entstehen oder bereits schon viel früher entstanden sind, beeinflussen dich und deine Fähigkeit, Beziehungen zu führen oder noch führen zu wollen. Aus all deinen Erfahrungen, Bedürfnissen, Ängsten und Sehnsüchten entsteht dein Bindungsstil. Diesen nehmen wir jetzt intensiv unter die Lupe.

Dein Bindungsstil

Bevor wir uns den Auswirkungen und den damit verbundenen Verhaltensweisen widmen, lade ich dich hier an der Stelle ein, dich selbst und deinen Bindungsstil zu erforschen.

Es gibt vier verschiedene Bindungstypen:

1. Unsicher – ängstlich (ambivalent)
2. Sicher
3. Unsicher - vermeidend
4. Desorganisiert (dissoziiert): eine Mischung aus 1., 2. und 3.

Um die Kategorien besser anhand von Fragen einordnen zu können, stelle ich hier gern einige exemplarische Fragen des Bochumer Bindungsfragebogens bereit.

Hier gilt es, sich einmal in die letzten Beziehungen zurückzuversetzen und ein Verständnis dafür zu entwickeln, welche Antworten und Muster dir entsprechen.

1. Unsicher-ängstliches Bindungsverhalten

Hier zeigen sich häufig Ängste um Verlust und Trennung. Verlustangst bezieht sich auf die Angst vor Verlust von geliebten Personen, Besitztümern oder Verbindungen. Es kann sich in Ängsten um Trennung oder Verlassenwerden, Kontrollbedürfnissen oder Überbehütung zeigen.

- Ich mache mir Gedanken darüber, dass ich verlassen werden könnte.
- Ich mache mir sehr viele Gedanken über meine Beziehungen.
- Ich mache mir Gedanken darüber, dass mein Partner sich nicht so um mich kümmert, wie ich mich um ihn.
- Ich wünsche mir oft, dass die Gefühle meines Partners für mich genauso stark wären, wie meine Gefühle für ihn.
- Ich will mit einem Partner vollkommen verschmelzen und das schreckt andere manchmal ab.

- Ich mache mir oft Gedanken über das Alleinsein.
- Ich brauche die Bestätigung, dass mein Partner mich liebt.
- Manchmal merke ich, dass ich meinen Partner dränge, mehr Gefühl und Verbindlichkeit zu zeigen.
- Wenn ich es nicht schaffe, das Interesse meines Partners auf mich zu ziehen, rege ich mich auf oder werde ärgerlich.
- Ich finde, mein Partner will nicht so viel Nähe wie ich.
- Wenn ich keine Beziehung habe, fühle ich mich irgendwie ängstlich und unsicher.
- Es frustriert mich, wenn mein Partner nicht so oft bei mir ist, wie ich es will.
- Es frustriert mich, wenn ich gern einen Partner hätte und niemand da ist.
- Wenn ein Partner eine negative Meinung über mich hat, geht es mir richtig schlecht.
- Es ärgert mich, wenn mein Partner Zeit ohne mich verbringt.

2. Sicheres Bindungsverhalten

- Ich fühle mich sehr wohl, wenn ich einem Partner nahe bin.
- Ich fühle mich wohl dabei, wenn ich meine innersten Gedanken und Gefühle mit meinem Partner teilen kann.
- Ich mache mir kaum Gedanken darüber, dass ich verlassen werden könnte.
- Ich rede mit meinem Partner über fast alles.
- Ich bespreche meine Sorgen und Probleme meistens mit meinem Partner.
- Ich fühle mich wohl, wenn ich von einem Partner abhängig bin.
- Es fällt mir nicht schwer, einen Partner um Trost, Hilfe oder einen Rat zu bitten.
- Es hilft mir, mich an meinen Partner zu wenden, wenn ich es brauche.
- Ich wende mich oft an meinen Partner, zum Beispiel wenn ich Trost und Bestätigung benötige.

3. Unsicher-vermeidendes Bindungsverhalten

Hier zeigt sich eine Angst vor Nähe und Abhängigkeit.
Dahinter steckt die Schwierigkeit, enge emotionale Bindungen zu anderen Menschen einzugehen oder aufrechtzuerhalten. Es kann sich in Vermeidung von Intimität, der Unfähigkeit, eine Beziehung aufzubauen oder aufrechtzuerhalten, oder in der Angst vor Abhängigkeit oder Verlust zeigen. Es kann auch auf einer tieferen Angst vor Verletzlichkeit oder Kontrollverlust basieren.

- Ich zeige einem Partner nicht gern, wie es tief in mir aussieht.
- Immer dann, wenn mein Partner mir sehr nahekommt, ziehe ich mich zurück.
- Ich fühle mich unwohl, wenn mein Partner mir sehr nahe sein will.
- Ich fühle mich nicht wohl dabei, wenn ich mich einem Partner gegenüber öffnen soll.
- Ich möchte meinem Partner nahe sein, halte mich aber trotzdem zurück.
- Ich habe Schwierigkeiten damit, zuzulassen, von einem Partner abhängig zu sein.

4. Desorganisiertes Bindungsverhalten

Eine starke Mischung aus dem unsicher vermeidenden und unsicher ängstlichen Bindungsstil.

Wie begegnen mir all diese Muster in der Praxis?

- »Ich habe jemanden kennengelernt und ich merke, der kommt mir nah und ich bin weg – ich bekomme Herzrasen und Schweißausbrüche.«
- »Ich treffe immer nur gebundene oder emotional nicht verfügbare Männer. Das lässt mich herrlich flirty unterwegs sein und ich bekomme meine Anerkennung, weil tief im Inneren immer noch der Zweifel ist, dass er ganz schnell weg wäre, wenn der mich richtig

kennen würde.«

- »Wenn mein Partner eine Veranstaltung oder Reise nur für sich plant, dann wird direkt meine Verlustangst aktiviert. Ich habe Angst, dass er dann jemand anderen in der Zeit kennenlernen könnte.«

1. Unsicher-ängstliches Bindungsverhalten

Hier zeigen sich häufige Ängste um Verlust und Trennung. Verlustangst bezieht sich auf die Angst vor Verlust von geliebten Personen, Besitztümern oder Verbindungen. Es kann sich in Ängsten um Trennung oder Verlassenwerden, Kontrollbedürfnissen oder Überbehütung zeigen. Die Angst vor dem Verlassenwerden schwebt wie eine unsichtbare Wolke über der Beziehung. Diese Angst kann zum einen aus einer realen Verlusterfahrung in der Vergangenheit resultieren oder aus einem negativen Selbstbild heraus. Hier sind häufig das Gefühl der Verzweiflung und ein großes Bedürfnis nach Partnerschaft anwesend, besonders direkt nach der Trennung. Dieses Gefühl, ohne Partner zu sein, aktiviert diese tiefen Ängste, und in der Beziehung kann sich ein hohes Maß an Kontrolle entwickeln - Kontrolle über den Partner, um nicht mit meiner Angst konfrontiert zu werden. Resultierend aus dem negativen Selbstbild wird der Partner so sehr in den Fokus gestellt, um es ihm recht zu machen, damit ich nicht verlassen werde. Das Ergebnis: eine innere Einsamkeit, die durch eine Verlusterfahrung aktiviert wurde, ein Anteil, der sich in dir immer noch verlassen fühlt und die Sicherheit vom Partner benötigt, sich in der Verbindung sicher zu fühlen. Natürlich darf und soll dein Partner dir ein Gefühl von Sicherheit vermitteln. Es ist aber nicht in seiner Verantwortung, seine Wünsche und Bedürfnisse zu unterdrücken, damit deine Angst minimiert wird.

Je nach Ausprägung des inneren Anteils, der verlustängstlich reagiert, kann die Dynamik in der Beziehung dann klammernd und besitzergreifend sein und die Luft zum Atmen nehmen. Das Fatale an dieser Dynamik ist, dass es nie reichen wird. Dein Partner kann die Verlustangst nicht auflösen, weil es nicht in seiner Verantwortung liegt. Alles, was er macht und tut, ist immer wie ein Tropfen, der aber in einem Fass ohne Boden verschwindet. Nur du allein kannst dich diesem inneren Anteil widmen und die Angst an die Hand nehmen.

In der Praxis höre ich dann sehr häufig:

- »Mein Partner hat mich einfach verlassen, von einem auf den anderen Tag, ohne Vorwarnung.« Dann entsteht eine riesige Wunde, die erst mal verarbeitet werden möchte, damit sich aus dieser Erfahrung kein ängstlicher Bindungsstil entwickelt, der dann in der nächsten Beziehung eine destruktive Dynamik entwickeln kann.

- »Ich wurde verlassen, weil ich nicht »gut genug« war«. »Ich habe so viel falsch gemacht, ich habe ...« – Auch hier, wenn wir unsere Schuld- und Schamgefühle nicht an der Wurzel auflösen, besteht die Gefahr, in der nächsten Beziehung aus dem unaufgelösten Schuldgefühl unsere Bedürfnisse komplett an dem anderen auszurichten und uns dabei immer mehr zu verlieren.

Auch hier lohnt sich wieder der Blick in die Vergangenheit. Was ich sehr häufig höre, sind dann Sätze wie: »Mein Vater hat uns als Kind verlassen, wir hatten nie wieder Kontakt«, »Ein Elternteil ist früh verstorben. Ich habe so oft geweint und mir eine Mutter oder einen Vater gewünscht« oder »Ein Elternteil war sehr krank oder depressiv und daher emotional oft nicht für uns erreichbar.« All das sind frühere Erfahrungen, die unseren Bindungsstil beeinflusst haben.

Eine weitere Ursache eines ängstlichen Bindungsstils ist die Abwesenheit von verlässlicher Bindung oder anders formuliert: Es war ein permanenter Wechsel in der Dynamik. An einem Tag ist meine Bezugsperson zugewandt, präsent und zugänglich, an anderen Tagen angespannt, besorgt, ängstlich und emotional oder auch physisch nicht anwesend.
Damit haben wir im Fundament nicht die Sicherheit erleben können, dass eine Bezugsperson uns uneingeschränkt zur Verfügung steht. Als Kind haben wir die einzige Chance, uns mit unserem Fokus auf die Bezugspersonen zu richten, und übernehmen möglicherweise die Verantwortung, dass es der Bezugsperson gut geht, damit sie für uns ansprechbar wird.

Oder wie eine Kundin mir erzählte: »Wir waren als Kinder sehr auf uns gestellt, da meine Mutter alleinerziehend und sehr viel arbeiten war und mein Bruder noch Lerndefizite hatte. Er hat ihre verbleibende Zeit sehr beansprucht, somit habe ich alles getan, um nicht auch noch »Probleme« zu bereiten. Ich habe sehr gut funktioniert. Dahinter hat sich eine tiefe Einsamkeit entwickelt, aber auch das Gefühl, um eine lebendige »Einfach-nur-Kind-sein-dürfen«-Phase betrogen worden zu sein.«

Diese Erinnerung wurde durch die Trennung wieder aktiviert, ausgelöst aus dem Gefühl einer tiefen Einsamkeit und Verzweiflung, weil obwohl sie ihr Bestes gegeben hatte, die Beziehung dann doch gescheitert ist und sie nicht mehr wusste, was sie noch besser machen könnte, um zukünftig einen Verlust in Beziehungen zu vermeiden. Das Hüpfen von Coaching zu Coaching und die exzessive Beschäftigung mit der Trennung waren damit nur ein Ausdruck, diesem Gefühl der Verzweiflung und des Scheiterns zu entkommen, um den Schmerz des Verlassenwerdens und der Einsamkeit zu entkommen.

Aber wie immer gilt, durch das Hinwenden zu den Anteilen, die sich einsam, verzweifelt, nicht gut genug fühlen, entsteht Verarbeitung und nicht aus dem Bestreben, besser zu werden und den 20. Podcast zu hören. Hier war es wieder das »um zu«. Um den Schmerz, noch mal verlassen zu werden, zu vermeiden, optimiere ich mich so stark, dass ich gut genug bin. Schmerz zu verarbeiten und schmerzhafte Erfahrungen nicht wiederholen zu wollen, ist selbstverständlich der Antrieb, weshalb wir uns überhaupt mit den Themen beschäftigen. Aber der Grat zwischen »Ich muss nur noch mehr wissen, dann wird es besser« und dem Hinwenden zu den verletzten Anteilen, ist dann in der Ausprägung doch sehr unterschiedlich. Der unendlich hohe Wissensdurst kann auch einen Schutzmechanismus darstellen, der uns vorgaukelt, wenn ich nur genug weiß, dann wird alles gut. Das führt uns gern in die Selbstoptimierungsfalle und ersetzt leider nicht das Hinwenden zum Schmerz.

Es gibt noch unzählige weitere Dynamiken, die einen ängstlichen Bindungsstil haben entwickeln lassen.

Eine Ausprägung des ängstlichen Bindungsstils ist sicherlich die Ausbildung einer hohen Empathie, Hypervigilanz und der Überlebensreaktion

»Fawn response« (People-Pleaser). Darunter versteht man die Fähigkeit, dass du Stimmungen schnell und gut scannen konntest, um den richtigen Moment zu erspüren, wann jemand offen für dich war, und was du tun konntest, um diese Offenheit vielleicht herzustellen. Darunter fällt auch das Wahrnehmen der Bedürfnisse deiner Bezugspersonen. Und damit war dein Fokus komplett nach außen gerichtet. Deine Antennen sind sehr fein ausgeprägt und du spürst oft sehr genau, was ein anderer benötigt und wie du dann unterstützen kannst. Häufig geht mit diesen sehr wertvollen Qualitäten der Empathie aber auch eine Nebenwirkung einher: Es ist ein übermäßiger Wachheitsmodus entstanden, die Hypervigilanz, die uns die eigenen Grenzen nicht mehr wahrnehmen lässt. Sie lässt uns wahrnehmen, was wir gerade benötigen, die Fähigkeit der Empathie also für uns selbst zu nutzen. Das war früher notwendig, um Bindung herstellen zu können, heute aber dürfen wir unserem System beibringen, dass es auch sicher ist, sich um sich selbst zu kümmern und die Verantwortung beim Gegenüber zu belassen sowie sich gut um sich selbst kümmern zu können.

Gerade mit der Auseinandersetzung unseres Bindungsstils kommen wir oftmals nicht mehr darum herum, die Bindungserfahrungen, die Blaupause mit unseren Bezugspersonen, unter die Lupe zu nehmen und somit in Kontakt mit unseren Urwunden zu kommen. Hier empfiehlt sich dann auch wieder eine Begleitung, um einen sicheren Rahmen zu erhalten, sich diesem Thema widmen zu können und in den aufkommenden Gefühlen unterstützt und reguliert zu werden.

Ein Blick auf das **3. unsicher-vermeidende Bindungsverhalten**

Hier zeigt sich eine Angst vor Nähe und Abhängigkeit.
Dahinter steckt die Schwierigkeit, enge emotionale Bindungen zu anderen Menschen einzugehen oder aufrechtzuerhalten. Es kann sich in Vermeidung von Intimität, der Unfähigkeit, eine Beziehung aufzubauen oder aufrechtzuerhalten, oder Angst vor Abhängigkeit oder Verlust zeigen. Es kann auch auf einer tieferen Angst vor Verletzlichkeit oder Kontrollverlust basieren.

Aber wie entsteht dieser Mechanismus?

Hier ist die Bindungssuche, die ins Nichts läuft oder an Bedingungen geknüpft ist, sehr aktiv. Im Vergleich zum ängstlichen Bindungsstil, der durch einen Wechsel aus »Ich bin für dich da« und »Ich bin abwesend« geprägt ist. Beim vermeidenden Bindungsstil wird die Bindungssuche zurückgewiesen. Wir erfahren Ablehnung. »Du störst!«, »Du nervst!« oder Eltern oder der Ex-Partner konnten den Wunsch nach Bindung überhaupt nicht wahrnehmen, geschweige denn erwidern, weil sie einfach so sehr mit sich beschäftigt waren oder durch eine Alkoholerkrankung oder Depression einfach nicht emotional anwesend waren. Das sind jetzt schon sehr traumatische Bindungserfahrungen. Der vermeidende Bindungsstil kann aber entstanden sein, wenn wir Zuwendung nur durch zu erfüllende Bedingungen erhalten haben: »Wenn du jetzt lieb bist, dann nehme ich mir später Zeit«, unausgesprochene Erwartungen: »Wenn du eine gute Note mitbringst, dann schenke ich dir Aufmerksamkeit«, »Wenn du gut funktionierst, dann ...«, »Wenn du ..., dann ...«

An alle Eltern, die jetzt gerade ein schlechtes Gewissen bekommen: Entspannt euch, das machen wir alle! Was aber hier ein ganz entscheidender Faktor ist, der fehlt, ist das Gefühl von »Du bist willkommen und geliebt und ich freue mich, dass du da bist.«

Dass wir alle die Erfahrungen machen, zu stören oder in unseren Wünschen abgelehnt zu werden, ist Teil der menschlichen Natur. Wenn wir aber sehr dauerhaft signalisiert bekommen, eine Last oder unerwünscht zu sein und zu nerven, dann hat das eine ganz andere Ausprägung.

Wenn der Ex-Partner sehr starke vermeidende Tendenzen in sich trägt, dann höre ich oft in der Praxis: »Mein Ex-Partner war depressiv, alkohol-, spiel- oder tablettensüchtig« – und auch hier lohnt sich wieder der Blick auf das Drama der Reinszenierungen.

Wenn ängstlich und vermeidend aufeinandertreffen, entsteht der Supergau. Dieser Supergau, eine Mischung aus Verlustangst und Vermeidung, macht einen irren Cocktail an intensiven Gefühlen. Wir fühlen uns schon fast wie magisch angezogen. Hier wird etwas ganz Altes aktiviert, die intensiven Gefühle aus der Kindheit lassen grüßen und die Beziehungsdynamik, die dann entsteht, ist verdammt intensiv und gleicht einem Wechselbad der Gefühle von on und off. Hier ist unter anderem eine Dynamik entstanden, die wieder unser Suchtzentrum aktiviert und uns in eine abhängige Beziehung rasseln lässt.

Genau hier liegt eine so wunderbare Chance für beide Personen, sich miteinander in eine sichere Verbindung zu entwickeln. Was es dazu benötigt, ist der freie Wille beider Parteien, ein hohes Bewusstsein, um sich mit sich und seinen Dynamiken auseinanderzusetzen.

In der Praxis sieht das dann aber eher so aus, dass genau an diesen unbewussten Dynamiken die Trennung eingeläutet wurde oder nach der Trennung die Affäre, der gebundene oder emotional nicht verfügbare Mann nicht in eine gemeinsame Beziehung hineinwachsen möchte. Auch dort ist ja wieder ein wunderbares Geschenk zu finden: Was hält uns dann in dieser Dynamik? Da sind wir wieder bei den ganzen Päckchen des verletzten Selbstwertes, dem Drama der Reinszenierung und dem ängstlichen Bindungsstil und da ist auch wieder die Einladung, den Fokus auf dich selbst zu richten. Was wird durch diese Dynamik in dir ausgelöst?

Aber welche Verhaltensweisen entstehen denn aus dem unsicher-vermeidenden Bindungsstil?

Ein ganz typisches Merkmal ist die Hyper-Unabhängigkeit, der lonely cowboy, die starke Powerfrau – jemand, der scheinbar immer gut allein zurechtkommt und niemanden braucht. Hyper-Unabhängigkeit ist ein Schutzmechanismus, der sich entwickelt hat, um vor weiteren Verletzungen zu schützen.

Typische Verhaltensweisen, die einen vermeidenden Bindungsstil kennzeichnen und in Folge die Hyper-Unabhängigkeit entwickelt haben, sind:

- Schwierigkeiten, um Unterstützung zu bitten oder Unterstützung zuzulassen

Um Unterstützung zu bitten, kommt einer Bankrotterklärung gleich, ist mit dem tiefen Gefühl, schwach zu sein, verbunden und damit wieder verletzlich zu sein.

- Großes Bedürfnis nach Rückzug, Alleinsein, verbunden allerdings mit einem Gefühl der Einsamkeit und Isolation, kein freiwillig gewählter Rückzug

- Starke Vertrauensprobleme in Beziehungen und Schwierigkeiten, sich auf Bindungen einzulassen

- Hohe Ablehnung und Vermeidung von Menschen, die bedürftig oder unselbstständig erscheinen, und damit auch Ablehnung von Menschen, die an ihnen klammern

Die Auswirkung ist auch hier wieder ein tiefes Gefühl der inneren Einsamkeit, sich nicht wirklich zugehörig zu fühlen, und die Fähigkeit zu entwickeln, niemanden mehr zu brauchen sowie jeglicher Form von Abhängigkeit aus dem Weg zu gehen. Eine Beziehung benötigt allerdings die Fähigkeit, sich aufeinander einzulassen, ein gesundes Maß davon, Abhängigkeit zuzulassen, und die Gefahr, die eigene Autonomie in der Beziehung zu verlieren und vielleicht wieder verlassen zu werden, hindert das Einlassen. Auch hier benötigt es wieder die Auseinandersetzung mit dem Schmerz des Verlassenwerdens, dem Schmerz, nie eine sichere Bindung und kein Gefühl des Willkommenseins erlebt zu haben, sowie in den Fakt, dass wir ein Vertrauen in uns und die Beziehung entwickeln konnten, beziehungsweise jetzt in der Trennung erfahren. Das triggert wieder alle alten, unverarbeiteten Wunden, verletzt den Selbstwert und kann sich in der Zukunft zu einem vermeidenden oder ängstlichen Bindungsstil entwickeln. Das ist das Päckchen, das wir in die nächste Beziehung mitnehmen und welches sich dort in der vollen Dynamik entfaltet.

Aber was zeichnet denn jetzt ein **sicheres Bindungsverhalten** aus?

Eine Beziehung sollte dir Klarheit, Verbindlichkeit und Sicherheit vermitteln, nicht Chaos und Verwirrung. Kein Betteln und Jagen, um die Heißkalt-Spielchen zu unterbrechen. Es sollten keine Zweifel oder Fragezeichen zum Beziehungsstatus oder an deinem Wert auftreten. Es darf sich sicher und unterstützend anfühlen. Du solltest eine Priorität sein und keine Option. Eine sichere Partnerschaft bedeutet, dass man zusammenkommt, um aneinander und miteinander zu wachsen, sich zu unterstützen, sich aufzubauen, sich Sicherheit und Freiheit zu schenken, Liebe zu geben und anzunehmen, zu vertrauen, sich voll auf jemanden einzulassen und zum Frieden in der Beziehung beizutragen.

Ein sicheres Bindungsverhalten zeichnet sich durch eine positive Wahrnehmung der Beziehung und eine Fähigkeit zur emotionalen Intimität aus.

Der Wunsch nach Autonomie und Verbindung, also nach Nähe und Distanz, schließen sich nicht aus, sondern existieren nebeneinander. Es gibt keinen Kampf um Nähe oder Distanz aus Angst vor Vereinnahmung oder aus Verlustangst.

Auch hier spiegeln sich nochmal die Qualitäten wider, die wir im Rahmen des Selbstwertes als innere Haltung zu uns selbst etabliert haben.

Wertschätzung – willkommen sein, Verbindung, Verlässlichkeit, Offenheit, Freundlichkeit, Verständnis, Respekt, Warmherzigkeit, eine Freude aneinander, alles Qualitäten, die zum Ende der Trennung sehr wahrscheinlich nicht mehr vorhanden waren, aber die Jahre davor doch hoffentlich zumindest das Fundament der Beziehung gebildet haben.

In der Praxis erlebe ich allerdings auch viele Trennungen und Beziehungsdynamiken, die sich wie ein roter Faden schon fast durch die Vergangenheit ziehen. Beziehungen, die auf dem Fundament von Sicherheit, liebevoller, warmherziger Bindung aufgebaut sind, sind häufig noch nie erfahren worden.

Falls du dich jetzt hier wiedererkennst, dann möchte ich dir gern mitgeben, dass das nichts mit dir zu tun hat, sondern einzig und allein mit dem unbewussten Drama der Reinszenierung. Und ja, auch du kannst die Er-

fahrung einer liebevollen, wertschätzenden Beziehung machen. Weil du liebenswert bist, so wie du bist.
Deine bisherigen Erfahrungen sind einfach das Resultat einer ziemlich desolaten Blaupause, die in dir angelegt wurde. Die kann verändert werden. Die bisherigen Erfahrungen haben nichts damit zu tun, wirklich überhaupt gar nichts, dass du nicht liebenswert bist – ganz im Gegenteil.

4.) Desorganisiertes Bindungsverhalten

Diese Form kann auf ein früheres Trauma oder Instabilität in frühen Beziehungen hindeuten. Wenn du dich in einer Mischung aus ängstlichem und vermeidendem Verhalten wiederfindest, dann sind hier ganz frühe Erfahrungen sehr prägend gewesen, die sich in dieser Mischung wiederfinden. Sehr häufig entstanden diese auch durch viel Aggression, Gewalt und Vernachlässigung. Ein tiefes Urvertrauen in Menschen konnte nie erlernt werden. Angst vor den Bezugspersonen hat hier eine große Gewichtung. Auch hier gilt es, die vermeidenden und ängstlichen Tendenzen aufzuspüren und den damit verbundenen Gefühlen Raum zu geben und die gespeicherte Angst im Nervensystem zu regulieren. Dein Körper darf lernen, dass er heute in Sicherheit ist und sich in Beziehungen entspannen kann.

In unterschiedlichen Kontexten werden unsere Bindungsstile aktiviert, was bedeutet, dass mit unterschiedlichen Menschen mein ängstlicher, vermeidender oder sicherer Bindungsstil aktiviert wird.

Das beinhaltet aber auch gleichzeitig die Möglichkeit, Begegnungen, die sich sicher anfühlen, auszubauen und Verbindungen, die in mir Ängste oder ein vermeidendes Verhalten auslösen, als Möglichkeit zum Wachstum zu nutzen. Wachstum kann in dem Fall auch bedeuten, sich von den Menschen zu trennen, die mir kein Gefühl von Sicherheit anbieten.

Zusammengefasst entsteht der Bindungsstil in unserer ersten primären Bindung.
Ein elterliches Verhalten, geprägt von Wärme, Fürsorge und liebevoller Kommunikation, ist entscheidend für die Entstehung eines sicheren Bindungsstils. In Sicherheit aufgewachsene Kinder entwickeln ein gesundes Selbstwertgefühl.

Wenn wir Bezugspersonen als bedrohlich oder nicht verfügbar wahrgenommen haben oder kindliche Bedürfnisse nach Nähe und Geborgenheit unzureichend erfüllt blieben, dann erleben wir frühkindlichen Stress. Das hat Folgen und spiegelt sich durch eine mangelnde Fähigkeit zur Stressbewältigung, dauerhaft erhöhte Cortisolspiegel, ein tiefes Gefühl von Unsicherheit und einen instabilen Selbstwert wider.
Urvertrauen und Selbstvertrauen sind unvollständig entwickelt.

Deine Bindung zu dir selbst als Fundament für gesunde und starke Beziehungen wird gestärkt durch das Hinwenden zu deinen Verletzungen, deinen selbstabwertenden Tendenzen, aufkommenden Gefühlen und Ängsten sowie deinen Bedürfnissen. All das stärkt deine Beziehung zu dir selbst und bildet damit ein neues Fundament für neue Erfahrungen. Damit widmen wir uns dem letzten Teil der Reflexionsphase, den vielleicht schon in dir angelegten oder durch die Trennung jetzt bestätigten Glaubenssätzen über die Männer und die Liebe.

Diese Glaubenssätze über die Liebe können schon manchmal sehr dunkel eingefärbt sein und einen unbelasteten Neubeginn erschweren. Zeit, die inneren Überzeugungen mal ans Tageslicht zu holen.

Glaubenssätze über die Liebe und die Männer

Die Trennung verursacht Schmerz und erschüttert dein Vertrauen in die Liebe. Typische Glaubenssätze, die während einer Trennung zum Thema Liebe, Partnerschaft und Männer entstehen, sind:

- »Liebe ist anstrengend.«
- »Ich schütze mich lieber vor erneuten Verletzungen.«
- »Ich bin beziehungsunfähig.«
- »Kein Partner erfüllt meine Standards.«
- »Ich werde für immer allein bleiben.«
- »Wenn ich vertraue, werde ich immer enttäuscht.«
- »Wenn ich Liebe gebe, werde ich ausgenutzt.«
- »Ich werde nie wieder so tief einen Mann lieben können.«
- »Ich habe Angst, nie wieder einen so tollen Mann zu finden.«
- »Es ist schwierig, gute Männer kennenzulernen.«
- »Männer sind alle narzisstisch und egoistisch.«
- »Ich vertraue keinem Mann mehr.«
- »Männer wollen sowieso nur das Eine.«
- »Männer sind böse und ich muss mich schützen.«
- ...

Die Trennung hat verständlicherweise Schmerz in dir verursacht und dein Herz verletzt. Sie hat dein tiefstes Vertrauen in die Liebe erschüttert. Diese Erfahrung und der Schmerz dürfen im Rahmen der Trennungsphasen geheilt werden, damit sich diese Glaubenssätze über die Liebe nicht entwickeln und festigen und damit deine Erfahrungen der Vergangenheit auch deine zukünftigen Erfahrungen beeinflussen.

Glaubenssätze haben bekanntermaßen die unangenehme Eigenschaft, immer nach Bestätigung zu suchen. Wenn du also unbewusst deinen Fokus auf diesen Glaubenssatz ausgerichtet hast, dann wirst du im Außen auch immer wieder die Bestätigung für diese Überzeugung finden. Damit wird aber die Möglichkeit reduziert, durch eine andere Überzeugung eine neue Bestätigung zu finden. Die Brille ist starr auf die »Fehler« gerichtet und die Wahrnehmungsfähigkeit positiver Eigenschaften an Männern immens eingeschränkt: selbsterfüllende Prophezeiung. Da unser Gehirn in der Wahrnehmung darauf ausgerichtet ist, Gefahren zu scannen – und diese negativen Eigenschaften der Männer sind eine potenzielle Gefahr –, dürfen wir hier anfangen, uns in unserer Wahrnehmung auf die positiven Eigenschaften auszurichten.

Gerade nach toxischen Beziehungen werden alle Männer unter die Lupe genommen und jede Verhaltensweise, die dann »ungesund« erscheint, wird auf die ganze Person übertragen mit dem Stempel, dass er toxisch oder narzisstisch ist.

Das macht dann nicht Halt vor dem Chef, dem Bruder, dem Kind, dem Nachbarn usw. Unsere ganze Wahrnehmung ist nur noch auf »Fehler« gerichtet. Erst einmal ist das eine wunderbare Schutzstrategie, die dich unterstützen möchte, nicht mehr an den »falschen« Mann zu geraten. Aber du spürst wahrscheinlich schon in der Beschreibung, dass wir uns das Leben damit deutlich erschweren.

Neue Erfahrungen zu kreieren, wieder zu vertrauen und sich der Liebe erneut zu öffnen, bedeutet vor allem, dich wieder verletzlich zu machen und den Schutzmechanismus infrage zu stellen.

Die Liebe und das Leben benötigen dein Vertrauen.
Dazu gehört es, die Brille zu wechseln und vermehrt den Blick auf das Wunderbare im Mann zu lenken, ohne das »Ungesunde« auszublenden. Auch hier ein »sowohl als auch«, keiner ist ohne Verhaltensweisen, die eine Beziehung etwas »komplizierter« machen, auch hier ist die Dosis das Gift und vor allem die Bereitschaft, für seinen Anteil die Verantwortung zu übernehmen.

Aber was machen wir denn jetzt mit der Angst vor den Männern und den Glaubenssätzen, die sich so langsam in deinem System ausbreiten?

Was kannst du jetzt tun?

Bisherige Glaubenssätze identifizieren:
Notiere deine Gedanken. Welche Glaubenssätze zeigen sich in deinen Gedanken?
Kannst du mit absoluter Sicherheit wissen, dass das wahr ist?
Welche Gefühle zeigen sich bei diesem Gedanken?
Gib ihnen Raum und schenke ihnen Aufmerksamkeit.
Gefühle annehmen und im Körper fühlen.

Neue Glaubenssätze erschaffen:
Welchen Gedanken möchtest du anstatt dessen glauben?
Wie wäre dein Leben mit diesem neuen Gedanken?
Welches Gefühl löst dieser neue Gedanke in dir aus?
Kannst du dieses Gefühl bereits im Körper wahrnehmen?
Suche aktiv nach Bestätigung für deinen neuen Glaubenssatz.

Glaubenssätze sind die Basis unseres Verhaltens, daher dürfen wir hier die Handlungsebene noch ins Visier nehmen.

Wenn diese neue Überzeugung über die Liebe Gültigkeit hat, wie würdest du anders handeln?

Wenn ich mir den Glaubenssatz erlaube, dass Liebe leicht sein darf und ich beziehungsfähig bin, dann macht mich das leichter und fröhlicher, da keimt eine kleine Hoffnung auf, dass auch mir noch einmal die Liebe begegnet.

Vielleicht würde ich Männern offener begegnen und sie erst einmal ohne Vorurteile kennenlernen wollen und nicht so schnell für eine Äußerung oder Handlung in die Narzissten-Schublade stecken.

Jetzt DU!

- Wie fühlt es sich an?
- Was denkst du über dich, wenn dieser neue Glaubenssatz deine

neue Wirklichkeit ist?
- Wie würdest du dich fühlen, wenn sich dieser Glaubenssatz entfalten kann?
- Wo in deinem Körper kannst du das spüren?
- Wie würdest du handeln?
- Wie würdest du dann kommunizieren?
- Wie würdest du dich kleiden, bewegen, was strahlst du aus?
- Was würde sich dann im Außen für dich ändern?

Ich denke, hier wird noch einmal sehr deutlich, wie sehr die innere Überzeugung unser inneres Gefühl bestimmt.

Oder um nochmal Mark Twains Zitat etwas zu verwandeln:

Das, was jemand
von sich selbst denkt,
bestimmt sein Schicksal.

Mark Twain

»Das, was jemand über die Liebe denkt, bestimmt sein Schicksal.«

Das kannst du verändern.

Hier biete ich in meinem Coachingprogramm dann gern eine Vergebungsmeditation an, um Frieden zu schließen mit dir, der Liebe und deiner Vergangenheit.

Warum erst hier? Weil Vergebungsarbeit zu einem früheren Zeitpunkt oft toxisch wirkt, nämlich dann, wenn ich noch in der Phase des Vermissens bin und noch viele unerfüllte Bedürfnisse gestillt werden möchten oder der Schmerz noch groß ist. Dann öffnet die Vergebung sehr häufig den Raum, den Ex-Partner wieder in das Leben zu lassen und über die Verhaltensweisen, die verletzt haben, hinwegzustiefeln, aus dem Wunsch heraus, wenn er zurückkommt, ist der Schmerz weg und die Sehnsucht gestillt.

Oder bei meinen sehr spirituellen Frauen wird auch das Konzept der bedingungslosen Liebe immer und immer wieder aktiviert: Weil ich doch so bedingungslos liebe, liebe ich ihn »blind« und verzeihe alles. Bedingungslose Liebe beginnt in dir, dich deinem Schmerz, deinen Gefühlen, deinen Bedürfnissen zu widmen und für sie einzustehen. Du kannst bedingungslos lieben, eine Beziehung benötigt aber ein klares gegenseitiges Commitment aus Respekt, Wertschätzung, Willkommensein und Liebe. Deine einseitige Liebe allein reicht nicht. Da steckt häufig der »kindliche« Wunsch dahinter, mit deiner Liebe alles zu heilen und dass alles gut wird, wenn ich nur genug liebe – so wie es damals in der Kindheit leider schon nicht funktioniert hat. Das Drama der Reinszenierung: Wenn ich mich noch mehr anstrenge, dann gibt es diesmal ein gutes Ende und ich werde endlich geliebt.

Tauche gern ein in die Vergebung, lass den Frieden in dich eintauchen und mit den positiven Gedanken über die Liebe, Beziehung und die Männer starten wir jetzt voller Liebe und Friede in die Phase des Neubeginns.

Phase 4

Neubeginn

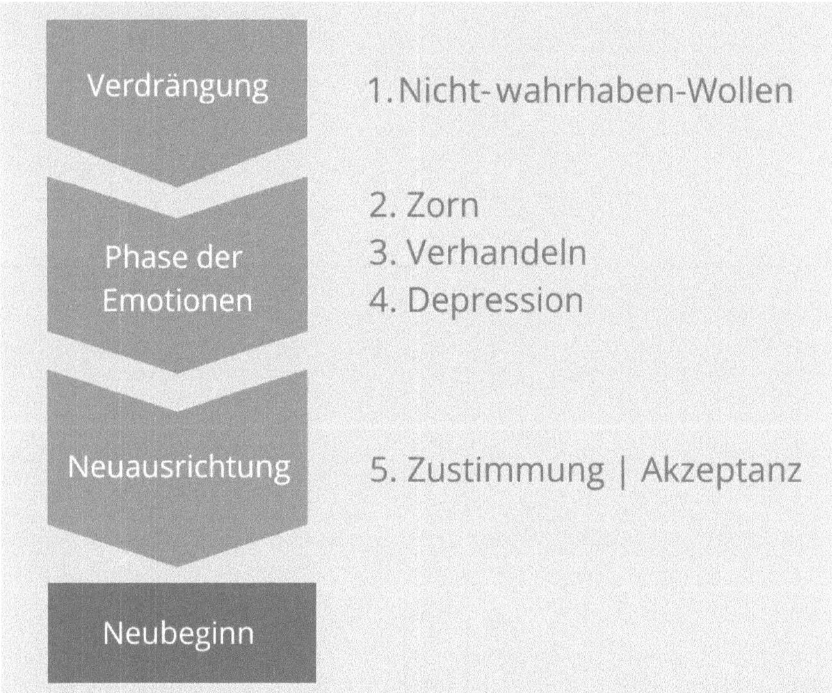

Was benötigt ein gelungener Neubeginn?

So oft höre ich in der Praxis: »Ich habe doch schon so viel gemacht, mich weiterentwickelt, viel in mein persönliches Wachstum investiert und jetzt stehe ich wieder am Ende der Beziehung und habe keine Ahnung, was ich noch machen soll.«

Was fehlt?

Häufig hat die persönliche Entwicklung das Bewusstsein bereits deutlich erhöht, auch die Gefühle sind angenommen und die Ängste wurden schon gemeistert, dann ist die Trennung jetzt vielleicht die Gelegenheit, noch tiefer verborgene Schichten ans Tageslicht zu holen.

Was ich noch häufiger erlebe, ist die fehlende Ausrichtung. Es wurde zu wenig an einem »Anstatt-Dessen« gearbeitet. Wenn wir in stressigen Phasen sind, dann fallen wir in die alten Verhaltensmuster zurück und die

alten Muster, wie das Klammern, das Vermeiden, das Flüchten und die Vorwürfe, sind wieder am Ruder.
Das neue Muster und das neue Verhalten sind noch nicht gefestigt genug oder was ich sehr viel häufiger erlebe, ist, dass es keine Ausrichtung auf das Neue gibt. Damit kann sich auch kein neues Verhaltensmuster etablieren und unsere Mechanismen haben keine andere Wahl, als immer wieder das Gleiche abzuspulen.
Wir sind so damit beschäftigt, die Vergangenheit auszuarbeiten, dass kein Raum bleibt, ein festes »Anstatt-Dessen« zu entwickeln.

Es bleibt kein Raum, die neuen Glaubenssätze wirklich zu verkörpern, die gewünschten Gefühle einzuladen, neue Gedankenmuster zu etablieren, die auftretenden Verlust- und Bindungsängste an die Hand zu nehmen. Und es bleibt kein Raum, den Fokus auf das Neue, was wachsen möchte, zu richten – und zwar in einer Intensität, dass wir anders denken, fühlen und auch anders handeln können.

Sobald aber eine herausfordernde Situation auftritt, die uns triggert, sind wir wieder in den alten Bahnen. Es ist mir ein großes Anliegen, neben der Verarbeitung des Alten auch parallel die Ausrichtung auf das neue Gewünschte zu fokussieren, damit die alten Denk-, Gefühls- und Handlungsweisen immer weniger dominieren und die neuen gewünschten Denk-, Gefühls- und Handlungsweisen immer mehr wachsen können. Ein Prozess, der dann Hand in Hand geht.

Wenn wir den Schmerz der Trennung hinter uns gelassen haben, dann entsteht ein Zauber des Neubeginns: Leichtigkeit, Neugierde, Wissbegierde, ausprobieren, erweitern, wachsen, sich ausdehnen. Es gibt noch so viel in uns zu erforschen. Nachdem wir den Ballast der Vergangenheit erforscht haben, beginnt nun ein ganz neuer Weg, unsere Potenziale zu erforschen und uns aus den Mustern in neue Qualitäten hineinzubewegen – hier beginnt dann gelebte Veränderung.

Die häufigsten Wünsche, denen ich in der Praxis begegne, sind die nach dem Gefühl von Verbundenheit, dem Gefühl des Ankommens und dem Gefühl der Vollkommenheit. Auch hier ist die Einladung, genau diese

Qualitäten in dir zu finden. Da gibt es noch so unendlich viel in dir zu entdecken.

Verbundenheit

Die Sehnsucht nach Verbundenheit ist gleichzeitig der Wunsch nach einer Verbindung, die Geborgenheit schenkt, in der ich eine Gemeinsamkeit erlebe, Sicherheit, ein Miteinander, ein Zugehörigkeitsgefühl.

Dieses Gefühl geht uns in der Trennung verloren. Mit dem Partner ist häufig das Gefühl von Verbundenheit weg. Oder wir haben vielleicht in unserem Leben bisher die Erfahrung machen müssen, immer auf uns allein gestellt zu sein.

Dann sind wir entweder auf der Suche, um ganz schnell wieder das Gefühl von Verbundenheit mit einer neuen Beziehung zu kreieren, oder wir sind so verletzt, dass wir sehr misstrauisch gegenüber neuen Verbindungen werden.

Auch hier gilt: Wenn mir das Gefühl von Verbundenheit fehlt, darf ich mich an erster Stelle mit mir verbinden: mit mir, meinen Bedürfnissen, meinen Werten, meinen Gefühlen.

Das Gefühl von Geborgenheit in den Fokus nehmen: Es gibt sie, diese Momente – oder ich muss sie mir erschaffen. Räume, in denen ich mich geborgen fühle, auch ohne Partnerschaft. Das kann die Verbindung mit der Natur sein, die Verbindung mit schönen Erinnerungen, die mein Herz erwärmen, das Haustier, das Kind.

Oder, wie bereits vorgestellt, die körperorientierten Übungen, in denen ich eine starke Verbundenheit zu meinem Körper herstelle und somit ein Gefühl von Geborgenheit in mir kreieren kann.

Das ist so wundervoll bereichernd, wenn man sich der Qualität bewusst wird, dass wir unsere ungestillten Bedürfnisse selbstwirksam nähren und damit einen großen Einfluss auf unser emotionales Wohlbefinden nehmen können. Selbstwirksamkeit erfahren – unabhängig von äußeren Rahmenbedingungen wie dem Existieren (oder Nicht-Existieren) einer Partnerschaft.

Das Gefühl der fehlenden Hälfte

Zum einen ist es ja ganz nüchtern betrachtet so, dass eine Hälfte fehlt, die des Ex-Partners. Er hat dir ein Gefühl von Geborgenheit, Sicherheit, Partnerschaft, Familienverbund, Ruhe und Liebe geschenkt. All das ist nach der Trennung weggefallen und löst diese Sehnsucht aus, welcher wir uns ja bereits im Kapitel der unerfüllten Bedürfnisse gewidmet haben.

Aber es existieren auch ganz praktische Dinge, die wir vielleicht neu lernen dürfen: die Finanzen verwalten, kochen, Familientreffen organisieren, all die Dinge, für die unser Ex-Partner vielleicht die Verantwortung in der Beziehung übernommen hatte.

In der Psychologie gibt es noch eine weitere spannende Deutung. Diese wurde von dem Schweizer Psychiater C. G. Jung in den Begriffen Anima (weiblich) und Animus (männlich) definiert. Analog dazu findet sie sich auch in der fernöstlichen Philosophie in der Beschreibung von Yin (weiblich) und Yang (männlich), mit denen zwei entgegengesetzte und gleichsam miteinander verbundene Pole zum Ausdruck gebracht werden.

Dies bedeutet nichts anderes, als dass wir – sowohl Mann als auch Frau – männliche und weibliche Eigenschaften besitzen.

Diese Eigenschaften in uns zu vereinen, unsere männlichen und unsere weiblichen Qualitäten, führt zu einem noch stärkeren inneren Gefühl der Ganzheit. Diese Qualitäten, die meist noch ausbaufähig sind, können deinen Neubeginn so wundervoll begleiten und dich immer mehr in deine eigene Ganzheit bewegen.

Das Gefühl von Ankommen

Deine männliche und weibliche Polarität

Gesellschaftlich betrachtet leben wir in einer sehr Yang-lastigen Zeit: alles wunderbare Eigenschaften, die gerade Frauen sehr häufig erfolgreich beruflich unterstützt haben.
Aber da gibt es eine Leere und innere Unzufriedenheit und die resultiert sehr häufig aus der fehlenden Integration unserer weiblichen bzw., je nach Ausprägung, unserer männlichen Qualitäten. Diese Sehnsucht lässt uns im Außen genau nach dem fehlenden Puzzleteil suchen.

Wenn wir mal den weiblichen Anteil näher betrachten, ist der ureigenste weibliche Rhythmus zunächst einmal zyklisch. Wir sind zyklische Wesen, bestimmt durch unseren Zyklus der Menstruation. Der Zyklus, der ein wunderbares Geschenk ist und uns jeden Monat Phasen der Reinigung, Erneuerung, des Loslassens und des Rückzugs ermöglicht.
Allein durch das Anpassen der eigenen Lebensweise an den natürlichen weiblichen Zyklus der Menstruation oder, falls nicht mehr vorhanden, eine Ausrichtung an die Mondphasen von Rückzug, Reinigung, Erneuerung und Loslassen, kann diese Ausrichtung eine deutlich gesteigerte Balance in uns aktivieren und eine so wertvolle Kraftquelle darstellen.

Männlich und weiblich mal anders übersetzt bedeuten Anspannung und Entspannung. Beides muss in Balance sein. Parasympathikus und Sympathikus. Phasen des Machens und Phasen des Entspannens. Wenn wir diesen ureigenen Lebensrhythmus wieder in den Tag integrieren, dann vereinen wir beide Seiten der männlichen und weiblichen Qualitäten.

Den Rhythmus unseres Körpers wieder achten: Wann möchten Grundbedürfnisse wie essen, Pausen und schlafen erfüllt werden? Wo übergehen wir unseren Körper? Trennen wir uns sprichwörtlich von den Bedürfnissen unseres Körpers, übergehen ihn, weil es gerade nicht passt?

Das wirkt sich auch nachweislich auf unsere Neurotransmitter aus.

Stress und die Neurotransmitter

Stress und damit einhergehend die hohe Cortisol-Ausschüttung wirken sich vielfältig auf unsere Hormone und unsere Neurotransmitter aus.

Ein hoher Cortisolspiegel kann die Dopaminproduktion hemmen. Ein Mangel an Dopamin kann wiederum zu Anhedonie (Verminderung der Fähigkeit, Freude zu empfinden), Antriebslosigkeit, Konzentrationsproblemen und einer verminderten Belohnungsempfindlichkeit führen.

Ebenso verbraucht Stress eine große Mengen an Serotonin.

Ein hoher Cortisolspiegel kann die Verfügbarkeit von Tryptophan verringern, einem Vorläufer von Serotonin. Ein Mangel an Serotonin kann zu Stimmungsschwankungen, Schlafstörungen, Appetitveränderungen und einem allgemeinen Gefühl der Niedergeschlagenheit führen.

Ein hoher Cortisolspiegel kann die Freisetzung von Oxytocin beeinträchtigen. Ein Mangel an Oxytocin kann zu Schwierigkeiten bei der Bindung, sozialer Angst und einem Gefühl der Isolation führen.

Ein hoher Cortisolspiegel kann die Freisetzung von Endorphinen beeinträchtigen und die Schmerzempfindung verstärken. Ein Mangel an Endorphinen kann somit zu einem vergleichsweise höheren Trennungsschmerz führen als „notwendig“. Gleichzeitig geht der Mangel mit einer verminderten Stressresistenz und einer schlechteren Stimmung einher.

Du kannst aber noch so viel Stress abbauen, entspannen und atmen: Wenn der seelische Ballast der Vergangenheit nicht einmal gründlich aufgeräumt wird, ist das wieder, als klebe man ein Pflästerchen auf einen Knochenbruch.

Frühkindlicher Stress beeinflusst Bereiche des Gehirns, die für die Stressreaktion und die emotionale Verarbeitung zuständig sind, und kann einen dauerhaft erhöhten Cortisolspiegel verursachen.

Bei einem unsicheren Bindungsstil dominieren häufig negative Gedanken, negative Erwartungshaltungen, Verlustängste sowie die Angst vor Ablehnung. Hier liegen große Potenziale der persönlichen Entwicklung.

Reduziere deinen Stress aus aktuellen und frühkindlichen Gedanken, Gefühlen und Glaubenssätzen und entwickle damit ein immer tiefer werdendes Verständnis für eigene Gefühle, Bedürfnisse und Grenzen.

Erhöhe damit auch automatisch deine Dosis an Glückshormonen.

Stress zu eliminieren, ist sozusagen das Pflichtprogramm für mehr Spaß, Lebendigkeit und Lebensfreude.

Aber zurück zu den **weiblichen Energien | Yin-Qualitäten:**

Verständnis | Vertrauen | Gelassenheit | Genießen | Empfangen | Hingabe | Intuition | Kreativität | Fließend | Warmherzigkeit | Zyklisch

Eine gesunde gelebte Weiblichkeit drückt sich wie folgt aus:

- Geerdet, empfänglich
- Reflektierend und verständnisvoll
- Hat starke Grenzen, die weich kommuniziert werden
- Eine Stärke, die mit Milde verbunden ist
- Liebevoll, einfühlend, stützend
- Weiß, wann es hilfreich ist, um Unterstützung und Hilfe zu bitten, und kann diese auch annehmen
- Ist authentisch und verletzlich
- Hat keine Angst, schämt sich nicht für ihre Gefühle
- Hört mehr auf ihr Herz als auf den Verstand
- Ist manifestierend
- Weiß, wie man sich hingibt, offen und vertrauensvoll ist
- Ist körperbewusst
- Ist selbstsicher
- Strahlt eine schöne, sinnliche Energie aus

Die Qualitäten der **männlichen Energie | Yang** sind:

Verstand | Rational | Führend | Zieldenken | Wettkampf | Macht | Kontrolle | Wissen | Struktur | Entschlossenheit | Linear

Eine gesunde gelebte Männlichkeit drückt sich wie folgt aus:

- Geerdet sein
- Ist präsent und hört zu
- Verurteilt nicht
- Schafft Sicherheit
- Ist eine führende Kraft, unterstützend, ermutigend
- Ist diszipliniert
- Ist integer, ehrlich, handelt verantwortlich
- Ist bescheiden und ruht in sich
- Handelt zum höchsten Wohle aller

Zur Erinnerung: Wir haben beide Anteile in uns. Beide Anteile möchten in Balance und Gleichgewicht gebracht werden.

Auch hier dürfen wir wieder lernen, die »weichen« Qualitäten zu schätzen und ihnen eine hohe Priorität einzuräumen. Es gilt das Prinzip: Nicht WAS du bist entscheidet, sondern WIE.

Entscheidend dabei ist, dass wir als Frauen sowohl die weiblichen, als auch die männlichen Qualitäten in uns tragen, ebenso als Mann. Auch bei ihnen wohnen die weiblichen und männlichen Qualitäten beidseits inne. Liebevoll, einfühlsam, ein mildes Herz zu haben, reflektierend und verantwortungsvoll zu sein, geerdet, ehrlich und bescheiden zu sein, sind Qualitäten, für die wir selten gelobt wurden oder Anerkennung erfahren haben. Sie wurden eher am Rande wahrgenommen, hatten nicht den Stellenwert wie gute Schulnoten, die tolle Ausbildung, das eigene Haus, der tolle Schwiegersohn, die Enkelkinder. Dinge, die im Außen sichtbar waren, auf die man stolz sein kann, wurden deutlich mehr gesehen und wertgeschätzt.

Oder wenn ich hier die Aussage des Dalai Lama zitiere:

... Aber wir brauchen
mehr Anstrengung,
um grundlegende menschliche Werte
zu fördern –
menschliches Mitgefühl,
menschliche Zuneigung.[14]

Möge der Raum sich weiten, wo diese Qualitäten einen geschützten Rahmen finden, frei von missbräuchlicher Ausnutzung, hin zu tiefer Wertschätzung.

Schau mal wie viele Qualitäten du bereits verkörperst und vielleicht auch, welche Qualitäten du bisher in deinen Partnerschaften erlebt hast. Welche Qualitäten möchtest du fokussieren?

Richte deinen Fokus auf eine Qualität, die dich jetzt gerade inspiriert. Meistens besteht sie schon in unserem Leben, wir haben sie vielleicht nur ein wenig aus den Augen verloren. Spiele, erforsche dich, erforsche die Qualitäten deiner bestehenden Beziehungen.

Wo gibt es große Gemeinsamkeiten, wo große Unterschiede, die sich perfekt ergänzen?

Auch hier gibt es wieder eine Einladung, tiefer zu tauchen in das Muster der Parentifizierung. Was steckt dahinter? Kinder, die schon früh Verantwortung im Familiensystem übernommen haben, entweder indem sie für die Bedürfniserfüllung der Eltern zuständig waren, sich um deren emotionale Zustände kümmern mussten oder durch die fehlende

Begleitung durch Bezugspersonen sich selbst um alles kümmern mussten, sind Kinder, die schon früh »funktionieren« mussten. Die bereits früh Verantwortung für das Wohlergehen einzelner Familienmitglieder oder für sich selbst übernehmen mussten. Damit einhergehend kann sich ein übergroßes Verantwortungsgefühl entwickelt haben, das sich widerspiegelt in dem Gefühl der alleinigen Verantwortung für das Funktionieren der Beziehung – und damit häufig auch für ihren Partner. Eine Beziehung zwischen Mann und Frau, die die oben genannten Qualitäten verkörpert und in der sie sich ergänzen, kann selten erfahren werden, weil sich hier häufig Coach-, Mutter-, Vater- oder Retter-Rollen anstatt einer Partnerschaft auf Augenhöhe entwickelt hat.

Wo hast du vielleicht zu sehr die Coach-, Mutter-, Vater- oder Retter-Rolle übernommen?

Wo hast du in deinem Partner vielleicht zu sehr die Coach-, Mutter-, Vater- oder Retter-Rolle gesucht?

Damit blieb vielleicht dein Potenzial auf der Strecke, die gewünschten oder gesuchten Qualitäten in dir zu finden. Und diese Potenziale, die in dir nach Entfaltung streben, werden wir jetzt einladen.

Dein Potenzial

Du hast Fähigkeiten und Talente, mit denen du geboren wurdest. Nur häufig wurden diese nicht erkannt oder entsprechend gefördert.
Dieses »ungelebte Potenzial« möchte nun ans Licht kommen und gelebt werden.

Wo versteckst du dein »ungelebtes Potenzial«?
Wie kommen wir dem »ungelebten Potenzial« auf die Schliche?

Was du an anderen bewunderst, ist an Potenzial in dir!

C. G. Jung hat diese Potenziale als Archetypen zusammengefasst.[15] Sie repräsentieren Verhaltensmuster, die unterschiedliche Seins-Formen ausmachen.
So oft kommt bereits bei der Arbeit mit den Werten eine Sehnsucht auf – Sehnsucht nach einer Qualität oder einem Gefühl. Schau mal, ob dich hier bereits eine Sehnsucht nach einer Qualität inspiriert, die sich jetzt in deinem Leben entfalten möchte.

Aber auch bei der Arbeit mit Werten erlebe ich immer wieder in der Praxis: »Das ist ein Wert, den ich nicht verkörpere, da zieht es mich aber total hin.« Da ist eine solche Sehnsucht nach Unabhängigkeit, Freiheit, Lebendigkeit und nach Abenteuer.

Das sind spontan die häufigsten Potenziale, die mir in den Trennungsphasen begegnen. Nur allzu verständlich, den Ballast weghaben zu wollen, das Leben zu genießen, endlich emotional unabhängig vom Ex-Partner zu sein.

Wo zieht es dich spontan hin? Welche Qualität möchte sich jetzt in dir entfalten?

Zu welchen Qualitäten fühlst du dich hingezogen?

☐ abenteuerlustig	☐ beratend	☐ mitfühlend
☐ umtriebig	☐ einsichtig	☐ großzügig
☐ ehrgeizig	☐ sachkundig	☐ überzeugend
☐ unabhängig	☐ organisiert	☐ visionär

☐ bahnbrechend	☐ strukturiert	☐ fantasievoll
☐ optimistisch	☐ stabilisierend	☐ spirituell
☐ offen	☐ ausgleichend	☐ intuitiv
☐ spontan	☐ erfinderisch	☐ selbstbewusst
☐ gutmütig	☐ kreativ	☐ ehrenhaft
☐ moralisch	☐ ideenreich	☐ stark
☐ ermutigend	☐ originell	☐ mutig
☐ erkennend	☐ unternehmerisch	☐ energisch
☐ nachdenklich	☐ selbstlos	☐ kämpferisch
☐ vertrauenswürdig	☐ hilfsbereit	☐ kritisch
☐ ehrlich	☐ warmherzig	☐ impulsiv
☐ unangepasst	☐ engagiert	☐ bodenständig
☐ begeistert	☐ unbeschwert	☐ unterstützend
☐ risikobereit	☐ neugierig	☐ unauffällig
☐ sinnlich	☐ schelmisch	☐ bescheiden
☐ leidenschaftlich	☐ spontan	☐ praktisch

Nimm spontan die zwei oder drei, wo deine Sehnsucht dich gerade hinführt.

Wie fühlt es sich an, wenn du diese Verhaltensweise in dir entfalten kannst?

Wie würdest du dich fühlen, wenn diese Qualität bereits heute in deinem Leben vorhanden wäre?

Wo in deinem Körper kannst du das spüren?

Wir können bereits heute das Gefühl in uns kreieren, welches wir mit Unabhängigkeit, Leichtigkeit oder deiner gewünschten Qualität verbinden.

Welches Gefühl steckt für dich hinter dieser gewünschten Qualität?

Was benötigt es, um es in dir zu kreieren, was muss dafür vielleicht losgelassen werden?

Wie würdest du mit dieser Qualität im Gepäck handeln?

Das hört sich jetzt an dieser Stelle sehr kryptisch an, aber ein Beispiel aus der Praxis, wo es um die Qualität »Selbstbewusstsein« ging:
Nach einem kurzen Sondieren, welche Gedanken sie davon abhalten, sich selbstbewusst zu fühlen, und welches Gefühl sie kleinhielt, wurde sehr schnell der Gedanke identifiziert, nicht gut genug zu sein, verbunden mit einem tiefen Schamgefühl.

Dieses tiefe Schamgefühl drückte sich durch ihre Haltung aus und lag wie eine schwere Last auf den Schultern.

Vorausgegangen war eine Trennung, in der sie verlassen wurde wegen einer anderen Frau, und ein tiefes Schamgefühl und das Gefühl, als würden sie beim Einkaufen alle anstarren als »die, die nicht gut genug war und betrogen wurde«, hat jeden Gang aus dem Haus zu einem Spießrutenlauf werden lassen.

Nachdem wir uns dem Gefühl gewidmet (mögliche Methoden stelle ich noch im praktischen Teil vor) und einen neuen positiven Gedanken formuliert hatten, ging es dann darum, dieses Gefühl von Selbstbewusstsein zu verkörpern, es also wirklich zu fühlen.

Dazu waren dann wieder hilfreiche Yoga-Stellungen und das wirkliche Bewegen zu Hause, mit einem selbstbewussten, neuen, positiven Gedanken, unterstützend. In dem Fall konnte sie das Gefühl spüren, wenn sie sich ganz groß machte, sich aufrichtete und verbunden mit dem positiven Gedanken in ihrer Vorstellung einkaufen ging. Das ist wieder das so Wunderbare: Ob Realität oder Imagination interessiert unser Gehirn überhaupt nicht. Bei diesem Gehen wurde die Stimmung deutlich heller, die Schultern deutlich leichter und der Gang immer beflügelter. Mit diesem bewussten Ausrichten kam auch wieder eine Lebendigkeit zurück.

Ich kann dich nur dazu einladen, die Wechselwirkung von Körper und Gefühl wirklich zu nutzen. Spiele damit, entdecke dich neu, hab Spaß. Es geht hier nicht um **gut, besser, perfekt** – es geht darum, das Leben auszuprobieren und neue Erfahrungen zu kreieren. Gern erst einmal nur für dich zu Hause, um Sicherheit in dir zu kreieren und vor allem, um deinen inneren Zustand zu verändern.

Du wirst zunehmend selbstbestimmter darin, die Art. wie du denkst und fühlst, zu beeinflussen und damit dein Wohlbefinden zu stärken.

Das auf Dauer wirksamste Schönheitsmittel ist die Freude am Leben.

Ernst Ferstl [16]

Dein Selbstvertrauen

*Wenn es einen Glauben gibt,
der Berge versetzen kann,
so ist es der Glaube
an die eigene Kraft.*

Marie von Ebner-Eschenbach [17]

Woran glaubst du? Was ich von meinen Frauen höre:

- Ich glaube an Gott.
- Ich glaube an das Universum.
- Ich glaube an Schwingung und Energie.
- Ich glaube an eine höhere Macht.

Was ich so gut wie nie höre: »Ich glaube an mich.«

Egal ob du betest, manifestierst, deine Schwingung erhöhst, um Gleiches anzuziehen – was es immer benötigt, ist dein Handeln und dein Glaube an das Gelingen. Du kannst den ganzen Tag beten, manifestieren und dich glücklich tanzen, um die Schwingung zu erhöhen, es ergänzt und unterstützt, ersetzt aber nicht dein Handeln.

Wir handeln bewusst oder unbewusst. Energie folgt Aufmerksamkeit.

Folge deiner inneren Stimme, sie wird dich leiten. Nimm die Impulse: Wo arbeitet es in dir nach, was flüstert dir deine innere Stimme? Was steht an?

Vertraue deiner Wahrnehmung, dieser leisen Stimme deines Herzens, und dem kurzen Impuls, der vor deinem geistigen Auge auftaucht, bevor der Verstand sie wieder zerdenkt und Zweifel streut.

Dazu benötigt es einen regelmäßigen Rückzug, da diese Stimme sehr leise ist und nur in der Stille gehört werden kann. Um diesen Raum der Stille wirklich genießen zu können und unser Herz zu hören, dürfen wir vorher die Gedanken sortieren und die aufkommenden Gefühle handhaben.

Glaubst du nur deinem Verstand, den aufkommenden Ängsten, Sorgen und Zweifeln?
Was sagt dein Herz? Nimm dir immer wieder Ruhe und Zeit, um dein Herz und deine Seele zu befragen.
Nimm deinen Körper mit. Wenn sich dein Nacken zusammenzieht, wenn sich irgendetwas unwohl anfühlt, höre nach innen.

Die innere Stimme wieder zu hören, ist eine Frage der Aufmerksamkeit, ihr zu folgen eine Frage des Mutes. Die Entscheidung, der inneren Stimme zu folgen, wird dir alles abverlangen und kann durchaus unbequem sein. Sie katapultiert dich aus deiner Komfortzone, aber wenn du ihr folgst, fühlt es sich zutiefst stimmig und richtig an, auch wenn dein Verstand noch versucht, dir etwas anderes einzureden:

- Weite, innere Ruhe
- Entscheidungen fühlen sich zutiefst richtig an und fallen leicht (Herz)
- Druck und Erwartungen können bei anderen belassen werden, das beeinflusst nicht mehr deine Entscheidungen
- Leichtigkeit, wenn die Entscheidung getroffen wurde

Deine Vision

Eine Vision zu fühlen, hilft dir, dein inneres Feuer zu entfachen. In Verbindung mit deinem Potenzial kannst du deinen Herzensweg finden – und damit deine Einzigartigkeit.

Wie oft höre ich:

- »Meine Leidenschaft ist eigentlich XYZ, das mache ich aber nur so nebenbei, davon kann ich ja nicht leben.«
- »Ich habe schon so oft überlegt, ob ich mein Hobby zum Beruf mache.«
- »Eigentlich bin ich total unzufrieden, habe aber keine Ahnung, was ich anstatt dessen machen soll.«
- »Ich habe einen gut bezahlten Beruf, der gibt mir Sicherheit und ein gutes Einkommen, aber der Sinn meiner Tätigkeit geht mir immer mehr verloren. Ich habe auch keine Idee, was ich verändern könnte.«

Aber wenn ich dann frage, für welches Thema sie sich 24/7 begeistern können, dann sprudelt es förmlich:

- »Ich könnte den ganzen Tag über XY sprechen, da bin ich im Flow (Herz), aber was kann ich damit schon anfangen (Verstand)?«
- »Wenn ich fotografiere, geht mein Herz auf (Herz), aber es gibt ja schon Tausende von Fotografen, das kann ja nie funktionieren (Verstand).«

Die Welt braucht Menschen, die sich wieder an ihre Träume und ihren Mut erinnern.

Gern möchte ich dir Mut machen, mit den Beispielen von Frauen, die wirklich noch mal neu angefangen haben, beziehungsweise ihr Herz immer mehr in ihre Tätigkeit haben einfließen lassen.

Die wunderbare Frau, die die Zeit der Arbeitslosigkeit genutzt hat und sich in der Zeit intensiv um ihren Körper gekümmert hat. Die Zeit, sich um Finanzen und eine neue Arbeitsstelle zu sorgen, hat sie auf 60 Minuten am Tag reduziert. So konnte sie die Zeit als Geschenk für sich nutzen, um in ihre Gesundheit zu investieren.

Die wunderbare Frau, die sich von ihrem Mann getrennt hat, in einem Land, in dem die Ehe bitteschön bis zum Ende der Tage halten muss und

Frauen eher unterdrückt werden. Sie hat sich durch Scham, Anfeindungen und Schuldgefühle gekämpft und dabei den Wunsch entwickelt, andere Frauen in einer ähnlichen Situation zu unterstützen.

Die wunderbare Influencerin, die sich aus einer emotional missbräuchlichen Beziehung befreit und völlig kraftlos ihre Trennung verarbeitet und eine neue Kraft und Power und Lebensfreude in sich gefunden hat, mit der sie wieder Lust an ihrem Business entwickeln konnte.

Die wunderbare Heilpraktikerin, die nach einer sehr kräftezehrenden und gerichtslastigen Trennung die gemeinsame Praxis mit dem Ex-Partner aufgeben musste, aber nach einer längeren Pause die Kraft gefunden hat, noch einmal neu für sich zu beginnen.

Die wunderbare Schülerin, die nach dem Abitur ihren Kindheitstraum wiedergefunden hat und entgegen den Stimmen, die ihr von außen sagten: »Folge dem nicht, du bist zu zart, zu klein, zu sensibel. Mach doch etwas anderes«, ihrem Traum folgen möchte.

Die wunderbare Gynäkologin, die ihre rein gynäkologische Tätigkeit aus Sicht der Schulmedizin jetzt erweitert und die spirituellen und naturheilkundlichen Erkenntnisse zu den weiblichen Zyklen und den verbundenen seelischen Botschaften der Beschwerden immer mehr einfließen lässt.

Die wunderbare Coachin, die durch das Auflösen ihres tiefsten Schmerzes ihre Frauen jetzt noch tiefer auf der Reise zu sich selbst begleiten kann, da sie keine Angst mehr hat, den Raum des Schmerzes nicht halten zu können.

Die wunderbare Yogalehrerin, die sich jetzt immer mehr auf weibliches Yoga spezialisiert.

Was flüstert dir deine innere Stimme schon so lange? Ist vielleicht jetzt in der Phase des Neubeginns der richtige Zeitpunkt, ihr mal zu lauschen und neue Wege zu beschreiten?

Das Entscheidendste für eine neue Version ist in erster Linie deine Fähigkeit, neu zu denken und neu zu fühlen und eine komplett neue innere Haltung anzunehmen. Das neue Leben entsteht zuerst in dir.

Dein Ziel wird dich finden. Hör auf deine innere Stimme und nimm die Impulse als Wegweiser.

Es benötigt dein Vertrauen, dass das Leben auch für dich wieder wunderbare Momente und deinen ureigenen Weg bereithält.

Das wünsche ich dir aus tiefstem Herzen.

Wann bin ich durch mit der Verarbeitung?

Die Verarbeitung einer Trennung ist ein individueller Prozess. Die Phasen verlaufen nicht linear und in unterschiedlicher Intensität.

Aber es gibt folgende Anzeichen, dass die Trennungsphasen weitestgehend verarbeitet sind:

- Das ständige Bedürfnis, über die Trennung zu sprechen oder sich in Gedanken zu verfangen, ist so gut wie aufgelöst.

- Der emotionale Zustand ist stabil. Die auftretenden Gefühle überwältigen nicht mehr, Freude und Leichtigkeit haben wieder Einzug gehalten.

- Das Stadium der Akzeptanz ist erreicht und damit das Loslassen. Die gemeinsame Zeit ist eine schöne Erinnerung, löst aber keine Sehnsucht oder Trauer mehr aus.

- Groll und Wut über vermeintlich Verpasstes oder Ungesundes sind losgelassen und aus dem »Was ich nicht mehr will ...« ist ein klares »Ich weiß, was mir zukünftig wichtig ist« geworden.

- Die Beziehung und Trennung sind durchgekaut und die Lehren daraus gezogen.

- Pläne, Hoffnungen, Träume und Wünsche beinhalten nicht mehr den Ex-Partner.

- Offenheit für neue Begegnungen, Aktivitäten oder auch Beziehungen stellt sich ein.

Das Allerwichtigste als Basis für zukünftige gesunde Beziehungen:
Das eigene Wohlbefinden mit sich selbst hat ein neues Level erreicht und es wird keine Partnerschaft mehr benötigt, aus dem Wunsch heraus, sich vollständig, glücklich oder nicht mehr allein zu fühlen.

Um auch dir diese gelingende Verarbeitung zu ermöglichen, geht es jetzt in den praktischen Teil – mit Tools und Techniken, die sich in meiner Praxis sehr bewährt haben.

Methoden und Techniken aus der Praxis

Techniken und Tools, die einen gesunden Umgang mit Gedanken, Gefühlen und Körperempfindungen ermöglichen und dadurch die Erfahrung ganzheitlich integrieren.

Aber vorher kommen wir noch mal auf deine Kraft- und Energiespender zu sprechen, die dich bisher vielleicht auch gut unterstützt haben. Sie stellen eine stabile Basis für dich dar und diesen gilt es auch wieder vermehrt Raum einzuräumen.

Kraft- und Energiespender

Sie können uns Sicherheit spenden, uns uns wohlfühlen lassen und Stress regulieren.

Energieräuber in den Trennungsphasen sind vor allem:

- Die permanenten Gedanken an ihn
- Die Frage nach dem Warum
- Die mögliche Lösungssuche (»Was kann ich tun?«), verbunden mit der Frage: »Was habe ich falsch gemacht?«
- Das Unterdrücken der Emotionen
- Das Baden in Selbstzweifeln
- Das Ertrinken in Sehnsucht
- Das tiefe Vermissen, verbunden mit dem Gefühl der Leere und diversen Versuchen, diesem zu entkommen.

Diesen Gefühlen und Gedanken konstruktiv zu begegnen, haben wir bereits ausführlich erörtert. Dann können deine Kraft- und Energiespender ihre Wirkung deutlich besser entfalten, wenn sie nicht als Kompensationsmittel genutzt werden, um schwierigen Gefühlen oder Situationen auszuweichen. Erinnere dich noch mal an das Beispiel mit dem Saunabesuch.

Äußere Energiespender sind vor allem:

- Hobbies
- Die Arbeit, die Freude macht

- Musik
- Essen
- Massagen, die angenehme Körperempfindungen hervorrufen
- Natur
- Ausflüge
- Freunde
- Tiere
- Angenehme Gruppenerlebnisse
- Sport
- Tanzen

Innere Energiespender sind vor allem:

- Deine Eigenschaften, dein Ausrichten nach Werten
- Deine Stärken
- Deine Stimmung und deine Gefühle, die du immer mehr beeinflussen kannst
- Deine Visionen, deine Potenziale
- Angenehme Körperempfindungen
- Selbstumarmung
- Yoga
- Atemarbeit

Wenn wir die Wirkung spüren, welche Kraft und Energie die Tätigkeiten uns schenken, dann fühlen wir unsere eigene Energie und Kraft, die uns nährt.

Techniken zum Umgang mit schwierigen Gefühlen

EFT »Emotional-Freedom-Technik«

Eine Methodik der energetischen Psychologie nach Gary Craig.[18]

Ein weiteres Tool, um die Energie der Emotionen in Bewegung zu bringen, ist die Emotional-Freedom-Technik. Sie vereint den Ansatz der Verhaltenstherapie und der Akzeptanz dessen, was gerade da ist, sowie

die energetische Psychologie durch das Klopfen bestimmter Meridianpunkte, um die Energie zu bewegen.
Die Emotional-Freedom-Technik (EFT) ist eine alternative Therapieform, die darauf abzielt, negative Emotionen und körperliche Symptome durch das Klopfen oder Tappen auf bestimmte Akupunkturpunkte zu reduzieren oder zu beseitigen. Es wird angenommen, dass durch das Klopfen auf diese Punkte die Energie im Körper freigesetzt wird und dadurch Emotionen reguliert und körperliche Symptome gelindert werden können.

Auf der körperlichen Ebene arbeitet die Klopfakupressur mit dem Meridiansystem (Energiebahnen) deines Körpers und bringt so die Energie der Emotionen in Bewegung. Zur Erinnerung: E-motion = Energie in Bewegung.

Gleichzeitig löst EFT auch die bereits festgesetzten, chronifizierten Emotionen aus unseren Körperzellen.

Aus verhaltenstherapeutischer Sicht fördert EFT die Akzeptanz von Gefühlen, die wir nicht verändern können. Wir haben keinen Einfluss darauf, wann ein Gefühl in uns ausgelöst wird, aber wir entwickeln mit EFT die Fähigkeit, mit jedem Gefühl umgehen zu können. Wir wechseln vom Vermeiden zum Hinwenden.

Diese Methode ist leicht zu erlernen und kann überall angewendet werden, da sie keine äußeren Hilfsmittel benötigt.

Es lindert die Angst vor schwierigen Emotionen und baut so indirekt den entstehenden Kreislauf zwischen Angstzentrum und Stressreaktion im Nervensystem ab.

Therapeutische Methoden

EMDR: Eye Movement Desensitization and Reprocessing

Wörtlich übersetzt heißt das »Augenbewegungs-Desensibilisierung und Neuverarbeitung von Informationen«.
Die Augen sind Teil unseres Gehirns und spiegeln unsere inneren Denkvorgänge wider.
Eye Movement Desensitization and Reprocessing (EMDR) ist eine Therapieform, die bei der Behandlung von Trauma und Stressstörungen eingesetzt wird. Es beruht auf der Idee, dass bestimmte Augenbewegungen die Verarbeitung von belastenden Erinnerungen und Emotionen beschleunigen können.

Die Therapieform wurde von der amerikanischen Psychologin Francine Shapiro entwickelt. Sie wurde ursprünglich zur Behandlung der posttraumatischen Belastungsstörung (PTBS) entwickelt.

Neben gesteuerten Augenbewegungen wird auch akustische (binaurale Beats) und taktile Stimulation (Tappen) eingesetzt, um durch die Einbindung mehrerer Sinne die Wirkung zu verstärken.

Eine Trennung ähnelt erstmal den Symptomen einer PTBS, die nach dem Erleben einer bedrohlichen Situation auftritt.
Gedanklich wird immer wieder das erlebte Resultat, nämlich sich getrennt zu fühlen, als bedrohlich empfunden.
Damit einhergehend sind tief erlebte Gefühle der Hilflosigkeit, der Ohnmacht, der Angst vor dem Alleinsein oder Schuld- und Schamgefühle.
Damit einher können sich oftmals Panikattacken, eine langanhaltende Traurigkeit oder sogar tiefe Ängste entwickeln.

Eine Trennung als Erfahrung ist zu Beginn der Trennungsphasen im Gehirn in blockierten bzw. unvollständig integrierten Erinnerungsnetzwerken verankert.

EMDR wirkt auf die neuronalen Bahnen im Gehirn. Durch bilaterale Stimulation werden beide Hirnhälften in Bezug auf die Erfahrung aktiviert und synchronisiert, bedeutet, die Erfahrung wird kognitiv und emotional deutlich schneller verarbeitet.

Die EMDR-Methode regt das Gehirn an, die Trennung korrekt zu verarbeiten.
Sobald das Gehirn die Trennung »ablegen« kann, ist die Trennung verarbeitet und ein neuer Beginn kann fokussiert werden.

Die Augenbewegungen bzw. das Tappen und die binauralen Beats stimulieren das Gehirn, um das Geschehene zu verarbeiten.

Mit EMDR wird nicht nur eine beschleunigte Verarbeitung der Trennung ermöglicht, sondern auch eine kognitive Umstrukturierung, d. h. alles, was an hinderlichen, destruktiven Glaubenssätzen, Gedanken, Mindset, Selbstwert, Mustern und Programmierungen einen erfolgreichen Neubeginn sabotieren kann, wird durch EMDR deutlich schneller umprogrammiert.

Während der EMDR-Therapie bewegt der Therapeut den Klienten dazu, seine Augen in einer bestimmten Art und Weise zu bewegen, während er sich an eine belastende Erinnerung erinnert. Die Idee ist, dass die Augenbewegungen dabei helfen, die Verknüpfung zwischen den negativen Emotionen und der Erinnerung aufzulösen.

Durch das Tapping soll eine Verbindung zwischen dem Bewusstsein und dem Unterbewusstsein hergestellt werden, um negative Emotionen und körperliche Symptome anzugehen.

Diese Praxis des EMDR ist mittlerweile nicht nur Therapeuten vorbehalten, sondern kann in die eigene Selbsthilfestrategie integriert werden.

Die Augenbewegungen finden sich in den Übungen zur Achtsamkeit wieder. Wenn ich durch eine Stressreaktion einen verengten Blick einnehme und die Augen erstarren oder herumflackern, dann kann ich mir die Tech-

niken des EMDR zunutze machen und über die Beeinflussung der Augenbewegungen einen inneren stabilen Zustand wiederherstellen.
Ebenso kann mich die bilaterale Stimulation über Musik aktivieren, die Erfahrungen besser zu integrieren.

Das Tappen auf Oberschenkel oder Oberarme kann die beiden Gehirnhälften aktivieren, um Gefühl und Verstand besser zu vernetzen. Das unterstützt, die Emotionen zu regulieren und damit wieder einen Zustand von innerer Ruhe und Entspannung herzustellen.

Eine abgewandelte Form ist der Butterfly Hug.

Die Schmetterlings-Umarmung wurde erstmals 1997 bei dem Hurrikan »Pauline« in Mexiko von einem Therapeutenteam[19] erfolgreich eingesetzt, um die Überlebenden emotional zu stabilisieren und psychisch zu unterstützen.

Auch hier ein sehr wirksames Tool, welches wir auf wunderbar einfache Weise in unseren Alltag integrieren können, um die Emotionen und den Stress deutlich schneller zu regulieren.

Achtsamkeit

Warum ist Achtsamkeit ein Schlüssel?
Achtsamkeit lässt uns den Moment wahrnehmen. Wo bin ich gerade mit meinen Gedanken? Was benötigt mein Körper? Was möchte gerade wahrgenommen werden?

Die Fähigkeit zur Achtsamkeit und das berühmte Hier und Jetzt: Es gibt ganze Bücher, die sich damit befassen (so, wie auch dieses), zudem Trainings, Workshops und Seminare.

Studienergebnisse zeigen eine deutliche Wirkung auf die Gemütslage, bestehende Ängste, unsere Schmerzwahrnehmung, Schlafqualität und den Hormonspiegel.

Das Hier und Jetzt ist der Moment, in dem ich lebe, in dem ich mich jetzt gerade befinde, in dem ich die Möglichkeit habe, zu genießen und Glück zu empfinden.
Im Hier und Jetzt ist Frieden, innere Ruhe, nichts tun, außer wahrnehmen und empfinden.

Diese Fähigkeit ist in den Trennungsphasen noch sehr deutlich eingeschränkt, weil wir mit unseren Gedanken noch sehr in der Vergangenheit versunken sind oder uns in unseren Gedanken in vielen möglichen »Was-wäre-wenn-Szenarien«-Szenarien in der Zukunft aufhalten.

Wo bist du mit deinen Gedanken?

In der Vergangenheit?

Immer wieder die gleichen Gedanken: »Was wäre gewesen, wenn …?« und damit die immer gleichen Gefühle: Trauer, Schmerz, Leid.
Deine Vergangenheit kreiert deinen jetzigen Moment.
Versuche, in Gedanken nachträglich die Vergangenheit zu ändern.

In der Zukunft?

Du malst dir aus, was alles passieren kann: »Was wäre, wenn …?«
Ängste, Sorgen, Zweifel. Du versuchst, die Situationen im Vorfeld zu kontrollieren.
Deine Zukunft kreiert deinen jetzigen Moment.

Versuch, dich immer mehr auf fünf Dinge, die du riechen, schmecken, hören, sehen oder tasten kannst, auf das Hier und Jetzt, zu fokussieren, um ein »Abrutschen« in alte Gefühlszustände oder ein »Hineindrehen« in Angstspiralen zu unterbinden.

Ins Hier und Jetzt kommen, fokussieren

Den Fokus auf fünf Dinge lenken, die du wahrnehmen kannst:

Spüren: Wo berühren meine Füße den Boden? Wo kann ich den Rücken an der Stuhllehne/auf der Couch spüren? An welcher Körperstelle kann ich die Unruhe gerade wahrnehmen? Was benötigt mein Nervensystem? Beruhigung? Kann ich hier meine Hand beruhigend auflegen und mit ein paar tiefen Atemzügen entspannen? Oder benötigt es in diesem Moment Bewegung, um aus der Starre zu kommen?
Kann ich einzelne Körperteile hin und her bewegen oder mit den Füßen wippen?

Riechen: Welchen Duft kann ich gerade wahrnehmen? Viele meiner Frauen haben einen Duftroller in der Tasche, der sie beruhigt oder belebt. Insbesondere Zitrusdüfte haben einen anregenden Effekt. Gibt es eine Zitrone oder Orange in griffbereiter Nähe?

Schmecken: Richte den Fokus auf das, was du gerade isst. Kannst du im Mund die Beschaffenheit fühlen? Wie ist die Konsistenz? Wie schmeckt das Bonbon (oder etwas anderes) gerade?
Auch hier sind anregende Gewürze spannend: Wie äußert sich beispielsweise Schärfe? Sie kann uns tatsächlich sofort ins Hier und Jetzt zurückbringen. Vielleicht das Spearmint-Kaugummi mit ein wenig Chili oder Pfeffer nachwürzen?

Sehen: Richte den Fokus auf fünf Dinge, die du in deiner Umgebung wahrnehmen kannst. Was siehst du? Orientiere dich dabei langsam in der Umgebung und bewege den Kopf mit, da sich am Hals entlang der ventrale Vagusnerv befindet, der durch die langsame Bewegung stimuliert wird und uns dadurch ein Empfinden von Sicherheit und Verbundenheit schenkt.

In der Lähmung wird auch unser Blick häufig starr und der Blickwinkel ist eingeschränkt. Aus der EMDR-Traumatherapie kann man sich hier die schnelle Augenbewegung zunutze machen und das Blickfeld durch Augenbewegungen nach rechts und/oder links wieder animieren, sich zu erweitern, und damit das Signal auslösen, keiner Bedrohung ausgesetzt zu sein.

Hören: Was kann ich gerade in meiner Umgebung hören? Sprechende Menschen? Die Spülmaschine? Oder kann ich mir ein beruhigendes Musikstück anhören? Kann ich mir ein anregendes Musikstück anhören? Bei welchem Lied packt dich schon fast automatisch der Bewegungsdrang?

Achtsames Gehen

... ist eine Möglichkeit, relativ schnell in einen meditativen, ruhigen Zustand zu wechseln.

Wenn du beim Spazieren immer wieder die Tendenz hast, dich in deinen negativen Selbstgesprächen zu verirren, die dann nur neue Ängste, Sorgen, Zweifel und damit wieder jede Menge Stresshormone produzieren, dann richte deinen Fokus auf das Hier und Jetzt – in diesem Fall auf deine Schritte.

Fokussiere dich auf deine Schritte und deinen Atem: Über vier Schritte einatmen, über vier Schritte ausatmen.

Achtsames Atmen

... beruhigt dein autonomes Nervensystem. Bist du angespannt oder gestresst, zeigt sich das meist deutlich an deiner körperlichen Reaktion: Dein Kiefer spannt sich an, deine Muskeln verhärten sich, vielleicht ziehst du die Augenbrauen zusammen. Achtsamkeitsübungen wie die vorherigen helfen dir, auf solche Signale deines Körpers zu achten. Nimmst du die Zeichen wahr, kannst du mit einer Atemtechnik dagegen vorgehen.

Je mehr dein Körper dieses Gefühl erleben kann (trotz wildester Gedanken und Emotionen sich selbst zu beruhigen, wieder Sicherheit zu spüren), umso dankbarer wird er reagieren, beispielsweise mit deutlich weniger Stresshormonen (Cortisol, Adrenalin ...).

Stressmomente führen dazu, dass wir den Atem anhalten oder lediglich in kurzen, schnellen Frequenzen über unseren Brustkorb atmen. So wird die Stressreaktion des Körpers weiter befeuert, dabei haben wir bereits ein mächtiges Tool zur Verfügung, das dieser Reaktion entgegenwirken kann!

Das Wort **Pranayama** setzt sich zusammen aus Prana (= Lebensenergie) und Ayama (= kontrollieren). Kommt der Atem zur Ruhe, beruhigen wir damit auch unseren Geist.

Atemtechnik 1: In den Bauch atmen

Einatmen – Bauchdecke hebt sich. Ausatmen – Bauchdecke senkt sich. Schnell wirst du merken, dass diese Übung deine gesamte Aufmerksamkeit erfordert. Das ist dein Anker. Der Atem führt dich ins Hier und Jetzt zurück.

Atemtechnik 2: Ausgleichende Atmung

Sitze ruhig mit geschlossenen Augen und atme während der gesamten Übung ruhig durch die Nase.
Du atmest in einem gleichmäßigen Tempo fünf Sekunden lang ein und fünf Sekunden lang aus.

Diese Technik wird auch als ausgeglichenes Atmen bezeichnet und ist ideal, wenn du dein Nervensystem ins Gleichgewicht bringen willst. Ausgeglichenes Atmen – wie der Name schon sagt – bringt Körper und Geist ins Gleichgewicht und schafft mehr innere Ruhe.

Du kannst selbst zählen, aber es gibt auch Apps, die dir das Tempo anzeigen. Versuch, dich während der Übung auf positive Gefühle zu konzentrieren, wie Dankbarkeit und Liebe. Das bringt deinen Kopf und dein Herz ins Gleichgewicht und verstärkt die positive Wirkung auf dein Nervensystem.

Atemtechnik 3: Die 4-7-8 Atmung

Diese Atemtechnik gilt auch als das beste natürliche »Beruhigungsmittel«, das es gibt. Zu Recht, denn diese Technik wird dich garantiert entspannen.

Setze oder lege dich ruhig hin, mit geschlossenen Augen. Lege die Zungenspitze entspannt gegen den Gaumen, gegen die Rückseite der Vorderzähne. Atme nun auf vier Zähler sanft durch die Nase ein. Halte dann den Atem sieben Zähler lang an und atme in acht Zählern langsam aus.

Die Ausatmung erfolgt durch den Mund, als ob du durch einen Strohhalm blasen würdest. Versuche, dich so weit wie möglich zu entspannen, und wiederhole dies insgesamt viermal.

Diese Atemtechnik verlangsamt deinen Herzschlag, bringt dich schnell in den gegenwärtigen Moment und beruhigt dein Nervensystem zutiefst, sodass du ein Gefühl der Ruhe und des Friedens bekommst.

Atemtechnik 4: Doppelt so lang ausatmen

Dabei atmest du einige Minuten lang doppelt so lang aus, wie ein. Dadurch entkrampfst du dich unwillkürlich und wirkst deiner Aufregung und Anspannung entgegen. Das Tolle daran: Du kannst diese Technik jederzeit und überall anwenden, selbst wenn Menschen um dich herum sind.

Mit ein wenig Übung kannst du den Atemzyklus verlängern: Fängst du beispielsweise mit drei Sekunden Ein- und sechs Sekunden Ausatmen an, kannst du dich im Laufe der Zeit auf vier Sekunden Ein- und acht Sekunden Ausatmen steigern. Je öfter du diese Technik übst, desto schneller kannst du dich mit ihrer Hilfe ins Gleichgewicht bringen.

Auch bei den Atemübungen gilt: Nicht jeder empfindet sie als angenehm. Manchmal höre ich aus der Praxis: »Ich habe das Gefühl, wenn ich mich auf den Atem konzentriere, dann drohe ich zu ersticken.«
Teste die verschiedenen Atemtechniken aus, ob du eine findest, die dich unterstützt, dich dich besser fühlen lässt und angenehm ist. Mit angenehm meine ich nicht, dass sie nicht anstrengend ist, denn sich drei bis fünf Minuten auf den Atem zu fokussieren, ist sehr anstrengend. Es geht um das Empfinden beim Durchführen und eine spürbare Verbesserung nach der Übung.

Embodiment

Embodiment bedeutet Verkörperung.
Embodiment bezieht sich auf Praktiken, Theorien und Konzepte, die den Körper in den Mittelpunkt stellen, insbesondere im Hinblick auf das Erleben, das Bewusstsein und das Wissen.
Embodiment bezieht sich auf die Idee, dass die Art und Weise, wie wir unseren Körper erleben und nutzen, einen Einfluss auf unsere Gedanken, Emotionen und Verhaltensweisen hat.

Embodiment-Ansätze betonen die Bedeutung von körperlicher Bewegung, Körperhaltung und Atmung für die geistige und emotionale Gesundheit und argumentieren, dass Veränderungen in unserem Körper auch Veränderungen in unseren Gedanken und Emotionen bewirken können.
Ein Beispiel für eine auf Embodiment basierende Praxis ist Yoga: Hier werden körperliche Asanas (Körperhaltungen), Atemübungen und Meditation kombiniert, um Körper, Geist und Emotionen in Einklang zu bringen.

Das Konzept der Verkörperung hat sich zu einem wichtigen Ansatz in verschiedenen Bereichen entwickelt, darunter Psychologie, Philosophie, Kognitionswissenschaften und Neurowissenschaften. Es gibt zunehmend Hinweise darauf, dass ein bewusster und integrierter Ansatz, der Körper und Geist verbindet, zu einer verbesserten körperlichen und geistigen Gesundheit führen kann.

Es gibt mittlerweile auch durch Peter A. Levine (ein amerikanischer Biophysiker, Psychologe, Psychotraumatologe und Autor) eine eigene körperorientierte Methode zur Trauma-Heilung. Sie setzt bei der Körperwahrnehmung des Klienten an und arbeitet mit dessen »Körpergedächtnis«, um Schocktraumata zu lösen. Das zeigt nochmals die Bedeutung eines ganzheitlichen Ansatzes unter Einbeziehung des Körpers.

Aus der körperorientierten Traumatherapie können wir hier auch die Instrumente der Berührung, Bewegung oder Achtsamkeit nutzen, um uns wieder mit dem Körper zu verbinden, uns ins Hier und Jetzt zurückzuholen und damit einen inneren Zustand von Sicherheit und Lebendigkeit zu kreieren:

Die Selbstumarmung

Die Selbstumarmung wirkt auf gleich zwei Arten beruhigend. Wir nehmen uns selbst in den Arm und fördern ein Gefühl von Sicherheit und Geborgenheit, was wiederum eine Menge Oxytocin ausschüttet und damit direkt stressregulierend auf die Amygdala auswirkt.

- Greif mit deiner linken Hand unter deinen rechten Arm, Daumen nach oben und umarme dich selbst.
- Halte mit deiner linken Hand deinen rechten Oberarm.
- Wiederhole die Bewegung mit dem linken Arm und der rechten Hand.

Den eigenen Körper wieder mit einem guten Gefühl zu verbinden, ist Bestandteil jeder körperorientierten Traumatherapie. Nur dann können sich die beruhigenden Gefühle wieder mehr verankern und nach und nach einen größeren Raum zulassen und einnehmen.

Die Yoga-Kindhaltung (Balasana)

Die Position dient der vollständigen Entspannung, kann schnelle innere Ruhe schenken, wenn wir uns in der Haltung auf die Atmung konzentrieren, bildet die Stellung des Embryos im Mutterleib nach und schenkt uns durch diese Haltung eine große Portion Urvertrauen.

Beruhigung durch Berührung

Gezielt den ventralen Vagusnerv ansprechen, der entlang des Halses verläuft und durch langsame streichende Bewegungen entlang des Halses stimuliert wird und uns dadurch ein Empfinden von Sicherheit und Verbundenheit schenkt.

Ebenso kann durch das Kneten und Streichen der Ohrmuscheln ein Gefühl der Entspannung kreiert werden.

Lebendigkeit wecken durch ein kraftvolles Kneten, geradezu Massieren deiner Arme und Beine.

Belebung durch sanfte Bewegung

Spannung abschütteln, tanzen, mit den Füßen wippen, die Energie der Übererregung abbauen

Kraft und Selbstbewusstsein steigern mit der inneren Kriegerin.

Yoga-Position »Der Krieger 1«

Komme in einen weiten Ausfallschritt.
Drehe den hinteren Fuß um etwa 45 Grad ein, sodass die Zehen nach außen zeigen.
Deine Hüfte ist gerade und zeigt nach vorne. Die Hüftknochen sind auf einer Ebene.
Beuge das vordere Knie, bis der Oberschenkel parallel zum Boden ist. Achte darauf, dass das Knie dabei über dem Fußgelenk bleibt.
Hebe deine Arme nach oben. Die Handflächen berühren sich oder zeigen zueinander.
Drück deine Ferse und äußere Fußkante des hinteren Fußes fest in den Boden.
Verlängere und hebe deinen Oberkörper nach oben.
Halte dabei deinen Rücken gerade und vermeide ein Hohlkreuz.

Schau nach oben zu deinen Händen, wenn es für deinen Nacken in Ordnung ist.
Halte für zehn Atemzüge und wechsle die Seite.

Yoga

... entfaltet positive Wirkungen auf dein seelisches und körperliches Wohlbefinden.

Grundsätzlich hat Yoga positive Effekte auf die im Trennungsprozess verstärkt auftretenden Symptome wie etwa Schlafstörungen, nervöse Beschwerden, Ängste und depressive Verstimmungen, aber auch Kopf-, Nacken- oder Rückenschmerzen.

Insbesondere sehr langsame Yoga-Richtungen, die die Wahrnehmung und Dehnung des Körpers fördern, entfalten in der Trennungszeit ihr volles Potenzial.

Yin-Yoga ist ein langsamer Yoga-Stil, der die weibliche, ruhige, weiche und passive Energie fördert. Auf körperlicher Ebene werden die Muskeln, Bänder und Sehnen gründlich gedehnt und können so die gespeicherte Energie nicht verarbeiteter Gefühle wieder freigeben.

Traumasensibles Yoga (oft auch »Trauma-informiertes-Yoga« genannt) ist eine spezielle Form des Yoga, die explizit für Menschen entwickelt wurde, die Traumata erlebt haben. Es legt den Schwerpunkt auf das Schaffen eines sicheren, akzeptierenden und heilenden Raums, in dem die Teilnehmer lernen können, sich wieder mit ihrem Körper zu verbinden, während sie gleichzeitig Grenzen respektieren und wiederherstellen.

Kundalini-Yoga, manchmal als »Yoga des Bewusstseins« bezeichnet, ist eine Yoga-Form, die körperliche Übungen, Atemtechniken, Mantras und Meditation kombiniert, um das Bewusstsein zu erheben und die Kundalini-Energie zu erwecken. Diese Energie wird oft als schlafende, zusammengerollte Schlange am unteren Ende der Wirbelsäule (Wurzelchakra) dargestellt und soll, wenn sie erweckt wird, durch alle Chakren aufsteigen, bis sie schließlich das Kronenchakra erreicht, was zu einem höheren Bewusstsein führt.

Bei vielen Yoga-Haltungen wird der Psoas-Muskel gedehnt und aktiviert. Der Psoas ist ein tiefer Kernmuskel, der von der Lendenwirbelsäule zu den Oberschenkelknochen verläuft und oft als »Hüftbeuger« bezeichnet wird. In diesem Muskel speichern wir sehr viele Erinnerungen, deshalb wird er auch umgangssprachlich gern »Seelenmuskel« oder »Traumamuskel« genannt.

Gern lade ich dich ein, falls du Yoga noch nicht für dich entdeckt hast, dich mal ganz in Ruhe bei dir zu Hause sanft zu dehnen und zu strecken. Dazu hat die wundervolle Lisa Bergmann, bekannt aus ihrem YouTube-Kanal The Bare Female, drei wunderbare Yoga-Einheiten aus dem Yin-Yoga kreiert, die sich entweder auf den Herz-Raum, den Oberkörper oder den Unterkörper fokussieren.

Du findest die Yoga-Einheit auf meinem YouTube-Kanal:

Meditation

Me|di|ta|ti|on

sinnende Betrachtung, lateinisch:
»meditatio« = das Nachdenken

Eine sinnende Betrachtung und ein sinnendes Nachdenken erreiche ich, wenn ich mit allen Sinnen einen Sachverhalt erfasse.

Die sinnliche Erfassung eines Sachverhalts bezieht dabei unsere Sinne Hören, Riechen, Schmecken, Tasten und Sehen sowie den umgangssprachlichen sechsten Sinn mit ein, die intuitive Stimme.

Man schaut sich in der Meditation selbst beim Denken und Fühlen zu und lernt sich dadurch immer besser kennen: Was treibe ich da eigentlich mit meinem inneren Dialog?

Das Betrachten aus einer höheren Perspektive lässt in den Beobachter wechseln, der wahrnimmt, aber nicht bewertet, und damit löst sich immer mehr der innere Kampf, der innere Widerstand, das innere Drama.
Ich beobachte. Punkt.
Ich begegne daraufhin allen Empfindungen, Gedanken, Gefühlen, Erinnerungen, die während der Meditation auftauchen können, mit einer wohlwollenden, wertschätzenden Art. Ich verurteile mich immer weniger für das, was da ist.

Alle Empfindungen, die ausgelöst durch die Trennung im Körpersystem zirkulieren, dürfen erst einmal erfasst und wahrgenommen werden:

- Welche Gedanken höre ich in meinem Kopf?
- Welche Bilder sind in meinem Inneren sichtbar?
- Welche Emotionen ertaste ich in meinem Körper?

Meditation unterstützt den Prozess der bewussten Wahrnehmung, beruhigt aber gleichzeitig die aufkommenden Emotionen und verbundenen unangenehmen Körperempfindungen.

Beim Meditieren unterbrechen wir außerdem das ungünstige Gedankenkarussell und stoppen die Abwärtsspirale zwischen übermäßigem Grübeln und daraus resultierenden depressiven Verstimmungen.

Meditation verändert die Psyche grundlegend.

Meditation, insbesondere die Achtsamkeitsmeditation (Mindfulness Meditation), hat in den letzten Jahrzehnten erhebliche Aufmerksamkeit in der wissenschaftlichen Gemeinschaft erhalten. Viele Studien haben gezeigt, dass Meditation positive Auswirkungen auf das Gehirn und insbesondere auf Bereiche haben kann, die mit Angst und Stress in Zusammenhang stehen.

Ein zentraler Punkt des Interesses ist die Amygdala des Gehirns, die oft als »Angstzentrum« bezeichnet wird. Die Amygdala spielt eine Schlüsselrolle in der Verarbeitung von Emotionen, insbesondere von Angst und Stressreaktionen.

Hier sind einige Erkenntnisse aus Studien über Meditation und ihre Wirkung auf die Amygdala:[20]

Achtsamkeitsmeditation verringert das Volumen der Amygdala. Diese Verkleinerung war mit einer Abnahme von Stressempfinden im Alltag verbunden.

Untersuchungen mit funktioneller Magnetresonanztomographie (MRT) haben gezeigt, dass Achtsamkeitsmeditation die Aktivität in der Amygdala verändern kann, insbesondere in Reaktion auf emotionale Reize.

Einige Studien haben gezeigt, dass Meditation die Konnektivität zwischen der Amygdala und anderen Gehirnregionen, insbesondere dem präfrontalen Cortex, verändern kann. Dies könnte darauf hinweisen, dass Meditierende eine bessere Kontrolle über ihre emotionalen Reaktionen haben.

Einige Forschungen haben gezeigt, dass Menschen, die meditieren, auf stressige Situationen mit einer geringeren Aktivierung der Amygdala reagieren.

Es gibt so viele verschiedene Arten von Meditationen:

- Geführte Meditationen mit speziellen Themen wie Selbstliebe, Ängste, Loslassen
- Meditationen, die den Atem einbeziehen
- Naturgeräusche
- Verbunden mit positiven Affirmationen
- Meditationen mit Fokus auf den Körper
- Gesprochen mit Männerstimmen oder Frauenstimmen

Hier gilt es neugierig zu forschen, auszuprobieren und dranzubleiben, was sich gut und passend anfühlt.

Gerade wenn die Verbindung zum Körper noch als sehr getrennt empfunden wird oder die Wahrnehmung der Körperempfindungen Ängste auslöst, empfehle ich hier den Body Scan. Er verbindet dich immer mehr mit deinem Körper und lässt dich wieder ein tiefes Vertrauen entwickeln.

Binaurale Beats

Binaurale Beats synchronisieren über ihre jeweilige Frequenz die Gehirnwellen und ermöglichen somit einen Zugang zum Unterbewusstsein.
Sie können dabei auch die so tiefenwirksamen Bereiche der Theta-Wellen aktivieren.
Durch die akustischen Signale können rechte und linke Gehirnhälfte synchronisiert und harmonisiert werden.
Die verschiedenen Hertz-Bereiche sind dabei in Übereinstimmung mit dem jeweiligen Chakra und harmonisieren somit auch unsere Energiezentren im Körper. Im Coaching unterlege ich die Meditationen mit entsprechenden binauralen Beats, auf YouTube findest du in meinen Playlists eine Zusammenstellung der von mir eingesetzten binauralen Beats der Firma Neowake.

Mantras

Eines meiner mächtigsten Soforthilfe-Tools sind Mantras.
Ein Mantra ist erst mal nur eine sich wiederholende Wortfolge, die eine positive Energie bewirkt. Die wörtliche Übersetzung lautet: »magische Formel«.

Aber was ist denn so magisch an den Mantras?
Ein Mantra berührt, inspiriert, tröstet, beflügelt und gibt Kraft. Es befreit von negativen Gedanken, erweitert das Bewusstsein und aktiviert die Chakren.
Jedes Mantra hat eine einprägsame, individuelle Frequenz, ähnlich den binauralen Beats. Jede Frequenz aktiviert die Chakren.

Mantras sind ein weiteres Tool, um schnell und wirksam einen meditativen Zustand zu erreichen. Durch das fortlaufende Wiederholen im gleichen Rhythmus entstehen Klangschwingungen, die auf das gesamte Energiefeld im Körper wirken. Die entstehenden Vibrationen durchdringen den gesamten Körper bis hin zur feinfühligen Seele und werden dort zu Lebensenergie.

Oder für unser autonomes Nervensystem:
Wer singt, kann nicht gleichzeitig Ängste, Sorgen und Zweifel produzieren. Stresshormone werden radikal abgebaut.

Gern verweise ich hier auch auf Tina Turner und ihre Biografie »Happiness«[21], in der sie schildert, was ihr geholfen hat, diese oft sehr schwierigen Erfahrungen ihres Lebens zu meistern. Sie beschreibt hier ausführlich ihre Meditations-Praxis, die tiefe Kraft des Chanten und die darin verborgenen wertvollen Geheimnisse für Erfolg und Zufriedenheit.

Schau gern einmal in meiner Spotify-Playlist vorbei, dort habe ich verschiedene Mantras zusammengestellt, die dich auf deinem Weg unterstützen, und erlebe die wirklich kraftvolle Unterstützung eines Mantras.

Die Eintrittskarte, dich auf das Mitsingen einzulassen, ist das Über-Bord-Werfen deines Schamgefühls. Keiner sieht dich, also singe unbefangen mit und erfahre die heilsame Wirkung eines Mantras. Meine Frauen lieben es, wenn sie einmal den Zugang gefunden haben.

All das sind wunderbare Hilfsmittel und Tools, die dich unterstützen, dich immer mehr in deinen Gefühlszuständen zu regulieren, um damit immer mehr in einen inneren Zustand der Gelassenheit und der Ruhe einzutauchen, den Zustand der inneren Mitte, der verarbeitet, akzeptiert und verändert.

Bist du nun voller Umsetzungsdrang oder eher noch in vielleicht kleinen Vorurteilen verhaftet, wie »Ach, das soll jetzt helfen?«, »Ach, das kenne ich doch alles, das hat bei mir nichts gebracht«, »Ach, meditieren kann ich nicht, schon so oft versucht«, »Ach, mit ein bisschen atmen soll alles besser werden?«?

Dann gibt es hier ein ganz klares JA.

Weshalb?
Ich arbeite in meiner Praxis mit Fragebögen zur Validierung. Ich prüfe also die Wirksamkeit. Das mache ich, indem ich zum einen einen Fragebogen[22] verwende, der Ängste und negative Gefühle erfasst, und zum anderen einen Fragebogen[23] darüber, wie stark die Fähigkeiten ausgeprägt sind, mit Gefühlen und Gedanken gelungen umzugehen. Des Weiteren tracken die Teilnehmerinnen ihre vorhandenen Gefühle in ihrer Intensität und bewerten den Einfluss der Intensität auf ihr Wohlbefinden.

Die Ergebnisse verblüffen mich auch jedes Mal erneut, welche Veränderungen in 12 Wochen möglich sind.

Wenn aus Ängsten, die schlaflose Nächte bescheren, überflutenden Gefühlszuständen, die den Alltag erschweren, Erschöpfung, Niedergeschlagenheit, Symptomen von Zittern, Herzrasen, Rastlosigkeit, permanentem Grübeln, wieder innere Ruhe, Gelassenheit, innerer Frieden, Lebendigkeit, ruhige Nächte und eine neue Art, zu denken und sich selbst viel mehr liebevoll anzunehmen und wertzuschätzen, entstehen.

Das spiegelt sich dann natürlich auch in den erhobenen Fragbögen wider. Die Ängste und negativen Gefühle nehmen deutlich ab – in dem Maße, wie die Fähigkeit zunimmt, mit Gefühlen und Gedanken gelungen umzugehen.

In meinen Einzelcoachings validiere ich die Auswirkungen der Trennungserfahrung auf den empfundenen Stresspegel mit einer Messung des Cortisolspiegels. Auch hier liegen zwischen den Messungen zu Beginn und jenen nach 12 Wochen deutliche Verbesserungen, das Stressempfinden nimmt deutlich ab und der Cortisolspiegel kommt wieder in die Balance.

Also nicht nur eine subjektive Veränderung im Befinden wird spürbar, sondern auch messbar in veränderten Cortisolspiegeln.

Ein weiteres Messkriterium ist die Herzfrequenzvariabilität (HRV). Eine gute Herzfrequenzvariabilität ist Ausdruck einer funktionierenden Anpassungsfähigkeit des Nervensystems. Sie kann Auskunft darüber geben, wie sehr Sympathikus und Parasympathikus aktiviert sind (der Zustand der Anspannung und Entspannung) und wie schnell wir von der Anspannung in die Entspannung wechseln können.

Diese Balance zwischen Anspannung und Entspannung lässt sich relativ gut und schnell trainieren – allein durch bewusstes Atmen mehrmals am Tag. Also schalte dir den Handywecker an und stelle alle 60 Minuten eine Erinnerung ein, für ein bis zwei Minuten einmal tief durchzuatmen.

Dazu gibt es mittlerweile auch ziemlich gute Apps, die nur über die Handykamera die HRV-Messung durchführen. Tracke dein Stresslevel und trainiere die Flexibilität deines Nervensystems.

Nichts motiviert mehr, als neben der subjektiven Wahrnehmung des eigenen Wohlbefindens auch noch durch positiv veränderte äußere Messungen eine Besserung gespiegelt zu bekommen.

Die Auswirkungen von Bindungsverletzungen in der Vergangenheit und die limbischen Narben im Gehirn, nachgewiesen durch eine Hyperreaktivität der Amygdala sowie eine Volumenminderung des Hippocampus, sind bereits in vielen Studien belegt.[24]
Parallel dazu nimmst du wahr, wie Meditieren und Achtsamkeit wirken, um das Volumen der Dichte der grauen Substanz unter anderem im Hippocampus wieder zu erhöhen und das Angstzentrum in der Amygdala zu verkleinern.[25]

Es gibt nichts, was nicht verändert und damit verbessert werden kann!

Damit nehmen auch die Erkenntnisse[26] zu, was Bindungsverletzungen und Trennungen wirklich für Folgeerscheinungen nach sich ziehen, wie sie sich wie ein roter Faden durch unser Leben ziehen und wie sie dein Nervensystem, deine Art zu denken, zu fühlen und zu handeln beeinflussen.

Trauma- oder Bindungsverletzungen betreffen uns alle, das ist keine Randerscheinung, die sich auf eine Gruppe von Menschen bezieht, die Gewalterfahrungen erlebt haben, sondern sie können genauso durch das, was uns gefehlt hat, um einen sicheren Bindungsstil, einen gesunden Umgang mit Gefühlen, einen stabilen Selbstwert und positive Überzeugungen zu entwickeln, entstehen.

Hier noch einmal die Einladung, deine Trennungserfahrung zu nutzen, um genau diese Auswirkungen und Prägungen zu beleuchten.

Wenn du die Wirkung der Methoden und Tools für dich erfahren und spüren möchtest, lade ich dich gern an dieser Stelle noch einmal herzlich zu dem kostenlosen SOS-Workshop ein: Die Einladung, die dich vielleicht motiviert, anzufangen, tägliche Routinen umzusetzen und zu spüren und zu erleben, was sich nach einer Stunde in deinem subjektiven Wohlbefinden ändern kann.

https://www.beep-coaching.de/SOS/

Wenn du wissen möchtest, wie hoch dein Stresslevel ist, dann mach jetzt im Anschluss gern den SOS-Stresstest. Hier habe ich neben der Einschätzung deiner Belastung auch noch zahlreiche Tipps und Tools komprimiert und übersichtlich zusammengestellt – sozusagen »to go«.

https://www.beep-coaching.de/test/

Dein Plan zum Umsetzen

Lass nun aus der Theorie Praxis werden.

Du kannst noch 20 Bücher zum Thema »Diät« oder »Wie lerne ich schwimmen?« lesen. Erst wenn das Wissen ins Handeln umgesetzt wird, können neue Erfahrungen kreiert werden. Um bei den Beispielen Diät und Schwimmen zu bleiben: Erst wenn du die Rezepte ausprobiert hast oder ins Wasser gehst, kann das Wissen verkörpert werden.

Du kannst das Wissen verkörpern, indem du das Wissen anwendest, erlebst und fühlst.

Um jetzt wirklich schnellere Wege aus dem Schmerz zu finden und die Chancen zu ergreifen, bleibt nur eine Möglichkeit: umsetzen, umsetzen, umsetzen.

Nimm diese Wochenübersicht und fang an. Triff eine Vereinbarung mit dir. Was spricht dich an? Was möchtest du ausprobieren?

Übertrage es auf die Wochentage und dann beginne und notiere dir, wie sich dein Wohlbefinden verändert.

Dein Wochenplan

- Nimm dir täglich Zeit für eine der Achtsamkeitsübungen. Welche möchtest du ausprobieren?

- Regelmäßigkeit ist das Ziel. Stell dir deinen Handywecker. Jeden Tag drei Mal für fünf Minuten eine Atemübung, eine Achtsamkeitsübung, ein Mantra zum Mitsingen.

- Hast du heute Zeit für eine längere Einheit mit Meditation oder einen achtsamen Spaziergang oder Yoga? Übertrage sie in deinen Wochenplan.

- Was machst du diese Woche bewusst, um dein Nervensystem zu stärken oder deine Kraftquelle zu aktivieren? Übertrage es in deinen Wochenplan.

- Wie kannst du die Inhalte des Buches für deine Transformation nutzen?

Bearbeite Kapitel für Kapitel und nimm bei jedem Thema deine auftretenden Gedanken, Gefühle und Körperempfindungen wahr. Schenke ihnen deine Aufmerksamkeit und den Raum, entdecke deine innere Welt.

Die aufregendste Reise, die du jemals in deinem Leben unternehmen wirst, ist die Reise nach innen.

Die wichtigste Botschaft, die ich dir für die Verarbeitung deiner Trennung mitgeben möchte, lautet: Nutze das Geschenk der Trennung.

Lass die Trennung zu einem Wendepunkt in deinem Leben werden, an dem du deine innere Stärke entdeckst und deinen Weg zu einem erfüllten Leben ebnest.

Schritt für Schritt. Nutze die Einladung zur persönlichen Transformation. Damit die Vergangenheit nicht deine Zukunft prägt.

Wir sehen nicht die Dinge,
wie sie sind, sondern wir sehen sie,
wie wir sind.

Anaïs Nin[27]

Umformuliert könnte man also sagen: »Wir sehen nicht die Dinge, wie sie sind, sondern wir sehen sie, wie der Zustand unseres Nervensystems die Wahrnehmung einfärbt.«

Aus dem inneren Frieden, der inneren Ruhe und deiner Mitte nimmst du die Welt völlig anders wahr als aus der Panik, dem Kummer, der Wut, der Sorge oder der Resignation.

Das kannst du ändern!

Über mich

Ich bin Melanie Kowalewski, Jahrgang 1971, und Gründerin des beep Konzept© | Coaching und lebe am Niederrhein.

Seit 2019 begleite ich Frauen auf ihrem Weg, sich nach einer Trennung neu zu orientieren und auszurichten.
Aufgrund meines ganzheitlichen Fachwissens und meiner persönlichen Erfahrungen sowie der Begleitung vieler Frauen in ihren Neubeginn ist eine Expertise entstanden, von der die Frauen auf dem Weg in ihren Neubeginn profitieren.

In meiner Tätigkeit vermittle ich Wissen und Methoden, um Trennungsphasen und die damit auftretenden Herausforderungen deutlich besser zu bewältigen und zudem die Potenziale der Trennungsphasen für die persönliche Entwicklung optimal zu nutzen.

Man braucht nichts im Leben zu fürchten, man muss nur alles verstehen.

Marie Curie

Diesem Ansatz von Marie Curie folge ich mit großer Leidenschaft:
Ich möchte das Verständnis über den Weg der Trennungsphasen, die Botschaften der Gefühle, die auftretenden Körperempfindungen und somit die eigenen Stress- und Reaktionsmuster zutiefst vermitteln sowie die damit verbundenen »Inneres-Kind«-Themen aufzeigen und positiv beeinflussen.
Meine zahlreichen Weiterbildungen ermöglichen mir eine ganzheitliche Sichtweise auf die Zusammenhänge von Körper, Geist und Seele und die Prozesse in der Trennung. So ergänze ich den verhaltenstherapeutischen Ansatz, also das Wissen um den Umgang mit Gedanken, Gefühlen, Körperempfindungen und Erinnerungen, um einen traumatherapeutischen Ansatz. Dieser erklärt den Ursprung vieler unlösbarer Herausforderungen mit den Prägungen aus der Kindheit. Zusätzlich runde ich meine Arbeit mit einem energetisch-therapeutischen Ansatz ab, der den Körper tief in den Prozess miteinbezieht.

Auf meiner Website www.beep-coaching.de findest du weiterführende Links und Informationen zu meinen Angeboten zur Begleitung durch die Trennungsphasen.

Dort findest du auch den Link zu dem kostenlosen SOS-Workshop sowie dem SOS-Stresstest. Hier hast du die Gelegenheit, eine Bestandsaufnahme durchzuführen und im Workshop die Wirkung verschiedenster Techniken und Tools zu erfahren. Direkt zu erleben, wie sich dein Nervensystem beruhigen kann, wie es sich anfühlt, den Gefühlen Raum zu geben, und wie du neue Gefühle kreieren kannst.

Ich freue mich darauf, dich kennenzulernen.

Bleiben wir in Kontakt?

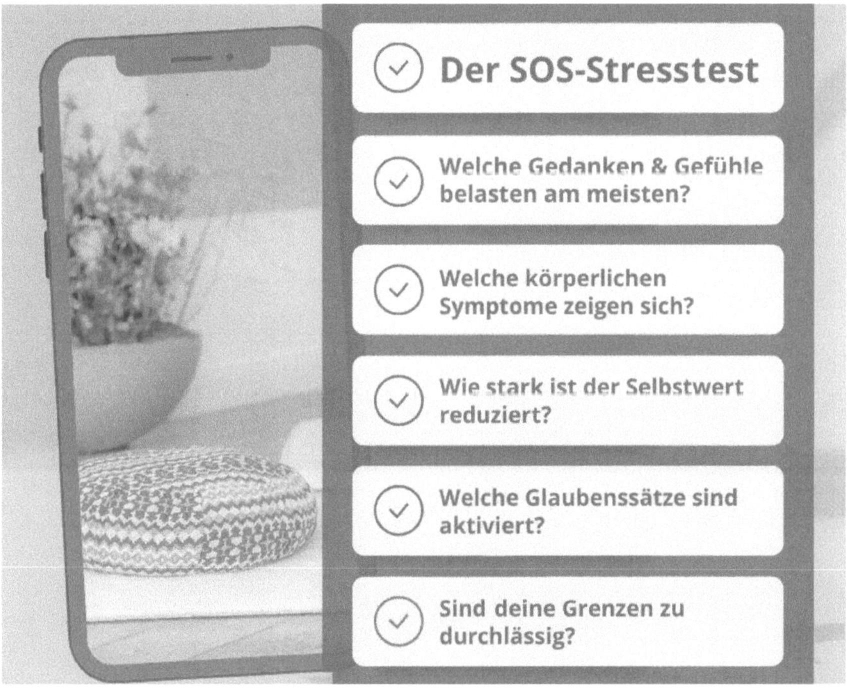
Der SOS-Stresstest
Welche Gedanken & Gefühle belasten am meisten?
Welche körperlichen Symptome zeigen sich?
Wie stark ist der Selbstwert reduziert?
Welche Glaubenssätze sind aktiviert?
Sind deine Grenzen zu durchlässig?

Du bist gut und liebenswert, so wie Du bist
#vertraueDir
@beep-coaching.de

INSTAGRAM

LinkedIn

Literaturempfehlungen

Dana, D. (2018). Die Polyvagal-Theorie in der Therapie: Den Rhythmus der Regulation nutzen.

Fischer, E. (2021). Das Vagus-Training: Mit einfachen Übungen die Selbstheilungskräfte aktivieren, GRÄFE UND UNZER.

Gandhi, A. (2017). Wut ist ein Geschenk: Das Vermächtnis meines Großvaters Mahatma Gandhi, DuMont Buchverlag GmbH & Co. KG.

Grüber, D. P. I. (2017). Was der Körper zu sagen hat: Ganzheitlich gesund durch achtsames Spüren. Stress- und Traumabewältigung mit Somatic Experiencing® (SE), Mankau Verlag GmbH.

Hofheinz, C., Heidenreich, T. & Michalak, J. (2017). Werteorientierte Verhaltensaktivierung bei depressiven Störungen: Therapie-Manual: mit E-Book inside und Arbeitsmaterial.

König, V. (2021). Bin ich traumatisiert?: Wie wir die immer gleichen Problemschleifen verlassen, GRÄFE UND UNZER.

Levine, P. A. (2016). Trauma und Gedächtnis: Die Spuren unserer Erinnerung in Körper und Gehirn - Wie wir traumatische Erfahrungen verstehen und verarbeiten.

Luoma, J. B., Hayes, S. C. & Walser, R. D. (2009). ACT-Training: Handbuch der Acceptance- & Commitment Therapie; ein Lernprogramm in 10 Schritten, Junfermann Verlag.

Mommert-Jauch, P. (2021). Embodiment - die Wechselwirkung zwischen Körper & Seele: Mental- und Körper-Übungen für innere Stärke und Ausgeglichenheit, TRIAS.

Nehls, M. (2022). Das erschöpfte Gehirn: Der Ursprung unserer mentalen Energie - und warum sie schwindet - Willenskraft, Kreativität und Fokus zurückgewinnen, Heyne Verlag.

Ott, U. & Epe, J. (2018). Gesund durch Atmen: Ein Neurowissenschaftler erklärt die Heilkraft der bewussten Yoga-Atmung, O.W. Barth.

Selvam, R. (2023). Verkörperte Gefühle: Guten Zugang zu seinen Gedanken, Emotionen und Verhaltensweisen finden - Ein Praxisbuch für Therapie und Alltag, Kösel-Verlag.

Tschacher, W., Storch, M., Cantieni, B. & Hüther, G. (2017). Embodiment: Die Wechselwirkung von Körper und Psyche verstehen und nutzen, Hogrefe AG.

Tomuschat, J. (2021). Finde die Liebe, die dir als Kind gefehlt hat: Wie wir uns selbst die Sehnsucht nach elterliche Liebe erfüllen, GRÄFE UND UNZER.

Van Der Kolk, B. A. (2015). Verkörperter Schrecken: Traumaspuren in Gehirn, Geist und Körper und wie man sie heilen kann.

Williamson, M. (2017). Du bist stärker als dein Schmerz: Seelische Wunden heilen und inneren Frieden finden.

Walsch, N. D. (1999). Ich bin das Licht!: Die kleine Seele spricht mit Gott. Eine Parabel für Kinder nach dem Buch »Gespräche mit Gott«, Edition Sternenprinz.

Quellenverzeichnis

[1] Thomas, K. W. (2016). Gemeinsam auseinandergehen: Wenn die Liebe endet . . . Die 5 Schritte des »Conscious Uncoupling«, Integral.

[2] Marlier, A. (2023, 19. Oktober). Gwyneth Paltrow: Seltene Worte über Scheidung von Chris Martin. gala.de. https://www.gala.de/stars/news/gwyneth-paltrow--seltene-worte-ueber-scheidung-von-chris-martin-23931430.html

[3] Kübler-Ross, E. (1997). On Death and Dying, Simon and Schuster.

[4] Bock, E. (2005). Abschied und Neubeginn: Trennung als Chance, Patmos Verlag.

[5] MacLean, P. D. & Kral, V. A. (1973). A triune concept of the brain and behaviour. Published for the Ontario Mental Health Foundation by University of Toronto Press.

[6] NUMMENMAA LAB. (2023). Bodily maps of emotions and pain. Abgerufen am 28. Oktober 2023, von https://emotion.utu.fi/wp-content/uploads/2023/06/Ojala_et_al_23.pdf

[7] Dewall CN, Macdonald G, Webster GD, Masten CL, Baumeister RF, Powell C, et al.: Acetaminophen reduces social pain: behavioral and neural evidence. Psychological science. 2010; 21 (7): 931–7.

[8] Goleman, D. (1995). Emotional intelligence: Why it can matter more than IQ. http://ci.nii.ac.jp/ncid/BA28658620

[9] Zist Blog (2021): DER WEG - Paulo Coelho, https://www.zist.de/blog/2021/01/25/der-weg-paulo-coelho/, abgerufen am 03.06.2024

[10] https://www.zitate7.de/autor/Mark+Twain/, abgerufen am 03.06.2024

[11] Freud, S. (2000). Vorlesungen zur Einführung in die Psychoanalyse und Neue Folge.

[12] https://www.zitate7.de/autor/Nelson+Mandela/, abgerufen am 03.06.2024

[13] Dahlke, R (2021): Die Schicksalsgesetze – Spielregeln des Lebens, https://www.dahlke.at/blog/categories/schicksalsgesetze, abgerufen am 03.06.2024

[14] Dalai Lama (2010): Peace Summit 2009 - World Peace through Personal peace, https://www.youtube.com/watch?v=uJoCQA_nqNU, abgerufen am 03.06.2024

[15] Jung, C. G. (2001). Archetypen – Urbilder und Wirkkräfte des Kollektiven Unbewussten, Patmos Verlag.

[16] Gedanken.at. (2011): 365 Wohlfühlgedanken, http://gedankenat.w4f.eu/24-365%20Wohlfuehlgedanken.html, abgerufen am 03.06.2024

[17] https://www.zitate7.de/8462/Wenn-es-einen-Glauben-gibt-der.html, abgerufen am 03.06.2024

[18] Deußen-Müller, Margarete: Was ist EFT* oder Akupunktur ohne Nadeln, https://eft-kurse.de/was-ist-eft/, abgerufen am 03.06.2024

[19] Artigas, L., & Jarero, I. (2010). The butterfly hug. In M. Luber (Ed.), Eye movement desensitization and reprocessing (EMDR) scripted protocols: Special populations (pp. 5–7), Springer Publishing Company.

[20] Ott, U. (2010). Meditation für Skeptiker: ein Neurowissenschaftler erklärt den Weg zum Selbst, O.W. Barth.

Das ReSource Projekt - Dr. Tania Singer. (2020, May 16). Dr. Tania Singer. https://taniasinger.de/de/das-resource-project/, abgerufen am 03.06.2024

Sun, Y., Ju, P., Xue, T., Ali, U., Cui, D., & Chen, J. (2023). Alteration of faecal microbiota balance related to long-term deep meditation. General Psychiatry, 36(1), e100893. https://doi.org/10.1136/gpsych-2022-100893, abgerufen am 03.06.2024

Ärzteblatt, D. Ä. G. R. D. (2014, January 7). Meditation: Meta-Analyse sieht (begrenzte) Wirkung auf psychische Leiden. Deutsches Ärzteblatt. https://www.aerzteblatt.de/nachrichten/57134/Meditation-Meta-Analyse-sieht-(begrenzte)-Wirkung-auf-psychische-Leiden, abgerufen am 03.06.2024

[21] Turner, T. (2020). Happiness: Mein spiritueller Weg.

[22] vereinfachter Fragebogen in Anlehnung an Wester, R., Rubel, J., Zimmermann, J., Hall, M., Kaven, L., Watson, D. (2021). IDAS-II. Inventory of Depression and Anxiety Symptoms – deutsche Version [Verfahrensdokumentation und Fragebogen mit Auswertung]. In Leibniz-Institut für Psychologie (ZPID) (Hrsg.), Open Test Archive. Trier: ZPID. https://doi.org/10.23668/psycharchives.5064

[23] Hayes et al.; deutsche Fassung von / German version by N. Rüsch & R. Brück, 2003 (Gillanders, DT et al., 2014)

[24] https://link.springer.com/content/pdf/10.1007/s15005-012-0221-9.pdf. (o. D.). Springer. Abgerufen am 3. April 2024, von https://link.springer.com/content/pdf/10.1007/s15005-012-0221-9.pdf

[25] Ott, U. (2019). Meditation für Skeptiker: Ein Neurowissenschaftler erklärt den Weg zum Selbst, O.W. Barth.

[26] König, V. (2021). Bin ich traumatisiert?: Wie wir die immer gleichen Problemschleifen verlassen, GRÄFE UND UNZER.

[27] Zitate 7: Anaïs Nin – Zitate, https://www.zitate7.de/autor/Ana%C3%AFs+Nin/, abgerufen am 03.06.2024